职业教育汽车类专业新形态系列教材

汽车电气设备构造与维修

主　编　王锡戎　王俊红　包　丹
副主编　汪台伟　陈志平　李玉霞
参　编　苏　显　杨梦雄　郭丽英　周常青　吴建兵

机械工业出版社

本书是根据汽车维修行业职业需求和汽车维修类技能考试大纲以及职业技能等级证书标准组织编写，本书"以能力为本位，以工作过程为导向，以职业活动为主线，以任务为驱动"，引入全新的任务驱动式教学模式，突出体现了以学生为主体，全面贯彻党的教育方针，落实立德树人的根本任务，培养德智体美劳全面发展的社会主义建设者和接班人。

本书内容主要包括汽车电气总体认知、电源系统检修、起动系统检修、点火系统检修、照明与信号系统检修、仪表与警告系统检修、辅助电气设备检修、空调系统检修。本书突出理实一体教学模式，每个任务包括任务引入—任务目标—知识链接—任务实施—任务工单—任务评价—知识总结—知识巩固环节，依照汽车维修作业项目的工艺流程，以拆卸—诊断—检修为项目任务的知识、技能结构，整体结构循序渐进，内容新颖全面、图文并茂、通俗易懂、易学好教。

本书可作为职业院校汽车类专业的教学用书，也可作为职业技能培训和相关从业人员的参考书。

为方便教学，本书配有电子课件、习题答案等资源。凡选用本书作为授课教材的教师均可登录 www.cmpedu.com，以教师身份注册后免费下载或来电咨询：010-88379201。

图书在版编目（CIP）数据

汽车电气设备构造与维修／王锡戎，王俊红，包丹主编．－－北京：机械工业出版社，2024.8（2025.8重印）．－－（职业教育汽车类专业新形态系列教材）．－－ ISBN 978-7-111-76420-5

Ⅰ．U472.41

中国国家版本馆 CIP 数据核字第 202439DN36 号

机械工业出版社（北京市百万庄大街 22 号　邮政编码 100037）
策划编辑：于志伟　　　　　　　责任编辑：于志伟
责任校对：韩佳欣　张　薇　　　封面设计：张　静
责任印制：常天培
河北虎彩印刷有限公司印刷
2025 年 8 月第 1 版第 2 次印刷
184mm×260mm・15 印张・370 千字
标准书号：ISBN 978-7-111-76420-5
定价：49.80 元

电话服务　　　　　　　　　网络服务
客服电话：010-88361066　　机　工　官　网：www.cmpbook.com
　　　　　010-88379833　　机　工　官　博：weibo.com/cmp1952
　　　　　010-68326294　　金　书　网：www.golden-book.com
封底无防伪标均为盗版　　　机工教育服务网：www.cmpedu.com

前言

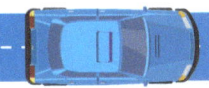

Preface

　　随着社会的发展，人们的生活水平在不断提高，对汽车的需求量也在逐步攀升。汽车电气设备是汽车的重要组成部分，其性能的好坏直接影响汽车的动力性、安全性和舒适性等各项性能。近年来，伴随着电子工业的飞速发展，汽车电气设备发生了巨大变革。

　　本书在内容设置上以服务发展为宗旨，既注重职业技能的学习，又注重职业精神的培养。本书按照"以行业需求为导向、以能力为本位、以学生为中心"的原则，以职业能力的培养为核心，整合相关知识，将理论与实践融为一体，给学生提供了更多的动手机会，以促使学生提高职业技能，培养学生规范操作的意识以及相应的实践能力和创新能力。

　　本书具有项目承载、任务引领、行动导向的特征，内容对接岗位要求，融入职业技能等级证书的内容，实施探究式、分层合作等多种教学方法，促进学生自主学习，着力提升学生发现问题和解决问题的能力，注重过程性考核与结果性考核有机结合。本书结构、呈现方式符合职业院校学生的年龄特征。为方便教学，本书配有电子课件、任务工单答案等资源。

　　本书以实践操作为核心，每个项目分成若干个任务，每个任务包括任务引入、任务目标、知识链接、任务实施、任务工单、任务评价、知识总结、知识巩固环节。

　　全书由王锡戎、王俊红、包丹担任主编，汪台伟、陈志平、李玉霞担任副主编，苏显、杨梦雄、郭丽英、周常青、吴建兵参与编写。在编写过程中，编者借鉴参考了大量资料，并得到了编者所在单位的大力支持，在此一并致以诚挚的谢意。

　　由于编者水平有限，书中难免存在不妥和错漏之处，恳请广大读者批评指正。

编　者

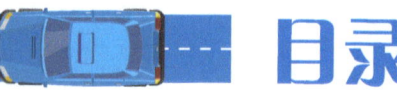

目录

Contents

前言

项目一　汽车电气总体认知 1
　　任务　汽车电气基础认知 2

项目二　电源系统检修 20
　　任务一　蓄电池检修 21
　　任务二　发电机检修 33

项目三　起动系统检修 50
　　任务　起动机系统检修 51

项目四　点火系统检修 63
　　任务　点火系统检修 64

项目五　照明与信号系统检修 74
　　任务一　照明系统检修 75
　　任务二　信号系统检修 87

项目六　仪表与警告系统检修 100
　　任务一　仪表系统检修 101
　　任务二　警告系统检修 110

项目七　辅助电气设备检修 120
　　任务一　风窗清洁装置检修 121
　　任务二　中央门锁控制系统检修 130
　　任务三　电动后视镜检修 139
　　任务四　电动座椅检修 147
　　任务五　电动车窗检修 155

任务六　安全气囊检修 …… 164

项目八　空调系统检修　　177

　　任务一　制冷系统检修 …… 178
　　任务二　暖风系统检修 …… 193
　　任务三　空调控制系统检修 …… 206
　　任务四　热泵空调检修 …… 220

参考文献 …… 234

项目一
汽车电气总体认知

> 【项目概述】

　　通过本项目的学习，了解汽车电气系统的作用、组成与特点；掌握部分电气系统元件的类型、作用、结构和工作原理；掌握汽车电气检测的常用工具和仪器的使用方法；会分析汽车电路，掌握整车的电路识图要点；能初步掌握在整车上诊断汽车电路故障的方法和注意事项。

 任务　汽车电气基础认知

 任务引入

一辆轿车行驶到 5 万 km 后,出现了前照灯无远光的现象,经技术人员诊断,确定了故障原因分别是远光灯熔断器故障和开关接触不良,通过更换两部件,排除了故障。

 任务目标

知识目标	技能目标	素养目标
1. 掌握汽车电气系统的作用、组成与特点 2. 识读汽车电气基础元件 3. 掌握汽车整车电路图识读要点	1. 能熟练地使用万用表测量电压、电流和电阻 2. 能使用万用表检测汽车电气基础元件 3. 能使用汽车电气检测常用的工具和仪器	1. 能在工作过程中与小组其他成员合作、交流,养成团队合作意识,锻炼沟通能力 2. 养成7S工作习惯 3. 养成服从管理、规范作业的工作习惯

 知识链接

汽车一般由发动机、底盘、车身和电气系统四个基本部分组成。发动机是汽车的动力装置;底盘的作用是支承、安装汽车发动机及其各部件总成,形成汽车的整体造型,并接收发动机的动力,使汽车产生运动,保证汽车正常行驶;车身安装在底盘上,用于驾驶人、乘客乘坐和装载货物。那电气系统的作用有哪些呢?

一、汽车电气系统的作用、组成与特点

汽车电气系统是汽车的重要组成部分,其工作性能的优劣直接影响汽车的动力性、经济性、安全性、可靠性、舒适性和排气净化等。

1. 汽车电气系统的作用

汽车电气系统的作用如下:

1)将电能转换成机械能,如图 1-1-1 所示。

2)将电能转换成光能,如图 1-1-2 所示。

3)将电能转换成热能,如图 1-1-3 所示。

2. 汽车电气系统的组成

(1)电源系统　电源系统包括蓄电池和发电机,如图 1-1-4 所示。发电机是汽车上的主要电源,蓄电池是辅助电源。当发电机工作时,由发电机向全车用电设备供电,同时给蓄电池充电。蓄电池的作用是起动发动机时向起动机供电,同时,当发电机不工作时向用电设备供电。

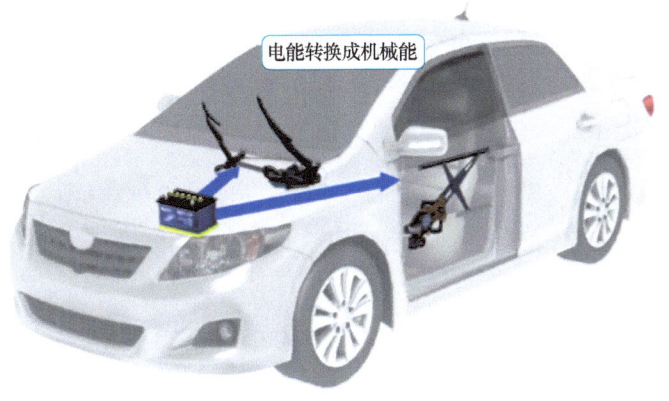

图 1-1-1　将电能转换成机械能

图 1-1-2　将电能转换成光能

图 1-1-3　将电能转换成热能

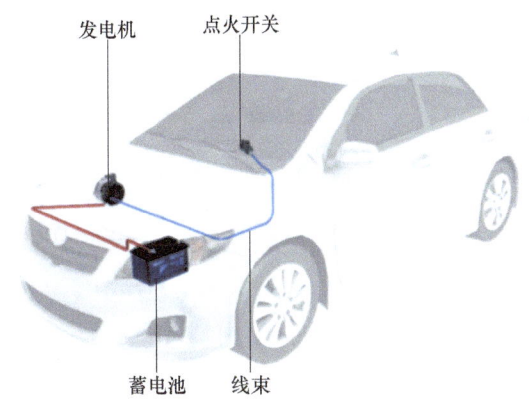

图 1-1-4　电源系统

（2）起动系统　起动系统包括起动机、起动继电器、点火开关及起动保护装置等，如图 1-1-5 所示，其作用是带动飞轮旋转，使发动机曲轴达到必要的起动转速，以使发动机自行运转。

（3）点火系统　点火系统（汽油机）包括点火线圈、点火模块、点火开关和火花塞等，如图 1-1-6 所示，其作用是将低压电（12V）转化为高压电（10k～20kV），适时地让火花塞点燃气缸内的可燃混合气。

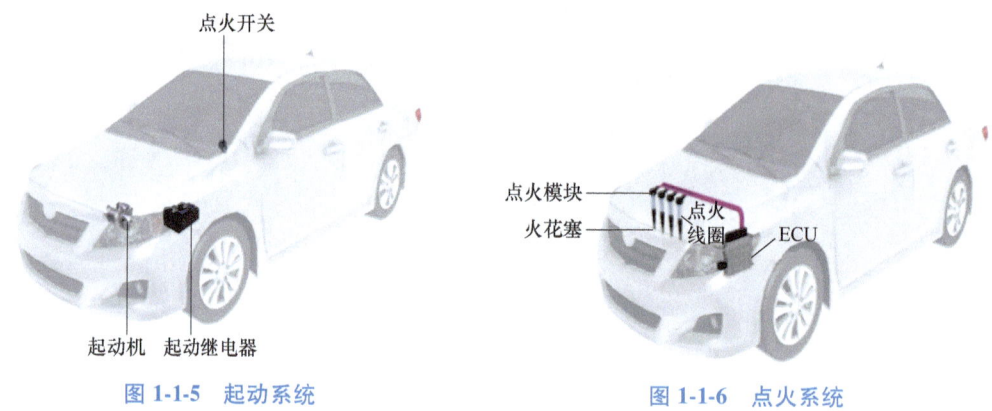

图 1-1-5　起动系统　　　　　　　图 1-1-6　点火系统

（4）照明与信号系统　照明系统包括车内外各种照明灯，由前照灯、雾灯和示宽灯等组成，其作用是确保车辆内外一定范围内有合适的亮度；信号系统包括电喇叭、转向灯、倒车灯和制动灯等，其作用是引起行人、车辆的注意，提供安全行车所必需的信号，如图 1-1-7 所示。

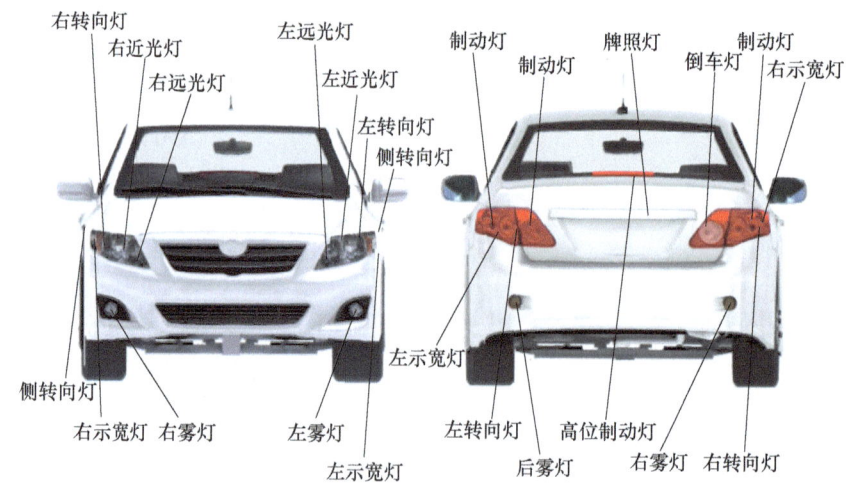

图 1-1-7　照明与信号系统

（5）仪表与警告系统　仪表包括发动机转速表、车速表、里程表、燃油表、冷却液温度表等；警告系统包括各种警告指示灯及其控制器，其作用是显示汽车运行参数及交通信号，警告运行性机械故障，确保行车、停车的安全、可靠，如图 1-1-8 所示。

（6）辅助电气系统　辅助电气系统包括刮水器、风窗洗涤器、电动后视镜、中控门锁、玻璃升降器和电动座椅等，如图 1-1-9 所示，其作用是提高车辆的安全性、舒适性和经济性。

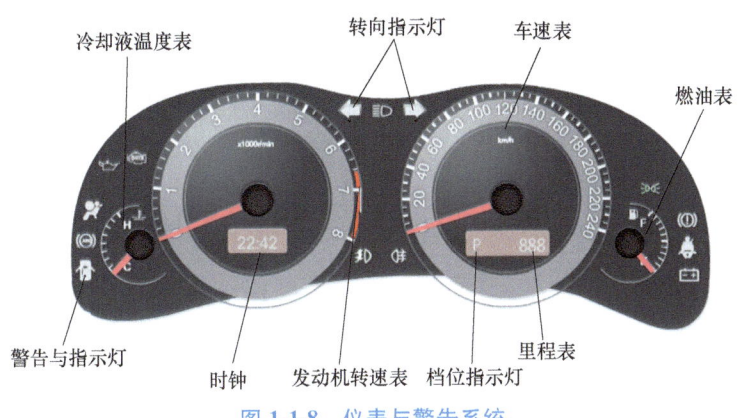

图 1-1-8　仪表与警告系统

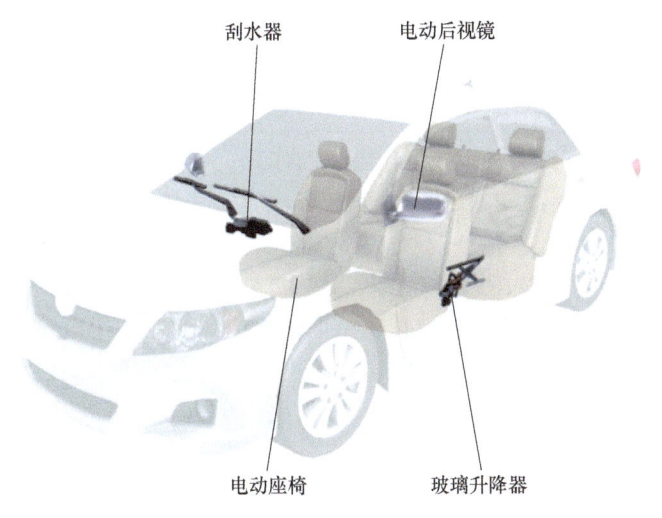

图 1-1-9　辅助电气系统

（7）电子控制装置　在现代轿车上装有许多电子控制装置，车型越高档其电子控制装置可能就越多，例如电子控制燃油喷射装置、巡航控制系统、自动变速器、安全气囊系统和防抱死制动装置等。

3. 汽车电气系统电路的特点

汽车的种类很多，各种汽车电气设备的数量不等，其安装位置、接线方法等也各有差异，但无论是进口汽车还是国产汽车，是大型汽车还是小型汽车，其电气系统电路的设计一般都遵循一定的规律，主要特点如下。

（1）单线制　单线制就是利用汽车发动机、底盘、车身等的金属机件作为各种电气设备的共用连线（俗称搭铁），而用电设备到电源只需另设一根导线。任何一个电路中的电流都是从电源的正极出发，经导线流入用电设备后，由搭铁的负极通过金属车架流回电源负极而形成回路。采用单线制不仅可以节省材料（铜导线），使电路简化，而且也便于安装、检修，并使故障率大大降低。

（2）负极搭铁　负极搭铁就是将蓄电池和用电设备的负极用导线连接到车架、发动机或底盘等金属体上，如图 1-1-10 所示。我国相关标准中规定汽车电路统一采用负极搭铁。目前，世界各国生产的汽车也几乎都采用负极搭铁方式。

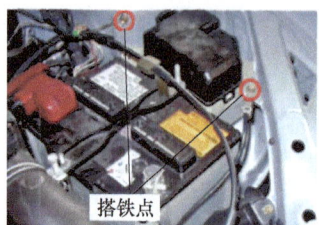
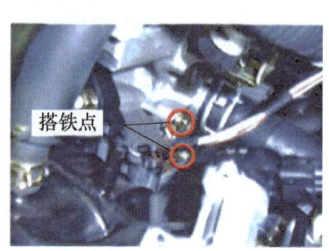

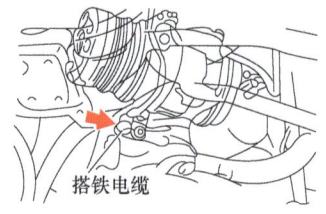

图 1-1-10　负极搭铁

采用负极搭铁方式的好处是，由于电化学的作用，不仅能使汽车车架和车身均不易锈蚀，而且汽车电气对无线电设备（例如汽车音响、通信系统等）的干扰也较电源正极搭铁方式小。

（3）两个电源　两个电源是指蓄电池和发电机。前者在发动机未运转时可以向有关用电设备供电，后者在发动机运转到一定转速后取代蓄电池向有关用电设备供电，同时也对蓄电池进行充电。两者互补可以有效地使用电设备在不同的情况下都能正常地工作，同时也延长了蓄电池的供电时间。

（4）用电设备并联　用电设备并联是指汽车上的各种用电设备都采用并联方式与电源连接，每个用电设备都由各自串联在其支路中的专用开关控制，互不干扰。

（5）低压直流供电　为了简化结构和保证安全，汽车电气设备采用低压直流（DC）供电，额定的电压主要有 12V 和 24V 两种。汽油车普遍采用 12V 电源，柴油车多采用 24V 电源（2 个 12V 蓄电池串联供电）。

（6）设有保险装置　为了防止电路或元件因短路而烧坏线束和用电设备，各种类型的汽车上均安装有保险装置，如熔断器、易熔线等。

（7）大电流开关通常加中间继电器　汽车中大电流的用电设备［如起动机（汽油车起动机电流一般为 100~200A）、电喇叭等］工作时的电流很大，如果直接用开关控制它们的工作状态，往往会使控制开关过早损坏。因此，控制大电流用电设备的开关常采用加装中间继电器的方法，即控制继电器线圈中的小电流从而控制继电器触点开关闭合，继电器触点开关闭合后为用电设备提供大电流。

（8）具有充放电指示　汽车上蓄电池的充电、放电情况一般由仪表板上充电指示灯指示。发动机未起动或低速运转时充电指示灯点亮，一旦发动机运转带动发电机达到一定转速时，充电指示灯熄灭，以示处于充电状态。

（9）电路上有颜色和编号特征　为了识别各电路的连接，汽车所有低压导线必须选用不同颜色的单色线或双色线，并在汽车电器电路图上用不同颜色的字母代号标注出

二、汽车电气系统的基础元件

1. 保险装置

（1）类型　汽车用的保险装置主要是熔断器（俗称保险丝），如图 1-1-11 所示。熔断器根据外形的不同可分为插片式熔断器和管状熔断器，其中，插片式熔断器在轿车上使用最广泛。

图 1-1-11　熔断器

（2）作用　熔断器的作用是当电路中流过超过规定的电流时，熔断器自身发热而使内部熔丝熔断，从而切断电路，防止烧坏电路连接导线和用电设备，并把故障限制在最小范围内，如图 1-1-12 所示。

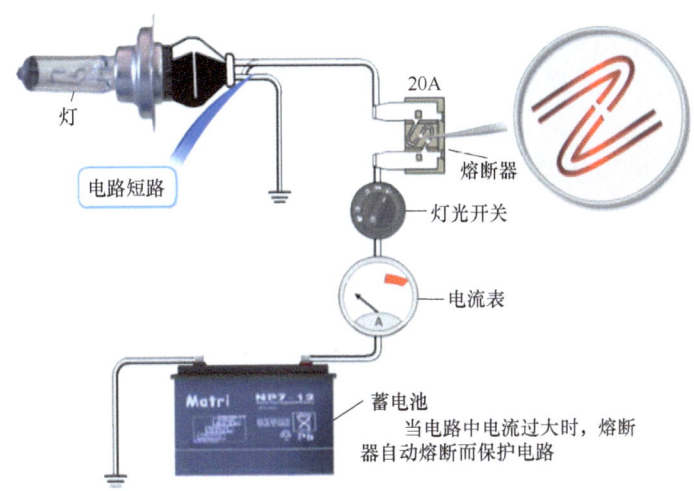

图 1-1-12　熔断器的作用

（3）表示方式　易熔线和熔断器在电路图中的符号表示如图 1-1-13 所示。

图 1-1-13　易熔线和熔断器电路图形符号

（4）安装位置　熔断器一般安装在仪表板附近或发动机舱盖下面的熔断器盒内，常与继电器组装在一起，构成全车电路的中央接线盒。熔断器外观与熔值标注如图 1-1-14 所示。

一般情况下，流过熔断器的电流为额定电流的 1.1 倍时，熔丝不熔断；当达到 1.35 倍时，熔丝在 60s 内熔断；达到 1.5 倍时，20A 以内的熔丝在 15s 内熔断，30A 的熔丝在 30s 内熔断。

2. 继电器

（1）作用　一般情况下，汽车上使用的操纵开关的触点容量较小，不能直接控制工作电流较大的用电设备，常采用继电器来控制它的接通与断开，如图 1-1-15 所示。继电器可以实现自动接通或切断一个或多个触点，用小电流控制大电流，可以减小控制开关的电流负荷，保护电路中的控制开关。

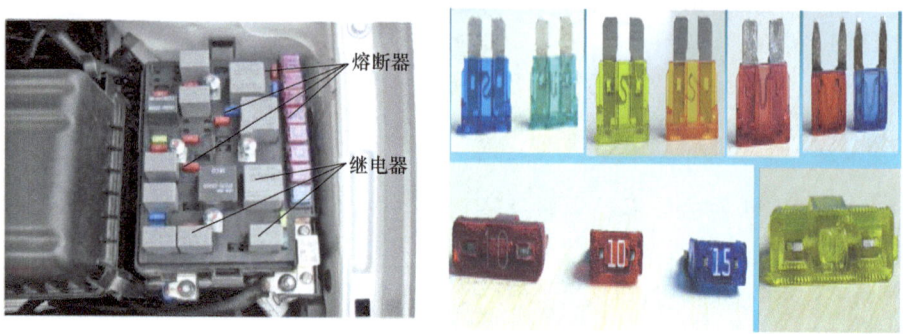

图 1-1-14　熔断器外观与熔值标注

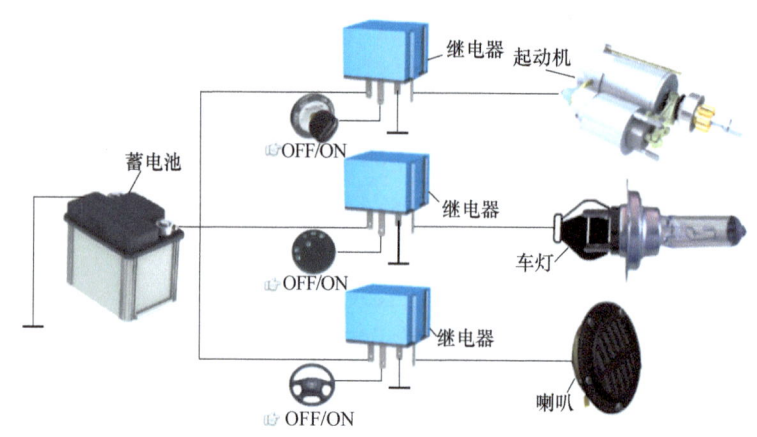

图 1-1-15　继电器的作用

（2）种类　汽车上的继电器有很多，常见的主要有常开式继电器、常闭式继电器和混合式继电器 3 种，如图 1-1-16 所示。继电器的每个插脚都有标号，与中央接线盒正面板的继电器插座的插孔标号相对应。

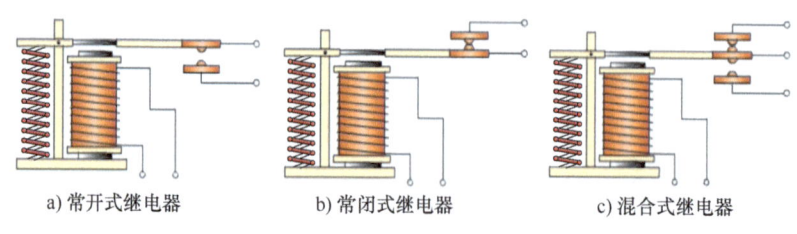

图 1-1-16　常见继电器的种类

1）常开式继电器：继电器内部触点在继电器未工作时是断开的，工作时接通。该类型的继电器在汽车上使用得最多。

2）常闭式继电器：继电器内部触点在继电器未工作时是接通的，工作时断开。

3）混合式继电器：继电器内部有 2 个触点，即一个常开触点和一个常闭触点。

（3）结构　继电器一般由线圈、静触点、动触点、衔铁、弹簧和外壳等组成，如图 1-1-17 所示。

（4）工作原理　继电器的工作原理如图 1-1-18 所示，当接通开关时，小电流从蓄电池正极→开关→继电器线圈→搭铁→蓄电池负极形成回路，电流流经线圈产生磁场，吸引衔铁，使动触点与静触点接合；大电流从蓄电池正极→继电器触点臂→动触点→静触点→起动机，起动机运转。

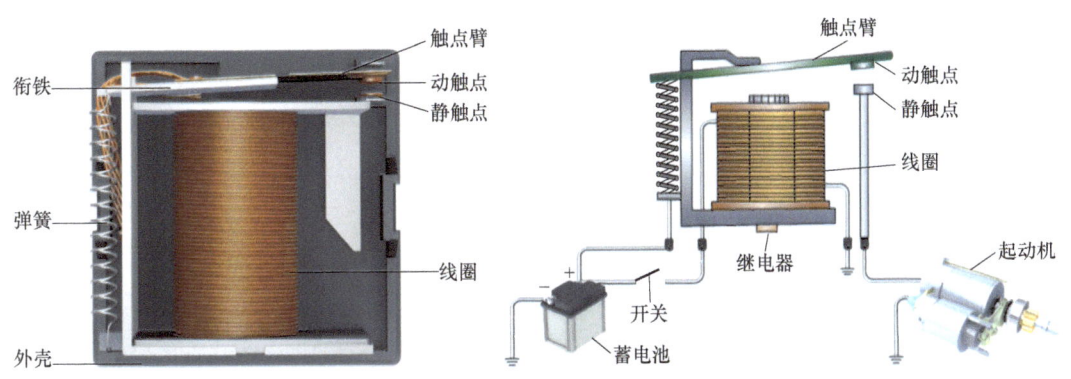

图 1-1-17　继电器的结构　　　　　图 1-1-18　继电器的工作原理

当开关断开时，小电流被断开，继电器线圈的磁场消失，动触点在弹簧的作用下与静触点分开，大电流也被切断，从而实现小电流控制大电流。

3. 开关

（1）点火开关　点火开关是汽车电路中最重要的开关，是各条电路分支的控制枢纽，是多档多接线柱开关，如图 1-1-19 所示。其主要功能是：当点火开关打开后转向盘转轴解锁（LOCK 档），音响、点烟器能够使用（ACC 档），接通仪表指示灯（ON 或 IG 档），起动起动机（ST 或 START 档）。其中，起动档因为工作电流很大，开关不宜接通过久，所以该档在操作时必须用手克服弹簧力，扳住钥匙，一松手就弹回点火档，不能自行定位，其他档均可自行定位。

（2）组合开关　汽车上各种电气控制系统的工作均受控于开关，汽车电气开关有组合开关和单体开关，现代汽车多采用组合开关，用于提高汽车的性能和乘坐舒适性。若采用较多的单体开关，汽车内部布置会很乱，因此，现代汽车都将功能相近的控制系统的开关组合在一起，如灯光系统组合开关、音响组合开关、空调组合开关、驾驶人侧门窗组合开关等，如图 1-1-20 所示。

4. 导线

导线的作用是连接电源和电气设备并传输电流，如图 1-1-21 所示。汽车电气系统的导线有低压导线和高压导线两种。

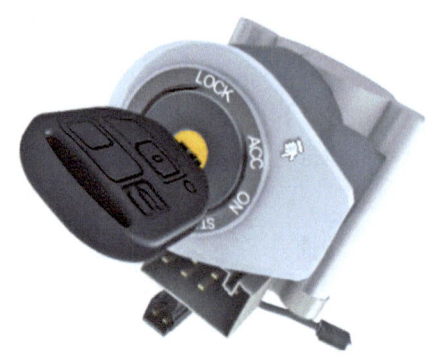

图 1-1-19　点火开关

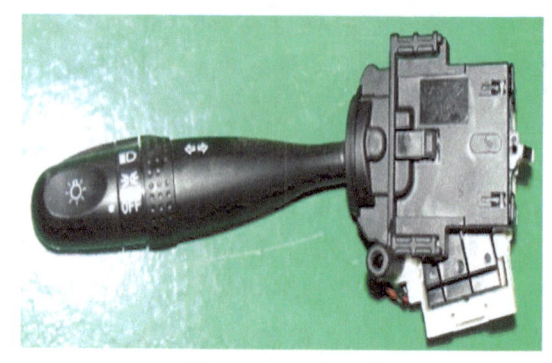

图 1-1-20　组合开关

（1）低压导线　低压导线按用途不同可分为普通低压线、起动电缆线及蓄电池搭铁线3类。低压导线均采用铜质多芯软线。导线截面积主要根据其工作电流选择，但是对于一些工作电流较小的电器，为保证具有一定的机械强度，导线截面积不得小于 $0.5mm^2$。各种低压导线标称截面积所允许的负载电流值见表 1-1-1。

表 1-1-1　各种低压导线标称截面积所允许的负载电流值

导线标称截面积/mm²	1.0	1.5	2.5	3.0	4.0	6.0	10	13
允许负载电流值/A	11	14	20	22	35	25	50	60

为了便于安装和检修，汽车采用双色导线，主色为基础色，辅色为条色带或螺旋色带，且标注时主色在前，辅色在后，如图 1-1-22 所示。以双色为基础选用时，各电气系统的电源线一般为单色，其余为双色，双色线的主色在汽车电气各系统中不同，见表 1-1-2。

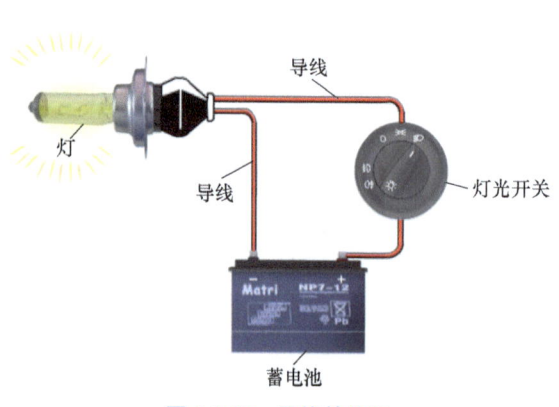

图 1-1-21　导线的作用

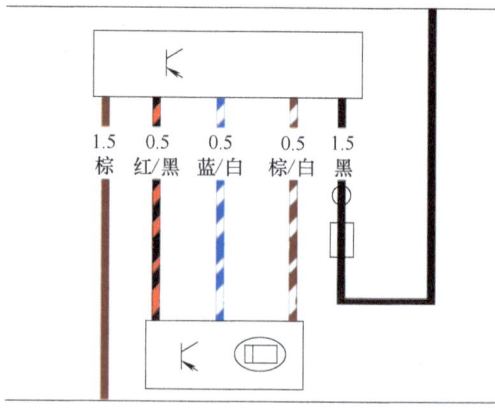

图 1-1-22　汽车导线标注

表 1-1-2　汽车电气系统导线颜色

序号	系统名称	导线主色	代号
1	电源系统	红	R
2	点火系统和起动系统	白	W
3	前照灯、雾灯及外部灯光照明系统	蓝	BL

（续）

序号	系统名称	导线主色	代号
4	灯光信号系统（包括转向指示灯）	绿	G
5	车身内部照明系统	黄	Y
6	仪表及警告指示灯和喇叭系统	棕	BR
7	收音机、电子钟、点烟器等辅助装置	紫	V
8	各种辅助电动机及电气操作系统	灰	GR
9	电气装置搭铁线	黑	B

（2）高压导线　在汽车点火线圈至火花塞之间的电路使用的是高压导线。它分为普通铜芯高压导线和带阻尼的高压导线，带阻尼的高压导线可抑制和衰减点火系统产生的高频电磁波，降低对无线电设备及电控装置的干扰。

5. 汽车线束

为了使全车电路规整、安装方便及导线绝缘，汽车上的全车电路除高压导线、蓄电池和收放机天线的电缆外，一般都将同区域的不同规格的导线用棉纱或薄聚氯乙烯带缠绕包扎成束，称为线束。汽车线束装配形式基本上是一样的，分为发动机线束、仪表板线束、车身线束等。

6. 线束插接器

插接器是汽车电路中简单但不可缺少的元件，线束与线束之间、线束与电气元件之间的连接采用插接器。目前，大量使用插接式插接器，其使用方便，连接可靠，插接器包括护套和端子，护套和端子分别有插头和插座，如图 1-1-23 所示。

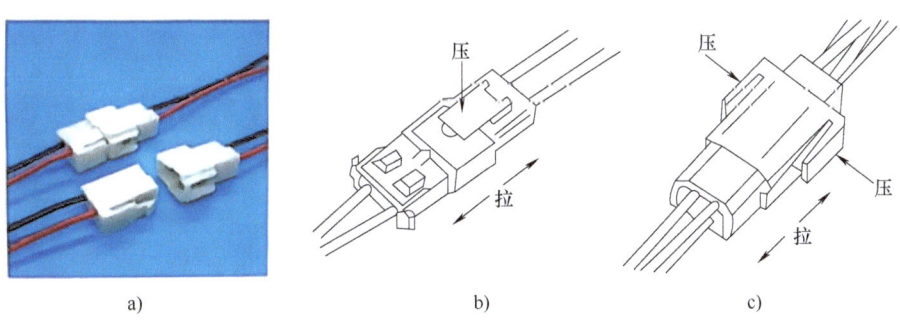

图 1-1-23　线束插接器

为了防止汽车行驶中因颠簸、振动而造成插接器的脱开，插接器还设计有闭锁装置。拆卸插接器时，压下闭锁，稍用力往外拉出即可。

三、汽车电气检测常用的工具和仪器

1. 试灯

试灯就是在一段导线中连接一个 12V 灯泡，如图 1-1-24 所示，当试灯一端搭铁，另一端接触到带电的导体时，灯泡就会点亮，它不像电压表能显示出被检电路点的电压值，只能

通过灯泡是否点亮来判断该点是否有电压。

2. 万用表

万用表有指针式和数字式两种，数字式万用表能精确测试电子电路，准确度远远超过指针式万用表，普遍用于汽车电气诊断与检测。

（1）指针式万用表　指针式万用表利用一个在所测数值相关刻度上摆动的弹簧指针来显示所测数据。测量数据实际上是与表内的已知数据相对照，并反映在表盘上的。使用者要按所设定的量程，判定并读出仪表上的示值。指针式万用表的外形如图 1-1-25 所示。它可用于测量电压、电阻和电流。指针式万用表由于不如数字式万用表直观，目前使用较少。

图 1-1-24　试灯

图 1-1-25　指针式万用表的外形

（2）数字式万用表　不同的数字式万用表功能及结构不尽相同，但基本都是由液晶显示屏、功能按钮、转换开关、温度传感器、公用插孔（用于测量电压、电阻、二极管等）、负极表笔插孔、电流测试插孔和正负极表笔等构成的，普通数字式万用表如图 1-1-26 所示。

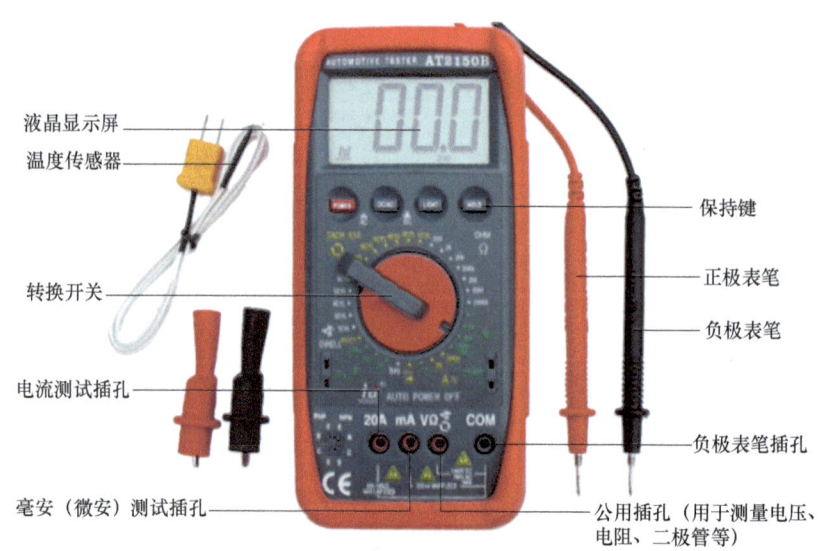

图 1-1-26　普通数字式万用表

转换开关是一个多档位的旋转开关，用来选择测量项目，一般的测量项目包括 A-(直流电流)、V-(直流电压)、V~(交流电压)、Ω(电阻)等，此外，一般也标配二极管档。

表笔分为红、黑两只，红表笔为正极表笔，黑表笔为负极表笔。测量电压（或电流）时应将红色表笔插入 V(Ω)(或 A、mA)插孔，黑色表笔插入 COM 插孔。

3. 汽车故障诊断仪

故障诊断仪通过数据通信线以串行的方式获得 ECU 的实时数据参数，包括故障信息、实时运行参数、ECU 与诊断仪之间的相互控制指令。故障诊断仪有通用诊断仪和专用诊断仪两种。

（1）通用诊断仪　通用诊断仪的主要功能有 ECU 版本的识别、故障码的读取和清除、动态数据参数显示、传感器及部分执行器的功能测试与调整、某些特殊参数的设定、维修资料及故障诊断提示、路试记录等。通用诊断仪可测试的车型较多，使用范围较大，但它与专用诊断仪相比，无法完成某些特殊功能。

（2）专用诊断仪　专用诊断仪除具有通用诊断仪的功能外，能完成某些特殊功能，诊断的内容更深、更完善。

四、汽车电路图识读

由于各国汽车电路图的绘制方法、符号标识、文字标识、技术标准不同，各汽车生产厂家的汽车电路图画法有很大差异，甚至同一国家不同公司汽车电路图的表示方法也存在较大的差异，这就给读图带来许多麻烦。因此，掌握汽车电路图识读的基本方法显得十分重要，整车电路图识读要点如下。

1. 阅读图注

认真阅读图注能了解电路图的名称、技术规范，明确图形符号的含义，建立元器件和图形符号间一一对应的关系，这样能快速、准确地识图。

2. 掌握回路

在电学中，回路是一个最基本、最重要，同时也是最简单的概念，任何一个完整的电路都由电源、用电设备、开关和导线等组成。一个用电设备要想正常工作，必须要得到电能。对于直流电路而言，电流总是要从电源的正极出发，通过导线、熔断器、开关到达用电设备，再经过导线（或搭铁）回到同一个电源的负极，在这一过程中，只要有一个环节出现错误，此电路就无法正常工作。

3. 熟悉开关

开关是控制电路通断的关键，电路中主要的开关往往汇集许多导线，如点火开关、车灯总开关等，读图时应注意与开关有关的以下 5 个问题。

1）在开关的许多接线柱中，注意哪些是直通电源的，哪些是接用电设备的，接线柱旁是否有接线符号，这些符号是否常见。

2）开关共有几个档位，在每个档位中，哪些接线柱通电，哪些断电。

3）蓄电池或发电机的电流是通过什么路径到达这个开关的，中间是否经过别的开关和继电器，这个开关是手动的还是电控的。

4）各个开关分别控制哪个用电设备，被控用电设备的作用和功能是什么。

5）在被控的用电设备中，哪些电路处于常通，哪些电路处于短暂接通，哪些应先接通，哪些应后接通，哪些用电设备应单独工作，哪些用电设备应同时工作。

4. 了解继电器

现代汽车电路中经常采用各种继电器对一些复杂电路进行控制。可以把含有线圈和触点的继电器看成线圈工作的控制电路和触点工作的主电路两部分。主电路中的触点只有在控制电路中有工作电流流过后才能动作。电路图中的继电器线圈处于失电状态。了解继电器的工作状态，特别是一些电子继电器的工作状态，对分析电路会大有帮助。

5. 解剖典型电路

解剖典型电路后能触类旁通，许多车型的局部电路都是相同或相近的，因此，剖析典型电路，掌握电路共同特点和原则，就能了解许多其他车型的电路。

汽车电气系统基础元件的检测

一、作业准备

作业准备如下：
1）整车、万用表、试灯、常用维修工具和维修手册等。
2）车辆在工位停放周正。
3）铺好车内和车外护套。

二、操作步骤

1. 汽车电气系统的认知

在整车上认知汽车电源系统（蓄电池、发电机）、起动系统（起动机、点火开关）、点火系统（点火线圈、火花塞）、照明系统（前照灯、后尾灯、车内照明灯、灯光开关等）、仪表系统（组合仪表）、辅助电器（刮水器电动机、刮水器开关、玻璃升降器开关等）等系统的主要部件。认知继电器与熔断器等。

2. 数字式万用表的使用

（1）直流电压的测量

1）将黑表笔插入"COM"插孔，红表笔插入"V/Ω"插孔。

2）将转换开关置于直流电压档"V-"量程范围，并将测试表笔连接到待测电源（测断路电压）或负载上（测负载电压降），红表笔所接端的极性将同时显示于液晶显示屏上。

3）查看读数，并确认单位，如图 1-1-27 所示。

（2）交流电压的测量（交流电压测量的是有效值）

1）将黑表笔插入"COM"插孔，红表笔插入"V/Ω"插孔。

2）将转换开关置于交流电压档"V~"量程范围，并将测试笔连接到待测电源或负载上，测量交流电压时，没有极性显示。当进行交流电压测量时，要格外注意避免触电。

3）查看读数，并确认单位，如图 1-1-28 所示。

（3）电阻的测量　将红、黑表笔分别插进"V/Ω"和"COM"孔中，再把转换开关旋转到"Ω"中所需的量程，然后用表笔接在电阻两端金属部位，直接读取测量值，但要注意数值后的单位，电阻的单位主要有 Ω（欧）、kΩ（千欧）和 MΩ（兆欧），如图 1-1-29 所示。

图 1-1-27 直流电压的测量

图 1-1-28 交流电压的测量

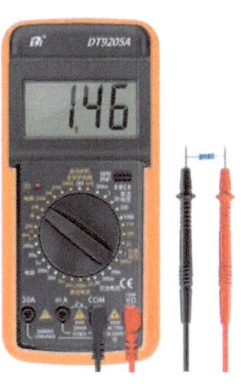
图 1-1-29 电阻的测量

3. 开关的检测

将开关接通，用万用表电阻档检测对应的端子间电阻，电阻值应小于 1Ω；开关断开，电阻应∞，否则开关有问题。

4. 继电器的检测

（1）断路的检测　采用万用表测电阻法，以图 1-1-30 所示的继电器为例，用万用表 R×100Ω 档测量：线圈端子 1 与端子 2 之间的电阻应在 30~150Ω 范围内，端子 3 与端子 4 之间应导通，端子 3 与端子 5 之间电阻应∞，否则继电器有问题。

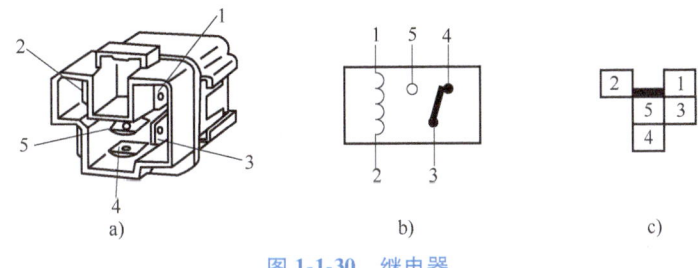
图 1-1-30 继电器

（2）加电检测　在端子 1 和端子 2 之间加 12V 电压，用万用表电阻档测量：端子 3 与端子 4 之间应不导通，端子 3 与端子 5 之间应导通，否则继电器有问题。

5. 熔断器的检测

（1）观察法检查　熔断器如图 1-1-31 所示，可观察熔断器两插片之间的熔丝是否烧断，若烧断，应更换熔断器。

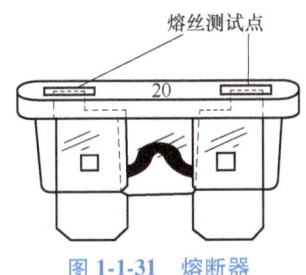
图 1-1-31 熔断器

（2）断路检测　用万用表电阻档测量熔断器是否熔断，正常值应小于1Ω，否则应更换熔断器。

根据实际情况，填写任务工单。

汽车电气系统基础元件的检测		工作任务单		班级：
				姓名：

1. 车辆信息的记录

品牌		整车型号		生产年月	
发动机型号		发动机排量		行驶里程	
车辆识别代号					

2. 直流电压的测量（用万用表对指定元件进行测量）

元件名称	万用表档位	标准值	测量值	判定
				异常□　正常□
				异常□　正常□

3. 交流电压的测量（用万用表对指定元件进行测量）

元件名称	万用表档位	标准值	测量值	判定
				异常□　正常□
				异常□　正常□

4. 电阻的测量（用万用表对指定元件进行测量）

元件名称	万用表档位	标准值	测量值	判定
				异常□　正常□
				异常□　正常□

5. 直流电流的测量（用万用表对指定元件进行测量）

元件名称	万用表档位	标准值	测量值	判定
				异常□　正常□
				异常□　正常□

6. 继电器及熔断器的测量（用万用表对指定元件进行测量）

元件名称	端子	电阻值	加电后电阻值	判定	元件名称	电阻值	判定
继电器	1—2		—	异常□ 正常□	熔断器		异常□ 正常□
	3—4						
	3—5						
	1—3		—				
	1—5						

任务评价

汽车电气系统基础元件的检测		实习日期：	
姓名：	班级：	学号：	
自评：□熟练 □不熟练	互评：□熟练 □不熟练	师评：□合格 □不合格	教师签名：
日期：	日期：	日期：	

【评分细则】

序号	评分项	得分条件	分值	评分要求	自评	互评	师评
1	安全/7S/态度	□1. 能进行工位 7S 操作 □2. 能进行设备和工具安全检查 □3. 能进行车辆安全防护操作 □4. 能进行工具清洁、校准、存放操作 □5. 能进行三不落地操作	15	未完成 1 项扣 3 分，扣分不得超过 15 分	□熟练 □不熟练	□熟练 □不熟练	□合格 □不合格
2	专业技能能力	作业 1 □1. 能正确地连接万用表表笔并校零 □2. 能正确地选用直流电压档 □3. 能正确地读取直流电压测量值并记录 □4. 能正确地选用交流电压档 □5. 能正确地读取交流电压测量值并记录 □6. 能正确地选用电阻档 □7. 能正确地读取电阻测量值并记录 □8. 能正确地选用直流电流档 □9. 能正确地读取直流电流测量值并记录 作业 2 □1. 能正确地检查继电器是否正常 □2. 能正确地测量线圈电阻值 □3. 能正确地测量触点电阻值 □4. 能正确给线圈施加 12V 电压 □5. 能正确地测量加电后触点电阻值 □6. 能正确地检查熔断器是否正常 □7. 能正确地测量熔断器电阻值	50	未完成 1 项扣 3 分，扣分不得超过 50 分	□熟练 □不熟练	□熟练 □不熟练	□合格 □不合格
3	工具及设备的使用能力	□1. 能正确地使用试灯 □2. 能正确地使用万用表	10	未完成 1 项扣 5 分	□熟练 □不熟练	□熟练 □不熟练	□合格 □不合格

(续)

序号	评分项	得分条件	分值	评分要求	自评	互评	师评
4	资料、信息查询能力	□1. 能正确地使用维修手册查询资料 □2. 能正确地记录查询资料的章节及页码 □3. 能正确地记录所需维修信息	10	未完成1项扣3分	□熟练 □不熟练	□熟练 □不熟练	□合格 □不合格
5	数据判断和分析能力	□1. 能判断测量元件是否正常 □2. 能判断继电器是否正常 □3. 能判断熔断器是否正常	10	未完成1项扣3分	□熟练 □不熟练	□熟练 □不熟练	□合格 □不合格
6	表单填写和报告撰写能力	□1. 字迹清晰 □2. 语句通顺 □3. 无错别字 □4. 无涂改 □5. 无抄袭	5	未完成1项扣1分，扣分不得超过5分	□熟练 □不熟练	□熟练 □不熟练	□合格 □不合格

总分：

知识总结

1. 汽车电气系统能将电能转换为机械能、光能和热能。

2. 汽车电气系统由电源系统、起动系统、点火系统、照明与信号系统、仪表与警告系统、辅助电气系统和电子控制装置组成。

3. 汽车电气系统电路采用单线制，即利用汽车发动机、底盘、车身等的金属机件作为各种电气设备的共用连线（俗称搭铁），而用电设备到电源只另设一根导线。

4. 汽车电气系统电路中用负极搭铁，即将蓄电池和用电设备的负极用导线连接到车架、发动机或底盘等金属体上。

5. 汽车电气系统电路有两个电源，即蓄电池和发电机。

6. 汽车电气系统电路中用电设备并联，即汽车上的各种用电设备都采用并联方式与电源连接，每个用电设备都由各自串联在其支路中的专用开关控制，互不干扰。

7. 汽车电气系统电路中采用低压直流供电，且额定的电压主要有12V和24V两种。汽油车普遍采用12V电源，柴油车多采用24V电源（2个12V蓄电池串联供电）。

8. 熔断器在电路中起保护作用。

9. 继电器能实现自动接通或切断一对或多对触点，用小电流控制大电流，从而保护电路中的控制开关。

10. 汽车电气系统的导线有低压导线和高压导线两种。

11. 汽车电气符号的作用是便于绘制和识读汽车电路图，使电路图具有通用性。

12. 汽车电路图的读图要点：牢记回路原则、注意开关在电路中的作用、要善于化整为零。

知识巩固

一、判断题

1. 导线号码越大,其截面积就越大。（　）
2. 连接蓄电池与起动机的导线应以工作电流大小来选定。（　）
3. 汽车上的双电源任何时候都向用电设备同时供电。（　）
4. 起动继电器、喇叭继电器属于功能继电器。（　）
5. 断路器可以重复使用。（　）
6. 用普通灯泡的试灯可以检测计算机控制的电路。（　）
7. 利用试灯对电路故障进行诊断可迅速地判断出电路中的短路和断路故障。（　）
8. 数字式万用表具有精确的电子电路,准确度远远超过指针式万用表,普遍用于汽车电器诊断与检测。（　）
9. 电路图中的继电器线圈处于失电状态。（　）

二、选择题

1. 一般蓄电池与起动机之间连接导线上每100A的电流所产生的电压降不超过（　）。
   A. 0.1~0.15V　　B. 0.2~0.3V　　C. 0.3~0.45V
2. 高压导线是点火系统中承担高压电输送任务的,其工作电压一般在15kV左右,而工作电流很小,所以其截面积一般为（　）。
   A. 1.5mm^2　　B. 2.5mm^2　　C. 4.0mm^2
3. 属于汽车电路控制继电器的是（　）。
   A. 闪光继电器
   B. 刮水器间歇继电器
   C. 喇叭继电器
4. 汽车电路中熔断器的作用是为了防止在电路中发生（　）。
   A. 断路　　B. 短路　　C. 过电压
5. 不属于汽车电气系统组成部分的是（　）。
   A. 电源系统　　B. 起动系统　　C. 喇叭继电器　　D. 仪表和警告系统
6. 不属于电子控制装置组成部分的是（　）。
   A. 电子控制燃油喷射装置　　B. 巡航控制系统
   C. 自动变速器　　D. 仪表和警告系统
7. 不属于整车电路图识读要点的是（　）。
   A. 阅读图注　　B. 掌握回路　　C. 熟悉开关　　D. 两个电源
8. 下列不属于汽车电路特点的是（　）。
   A. 低压交流　　B. 并联与单线制　　C. 装有保护装置　　D. 负极搭铁
9. 不属于继电器作用的是（　）。
   A. 安全保护　　B. 小电流控制大电流
   C. 自动调节　　D. 改变电压

项目二

电源系统检修

🢂 【项目概述】

通过本项目的学习,掌握汽车电源系统的组成;掌握铅酸蓄电池的结构、工作原理并能对铅酸蓄电池技术状况进行检查和维护;学会蓄电池的充电作业;掌握交流发电机的结构、主要部件的作用及工作原理,并能学会交流发电机的拆装、整机检测及解体后主要部件的检测;掌握电源系统的日常维护作业并能诊断及排除电源系统的常见故障。

任务一 蓄电池检修

任务引入

一辆轿车停驶一段时间后,出现了无法点火起动的现象,经技术人员诊断,确定了故障原因是蓄电池亏电导致电压不足,通过对蓄电池充电后,排除了故障。

任务目标

知识目标	技能目标	素养目标
1. 掌握汽车蓄电池的作用、分类和基本结构 2. 了解蓄电池的工作原理	1. 会正确进行蓄电池的拆装、维护与充电作业 2. 会检测蓄电池的性能	1. 能在工作过程中与小组其他成员合作、交流,养成团队合作意识,锻炼沟通能力 2. 养成7S工作习惯 3. 养成服从管理、规范作业的工作习惯

知识链接

一、蓄电池的作用

蓄电池是化学电源,靠内部的化学反应在充电时将电能转变成化学能储存起来,在放电时将储存的化学能转变成电能供给用电设备,如图2-1-1所示。

蓄电池的具体作用如下:

1)发动机起动时,向起动机和点火系统供电。

2)发动机低速运转时,向用电设备供电。

3)发动机中、高速运转时,将发电机剩余电能转化为化学能储存起来。

4)发电机过载时,协助发电机向用电设备供电。

5)蓄电池相当于一个大电容器,能吸收电路中出现的瞬时过电压,保护电子元器件,保持汽车电气系统电压的稳定。

二、蓄电池的分类

传统汽车上目前使用的蓄电池主要有普通蓄电池、干荷蓄电池和免维护蓄

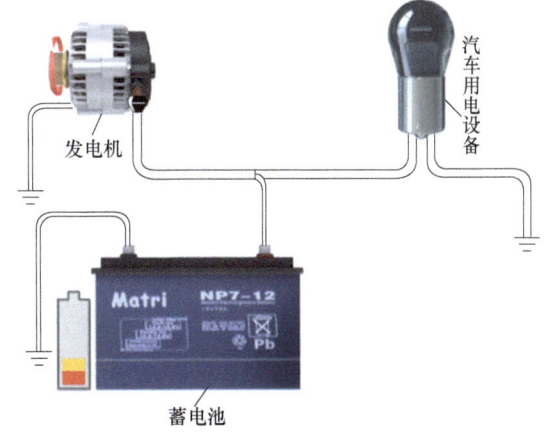

图 2-1-1 蓄电池

电池 3 种，如图 2-1-2 所示，大部分车型都采用干荷蓄电池或免维护蓄电池。

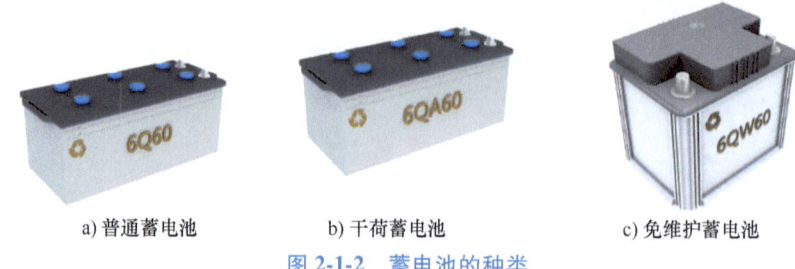

a）普通蓄电池　　　　b）干荷蓄电池　　　　c）免维护蓄电池

图 2-1-2　蓄电池的种类

（1）普通蓄电池　普通蓄电池的极板是由铅和铅的氧化物构成的，电解液是硫酸的水溶液。它的主要优点是电压稳定、价格便宜；缺点是比能量（即每千克蓄电池储存的电能）低、使用寿命短且日常维护频繁。

（2）干荷蓄电池　干荷蓄电池的全称是干式荷电铅酸蓄电池，它的主要特点是负极板有较高的储电能力，在完全干燥的状态下，能在两年内保存所得到的电量，使用时只需加入电解液，等 20~30min 就可使用。

（3）免维护蓄电池　免维护蓄电池由于自身结构上的优势，电解液的消耗量非常小，在使用寿命内基本不需要补充蒸馏水。它还具有耐振动、耐高温、体积小、自放电量小的特点，使用寿命一般为普通蓄电池的两倍。

三、蓄电池的型号

按机械行业标准 JB/T 2599—2012《铅酸蓄电池名称、型号编制与命名办法》的规定，蓄电池型号由串联的单体蓄电池数、蓄电池用途、蓄电池结构特征代号、额定容量组成，如图 2-1-3 所示。

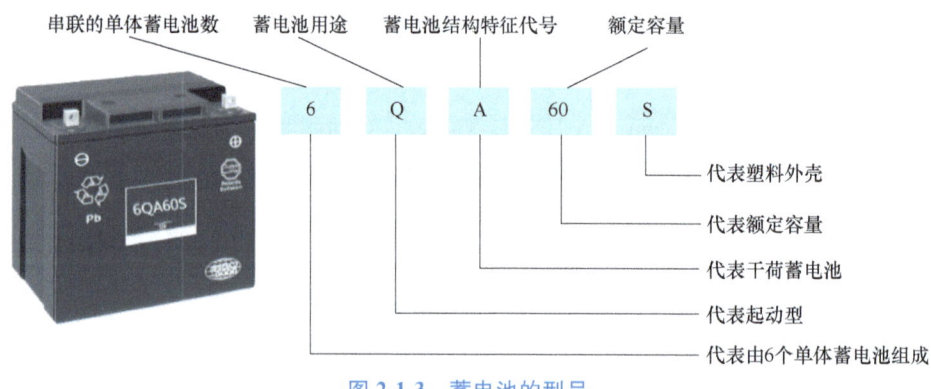

图 2-1-3　蓄电池的型号

（1）串联的单体蓄电池数　串联的单体蓄电池数是指该蓄电池总成所包含的单体蓄电池数目，用阿拉伯数字表示。

（2）蓄电池用途　根据其主要用途划分，起动型铅蓄电池用"Q"表示，阀控型蓄电池用"F"表示。

（3）蓄电池结构特征代号　蓄电池结构特征代号为附加部分，同类型蓄电池具有某种特征，在型号中必须加以区别。例如，免维护用"W"表示，干式荷电用"A"表示。

（4）额定容量　额定容量用阿拉伯数字表示。额定容量的单位为 A·h。

四、蓄电池的基本结构

1. 普通蓄电池的结构

汽车用蓄电池主要由正极板、负极板、隔板、电解液、外壳、联条、正极接线柱、负极接线柱及加液孔盖等组成，如图 2-1-4 所示。

（1）正、负极板　极板是蓄电池的核心部分，它由栅架及活性物质组成，栅架由铅锑合金浇注而成；活性物质就是极板上的工作物质。正极板上的活性物质为二氧化铅（PbO_2），呈暗棕色；负极板上的活性物质为海绵状纯铅（Pb），呈深灰色。

（2）隔板　隔板的作用是分隔正、负极板，使正、负极板尽量地靠近而不至于短路，并缩小蓄电池的体积，防止极板变形和活性物质脱落。

（3）电解液　电解液能促使极板活性物质溶解，产生可逆的电化学反应。

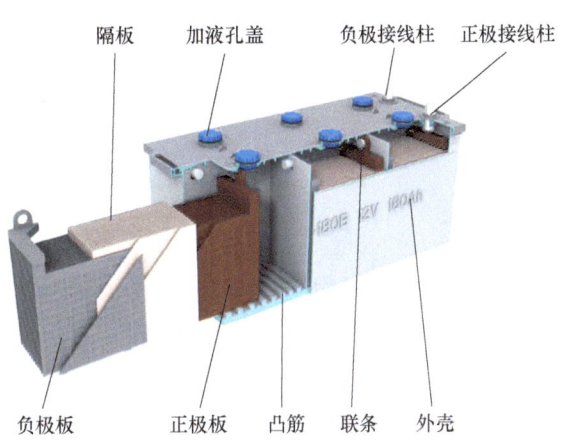

图 2-1-4　蓄电池的结构

它是由纯净的专用硫酸和蒸馏水按一定的比例配制而成的，密度一般为 $1.24 \sim 1.31 g/cm^3$。

（4）外壳　外壳用来盛装电解液和极板组，使蓄电池构成一个整体。外壳为整体式结构，壳内分成 6 个互不相通的单格，每个单格的盖子中间有加液孔，可用来检查液面高度和测量电解液的密度，加液孔平时用加液孔盖拧紧。加液孔盖中心的通气孔应经常保持畅通，使蓄电池发生化学反应放出的气体能随时逸出。

（5）联条　联条的作用是将单体蓄电池串联起来，提高整个蓄电池的端电压。普通单体蓄电池联条由铅锑合金浇注而成。额定电压为 12V 的蓄电池由 6 个单体蓄电池串联而成，每个单体蓄电池的额定电压为 2V。

（6）正、负极接线柱　普通蓄电池在首尾两极板组的横板上焊有接线柱。为了便于区分接线柱的极性，在正极接线柱上或旁边标有"+"或"P"记号；在负极接线柱上标有"-"或"N"记号，有的蓄电池的正极接线柱涂有红油漆；同时为了防止接错，一般正极接线柱比负极接线柱稍大一点。

2. 免维护蓄电池

免维护蓄电池如图 2-1-5 所示，其内部结构与普通蓄电池基本相同，外部采用全密封结构，具有使用寿命长、无污染、免维护、安全可靠的卓越性能。

市场上的免维护蓄电池有两种：一种在购买时一次性加电解液，以后使用中不需要维护（无须添加补充液）；另一种蓄电池出厂时就已经加好电解液并封死，用户

图 2-1-5　免维护蓄电池

根本就不能加补充液。

对于全密封型免维护蓄电池,由于无加液孔,所以不能采用传统的密度计来测量电解液密度以判断其技术状况,为此,可通过顶端的检查孔观察其颜色,来判断蓄电池的技术状况,如图 2-1-6 所示。

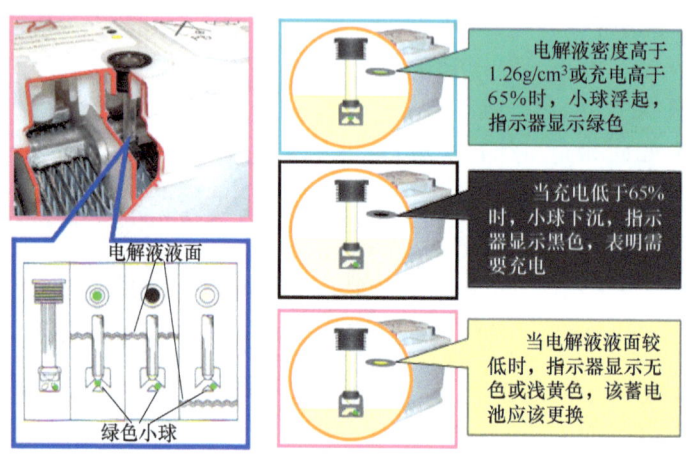

图 2-1-6　免维护蓄电池的检查

五、蓄电池的工作原理

蓄电池充、放电过程就是化学能与电能相互转化的过程:当蓄电池向外供电时,将化学能转化为电能对外输出,此时电解液的密度会下降,如图 2-1-7 所示;而当蓄电池与外部直流电源相连进行充电时,电能转化为化学能储存起来,此时电解液的密度会增大,如图 2-1-8 所示。其电化学反应是可逆反应,可用以下总的电化学反应方程式表示

$$PbO_2 + 2H_2SO_4 + Pb \underset{充电}{\overset{放电}{\rightleftharpoons}} 2PbSO_4 + 2H_2O$$

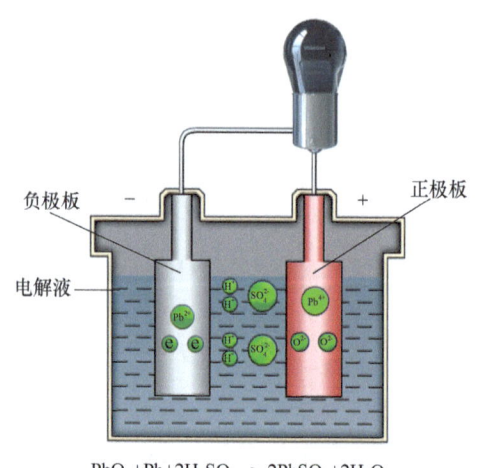

$PbO_2 + Pb + 2H_2SO_4 \longrightarrow 2PbSO_4 + 2H_2O$
正负极板上生成硫酸铅,电解液密度下降

图 2-1-7　蓄电池放电过程

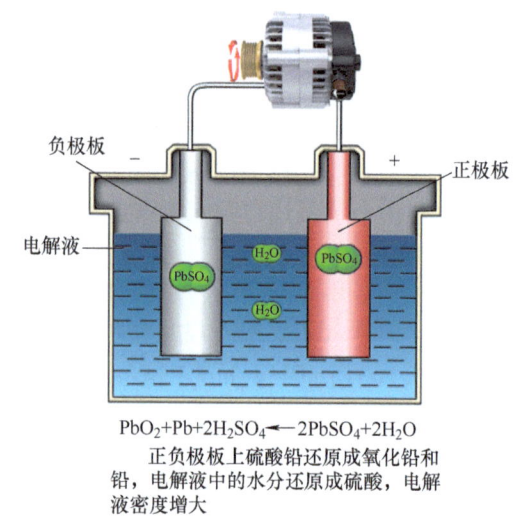

$PbO_2 + Pb + 2H_2SO_4 \longleftarrow 2PbSO_4 + 2H_2O$
正负极板上硫酸铅还原成氧化铅和铅,电解液中的水分还原成硫酸,电解液密度增大

图 2-1-8　蓄电池充电过程

蓄电池的检修

一、作业准备

蓄电池的检修作业准备如下：
1）整车或实训台架、玻璃管密度计、高频放电计、常用维修工具和维修手册等。
2）车辆在工位停放周正。
3）铺好车内和车外护套。

二、操作步骤

1. 蓄电池的使用与维护

1）大电流放电时间不宜过长，每次起动时间不超过 5s，起动间隔时间为 15s，最多连续起动不超过 3 次。
2）应保持蓄电池外表面清洁干燥，及时清除接线柱和电缆夹上的氧化物，并确定蓄电池接线柱上的电缆连接牢固。
3）保持加液孔盖上通气孔的畅通，定期疏通。
4）定期检查并调整电解液液面高度，液面不足（接近或低于最低刻度线）时，应补加蒸馏水。

2. 蓄电池的检修

（1）蓄电池电解液液面高度的检查

1）玻璃管测量法，如图 2-1-9 所示。工具：内径为 3～5mm 的玻璃管。液面高度为 10～15mm。

2）液面高度指示线法，如图 2-1-10 所示。正常液面高度应介于"max"和"min"两线之间，液面过低时，应加入蒸馏水补充，以恢复正常的液面高度。除非确定电解液有溅出，否则不许添加硫酸溶液。

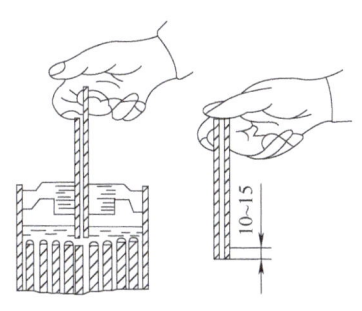

图 2-1-9　玻璃管测量法

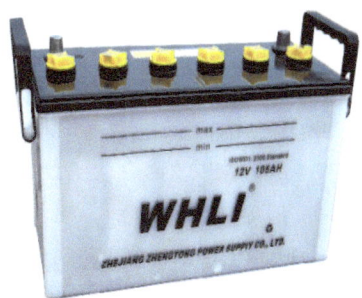

图 2-1-10　液面高度指示线法

（2）蓄电池电解液密度的检查　电解液密度的大小是判断蓄电池容量的重要标志。测量蓄电池电解液密度时，蓄电池应处于稳定状态。蓄电池充、放电或加注蒸馏水后，应静置 30min 后再测量。蓄电池充电状态与电解液密度的关系见表 2-1-1。

表 2-1-1　蓄电池充电状态与电解液密度的关系

充电状态（%）	100	75	50	25	0
电解液密度/(g/cm³)	1.27	1.23	1.19	1.15	1.11

用吸式密度计测量电解液密度，如图 2-1-11 所示，其测量过程如图 2-1-12 所示。

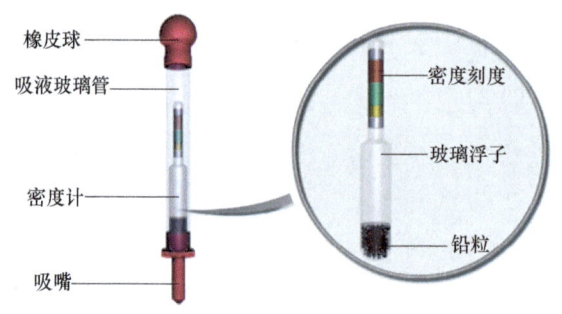

图 2-1-11　吸式密度计

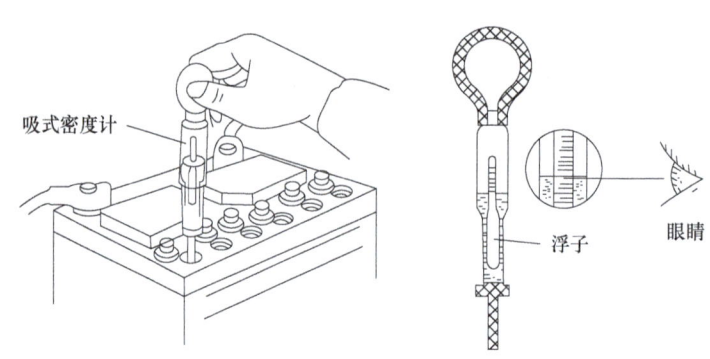

图 2-1-12　电解液密度测量

1）拧下蓄电池上的 6 个加液孔盖。
2）将吸式密度计放入某个单格中，轻捏橡皮球再放松，吸入适量的电解液。
3）读取吸式密度计上的刻度值。
4）通过对各个单体蓄电池电解液密度的测量，可以确定蓄电池是否失效。如果单体蓄电池之间的密度相差 0.05g/cm³，则该蓄电池失效，需更换蓄电池。

（3）静态电动势（断路电压）的检测　若蓄电池刚充过电或车辆刚行驶过，应接通前照灯远光灯 30s，消除"表面充电"现象，然后熄灭前照灯，切断所有负载，用万用表测量蓄电池的断路电压，如图 2-1-13 所示。此电压应该在 12V 以上，否则应对蓄电池充电；充电后再次测量，若电压仍然不能超过 12V，则需要更换蓄电池。

（4）负荷试验的检测

1）高频放电计测试。用 12V 高频放电计测试蓄电池，如图 2-1-14 所示，将两放电夹夹在蓄电池正、负极接线柱上，不得超过 3s，若电压稳定，根据指针偏摆的刻度，可知蓄电池的存电情况，若存电量不足，应对蓄电池进行充电。

图 2-1-13 蓄电池静态电压的测量

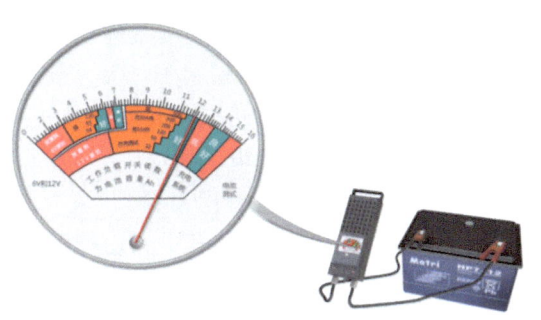
图 2-1-14 用高频放电计测试蓄电池

2）车上起动测试。将万用表两表笔分别接在蓄电池正、负极接线柱上，一边起动，一边测量蓄电池电压，此时蓄电池电压应不低于9.6V，否则，应对蓄电池进行充电。

3. 蓄电池的拆装

（1）蓄电池的拆卸步骤

1）将点火开关置于"断开（OFF）"位置。

2）先拧松蓄电池负极接线柱上的接线柱夹头紧固螺栓，取下负极电缆，再拧松蓄电池正极接线柱上的接线柱夹头紧固螺栓，取下正极电缆，如图2-1-15所示。

3）拆下蓄电池固定夹板的紧固螺栓，取下固定夹板。

4）从汽车上取下蓄电池。取下蓄电池时应小心轻放，防止电解液流出。

5）检查蓄电池外壳上有无裂纹和电解液渗漏痕迹，发现裂纹和渗漏情况应更换蓄电池。

（2）蓄电池的安装步骤

1）检查蓄电池型号、规格是否适合该型号汽车使用。

2）检查电解液的密度和液面高度是否符合技术要求，否则应予以调整。

3）按照蓄电池正、负极接线柱和正、负电缆端子的相对位置，将蓄电池安放到固定架上。

4）用细砂纸清洁蓄电池的接线柱及接线柱夹头。

5）先安装蓄电池正极夹头，再安装负极夹头，并拧紧夹头紧固螺栓，如图2-1-16所示。

图 2-1-15 取下正、负极电缆

图 2-1-16 安装蓄电池正负极夹头

6）可在正、负极接线柱及其电缆端子上涂抹一层润滑脂，以防接线柱和端子氧化、腐蚀。

7）安装固定夹板，拧紧夹板紧固螺栓。

4. 蓄电池的充电

蓄电池的充电作业方法通常有恒压充电、恒流充电和脉冲快速充电3种，目前比较流行的充电方法是脉冲快速充电。

（1）蓄电池充电作业注意事项

1）充电时，应旋开出气孔盖，使产生的气体能顺利逸出，充电室要安装通风和防火设备，在充电过程中，严禁烟火，以免发生事故。

2）就车充电时，一定要将蓄电池负极断开，否则充电机的高电压会将电控系统的电气元件损坏。

3）初充电作业应连续进行，不可长时间间断。

4）对过度放电的蓄电池（空载电压为11.6V或更低）进行充电时，不可采用快速充电方法充电时，这种蓄电池充电时间至少应为24h。

5）若发现个别单体蓄电池的端电压和电解液密度上升比其他单体蓄电池缓慢，甚至变化不明显时，应停止充电，及时查明原因。

（2）蓄电池充电作业方法

1）将蓄电池与充电机连接之前，应将蓄电池接线柱和表面清理干净，将液面高度调整至正常水平。

2）拧下加液孔盖。

3）正确连接充电机和蓄电池（充电机红色电夹连接蓄电池正极，黑色电夹连接蓄电池负极，如图2-1-17所示）。

4）连接充电机的220V电源。

5）打开充电机上的电源开关。

6）按规定选择充电强度的档位。

7）在充电过程中，应经常查看充电情

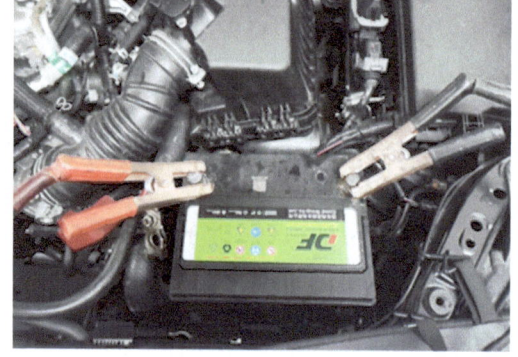

图 2-1-17 充电机连接蓄电池

况，若发现电解液内有大量气泡冒出（电解液呈"沸腾"状态），表示蓄电池已经充足电。

8）充电结束后应先关闭充电机上的电源开关并拔下220V的电源插头，然后再取下正、负极充电夹，如图2-1-18所示。

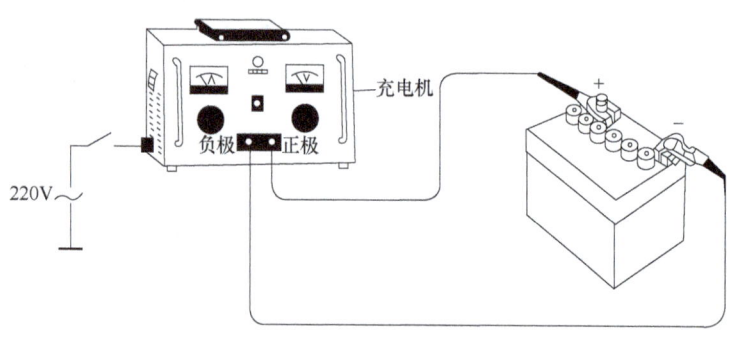

图 2-1-18 充电过程

按照实际情况,填写任务工单。

蓄电池的检修		工作任务单		班级:	
				姓名:	

1. 车辆信息的记录

品牌		整车型号		生产年月	
发动机型号		发动机排量		行驶里程	
车辆识别代号					

2. 蓄电池的型号

	蓄电池型号			厂商规格(查询维修手册)		
串联的单体蓄电池数	蓄电池用途和结构特征代号	额定容量	串联的单体蓄电池数	蓄电池用途和结构特征代号	额定容量
判定		是否符合厂商要求:符合□ 不符合□				

3. 蓄电池的检测

作业项目	检测数据	判定
液面高度		正常□ 异常□
电解液密度/(g/cm³)		正常□ 异常□
静态断路电压/V		正常□ 异常□
起动时电压/V		正常□ 异常□
放电计测试		正常□ 异常□

4. 蓄电池的拆装

作业项目	记录	作业项目	记录
断开负极接线柱	已执行□ 未执行□	安装正极接线柱	已执行□ 未执行□
断开正极接线柱	已执行□ 未执行□	安装负极接线柱	已执行□ 未执行□
拆卸固定夹板	已执行□ 未执行□	安装固定夹板	已执行□ 未执行□

5. 蓄电池的充电

连接正、负极充电夹	充电电压/V	充电电流档位	充电作业方法
红□ 黑□			恒压充电□ 恒流充电□ 脉冲快速充电□

6. 维修手册的查阅

序号	部件名称	章节及页码	规格(米制)
1		第 章 页	

蓄电池的检修				实习日期：			
姓名：		班级：		学号：			
自评：□熟练 □不熟练		互评：□熟练 □不熟练		师评：□合格 □不合格		教师签名：	
日期：		日期：		日期：			
【评分细则】							
序号	评分项	得分条件	分值	评分要求	自评	互评	师评
1	安全/7S/态度	□1. 能进行工位7S操作 □2. 能进行设备和工具安全检查 □3. 能进行车辆安全防护操作 □4. 能进行工具清洁、校准、存放操作 □5. 能进行三不落地操作	15	未完成1项扣3分，扣分不得超过15分	□熟练 □不熟练	□熟练 □不熟练	□合格 □不合格
2	专业技能能力	作业1 □1. 能正确地记录蓄电池型号和类型 □2. 能正确地测量电解液液面高度 □3. 能正确地测量电解液密度 □4. 能正确地测量静态断路电压 □5. 能正确地进行放电计测试 □6. 能正确地测量起动时蓄电池电压 作业2 □1. 能按正确顺序拆卸蓄电池 □2. 能正确地断开蓄电池正、负极 □3. 能正确地拆卸蓄电池固定夹板 □4. 能按正确顺序安装蓄电池正、负极 □5. 能正确地安装蓄电池固定夹板 □6. 能正确地连接充电机 □7. 能正确地选择充电电压、电流	50	未完成1项扣3分	□熟练 □不熟练	□熟练 □不熟练	□合格 □不合格
3	工具及设备的使用能力	□1. 能正确地选用密度计 □2. 能正确地选用万用表 □3. 能正确地选用放电计 □4. 能正确地使用维修工具 □5. 能正确地选用蓄电池充电机	10	未完成1项扣3分，扣分不得超过10分	□熟练 □不熟练	□熟练 □不熟练	□合格 □不合格

(续)

序号	评分项	得分条件	分值	评分要求	自评	互评	师评
4	资料、信息查询能力	□1. 能正确地识读维修手册查询资料 □2. 能正确地使用用户手册查询资料 □3. 能正确地记录所查询资料的章节及页码 □4. 能正确地记录所需维修信息	10	未完成 1 项扣 2 分	□熟练 □不熟练	□熟练 □不熟练	□合格 □不合格
5	数据判断和分析能力	□1. 能判断电解液密度是否正常 □2. 能判断蓄电池是否正常 □3. 能判断充电机是否正常充电	10	未完成 1 项扣 3 分	□熟练 □不熟练	□熟练 □不熟练	□合格 □不合格
6	表单填写和报告撰写能力	□1. 字迹清晰 □2. 语句通顺 □3. 无错别字 □4. 无涂改 □5. 无抄袭	5	未完成 1 项扣 1 分，扣分不得超过 5 分	□熟练 □不熟练	□熟练 □不熟练	□合格 □不合格

总分：

知识总结

1. 蓄电池是一种既能将化学能转化为电能，又能将电能转化为化学能的低压直流电源。
2. 蓄电池在发动机起动时向起动机和点火系统供电，在发动机停止或怠速时向用电设备供电。
3. 当供电需求超过发电机输出时，蓄电池也参与供电。
4. 蓄电池可以缓和电气系统中的冲击电压。
5. 蓄电池的组成主要包括正负极板、隔板、电解液、外壳、联条、正负极接线柱等。
6. 蓄电池正极板上的活性物质是二氧化铅，负极板上的活性物质是海绵状纯铅。
7. 电解液由蒸馏水和纯硫酸按一定比例配制而成，其密度为 $1.24\sim 1.30 g/cm^3$。
8. 蓄电池在放电过程中，正负极板上的活性物质都转变为硫酸铅。
9. 蓄电池极板硫化的原因主要是长期充电不足、电解液不足等。
10. 蓄电池技术状况的检查主要包括电解液液面高度的检查、电解液密度的检查等。

知识巩固

一、判断题

1. 汽车行驶中充电指示灯亮表示蓄电池处于充电状态。（　　）

2. 将蓄电池的正负极板各插入一片到电解液中，即可获得12V的电动势。（　　）
3. 蓄电池主要包括正负极板、隔板、电解液和外壳等。（　　）
4. 蓄电池极板硫化的原因主要是长期充电不足，电解液不足。（　　）
5. 在一个单体蓄电池中，负极板的片数总比正极板多一片。（　　）
6. 蓄电池可以缓和电气系统中的冲击电压。（　　）
7. 极板硫化是极板上的 $PbSO_4$ 变成了坚硬不易溶解的粗晶粒，在正常充电时不易被还原成活性物质。（　　）
8. 在放电过程中，正负极板上的活性物质都转变为硫酸铅。（　　）
9. 蓄电池正极板上的活性物质是二氧化铅，负极板上的活性物质是海绵状纯铅。（　　）
10. 为了防止冬天结冰，蓄电池电解液的密度越高越好。（　　）

二、选择题
1. 蓄电池亏电长期放置不用，容易造成（　　）。
   A. 极板硫化　　　B. 极板短路　　　C. 活性物质脱落
2. 蓄电池额定容量与（　　）有关。
   A. 单体蓄电池数　　　　　　B. 电解液数量
   C. 单体蓄电池内极板片数　　D. 温度
3. 蓄电池电解液的密度一般为（　　）g/cm^3。
   A. 1.24~1.30
   B. 1.15~1.20
   C. 1.35~1.40
4. （　　）可造成蓄电池硫化。
   A. 大电流过充电
   B. 电解液液面过高
   C. 长期充电不足
5. 蓄电池在放电过程中，其电解液的密度（　　）。
   A. 不断上升　　　B. 不断下降　　　C. 保持不变
6. 蓄电池在正常使用过程中，若发现电解液的液面下降，应及时补充（　　）。
   A. 电解液　　　B. 稀硫酸　　　C. 蒸馏水
7. 蓄电池放电时，端电压（　　）。
   A. 逐渐上升　　　　　　B. 处于平衡状态
   C. 逐渐下降　　　　　　D. 不变
8. 蓄电池极板上的活性物质在放电过程中都转变为（　　）。
   A. 硫酸铅　　　B. 二氧化铅　　　C. 铅
9. 为了保护蓄电池，每次运转起动机的时间都不能超过（　　）。
   A. 3s　　　　　　　　　B. 5s
   C. 8s　　　　　　　　　D. 10s
10. 蓄电池电解液的温度下降，会使其容量（　　）。
    A. 增大　　　　　　　　B. 减小
    C. 不变　　　　　　　　D. 不一定

任务二　发电机检修

一辆轿车在行驶过程中突然熄火，熄火前仪表板充电预警灯亮，经技术人员诊断故障，确定了故障原因是发电机不发电使蓄电池电量耗尽，通过更换发电机后，排除了故障。

知识目标	技能目标	素养目标
1. 掌握汽车发电机的作用与组成 2. 理解发电机的发电原理与整流原理	1. 会检查、调整与更换发电机的传动带 2. 会拆装发电机总成，并会分解与组装发电机 3. 会检测发电机各部件	1. 能在工作过程中与小组其他成员合作、交流，养成团队合作意识，锻炼沟通能力 2. 养成7S工作习惯 3. 养成服从管理、规范作业的工作习惯

一、发电机的作用

发电机是汽车的主要电源，其在整车上的位置如图 2-2-1 所示。其作用是在发动机正常运转时，向所有用电设备（起动机除外）供电，同时给蓄电池充电，如图 2-2-2 所示。

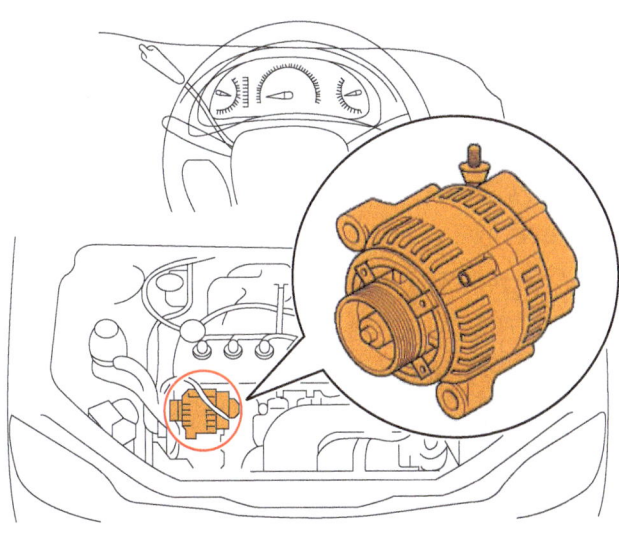

图 2-2-1　汽车发电机的位置

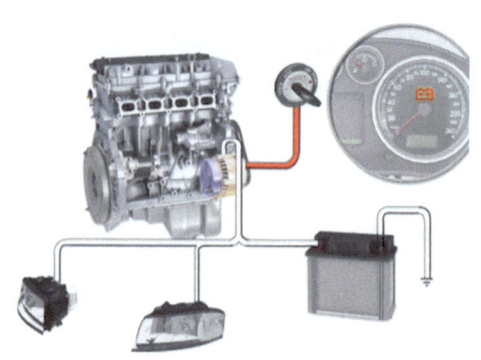

图 2-2-2　发电机的作用

汽车发电机可分为直流发电机和交流发电机，由于交流发电机的性能在许多方面优于直流发电机，直流发电机已被淘汰。目前，汽车采用三相交流发电机，其内部带有二极管整流电路，整流电路将交流电整流为直流电，所以汽车发电机输出的是直流电。

二、发电机的结构

普通交流发电机一般由转子、定子、整流器、带轮等组成，如图 2-2-3 所示。

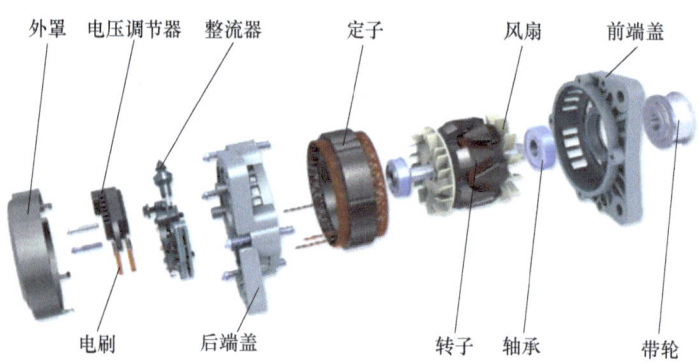

图 2-2-3　交流发电机的组成

（1）转子　转子的功用是通电后产生磁场。它主要由爪极、转子绕组（励磁绕组）、集电环（俗称为滑环）和转子轴等组成，如图 2-2-4 所示。

（2）定子　定子的功用是产生三相交流电，其结构如图 2-2-5 所示，它由定子铁心和定子绕组两部分组成。

定子铁心由相互绝缘的内圆带槽的环状硅钢片叠压而成。定子槽内置有三相对称定子绕组，三相定子绕组大多数采用Y（星形）联结，也有用△（三角形）联结的。三相定子绕组在定子槽内的排列，空间上相隔 120°（电角度），且每相绕组的线圈个数、每个线圈的匝数和每个线圈的节距都完全相等。

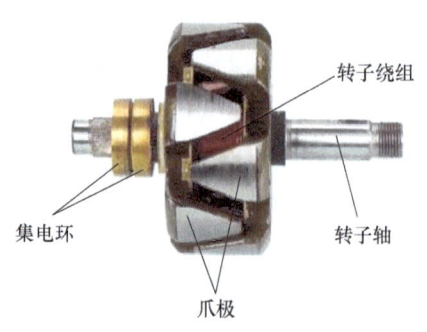

图 2-2-4　发电机转子的结构

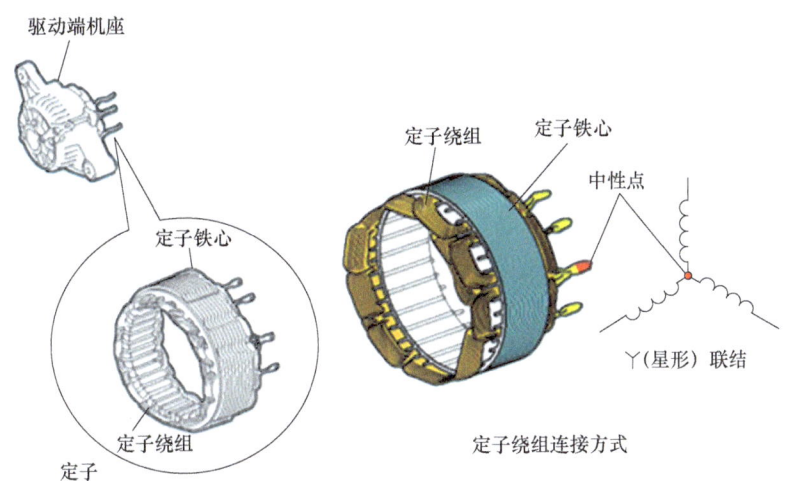

图 2-2-5　发电机定子的结构

（3）整流器　整流器的功用是将三相定子绕组产生的交流电转变为直流电。整流器由正、负整流板组成，如图 2-2-6 所示，每个整流板上安装 3~4 个硅二极管。

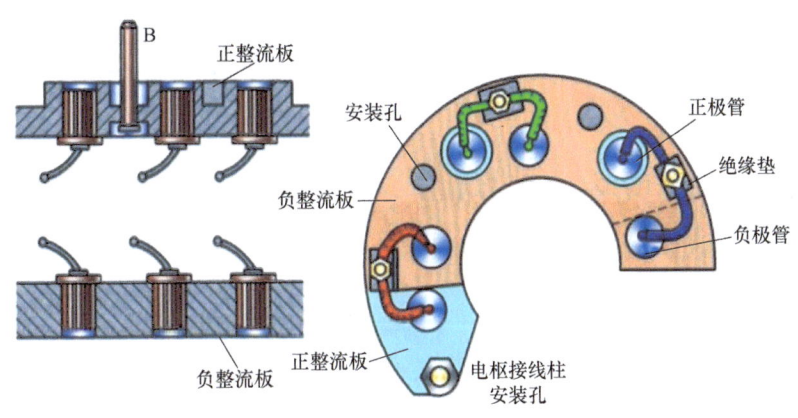

图 2-2-6　整流器总成

外壳为正极、中心引线为负极的二极管，称为负极管；外壳为负极、中心引线为正极的二极管，称为正极管。安装 3~4 只正极管的整流板称为正整流板；安装 3~4 只负极管的整流板称为负整流板。

1）6 个二极管整流器与整流电路。6 个二极管整流器是在正、负整流板上各安装 3 个二极管，其组成的三相桥式全波整流电路如图 2-2-7 所示。

2）8 个二极管整流器与整流电路。8 个二极管整流器是在正、负整流板上各安装 4 个二极管，它是在正、负整流板上各增加了 1 个中性点二极管，其组成的三相桥式全波整流电路如图 2-2-8 所示。

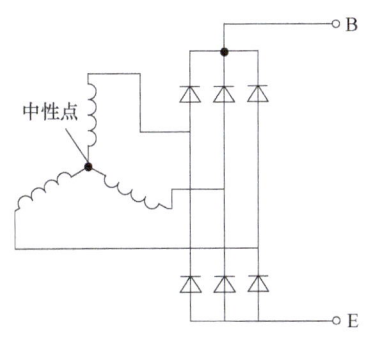

图 2-2-7　6 个二极管组成的三相桥式全波整流电路

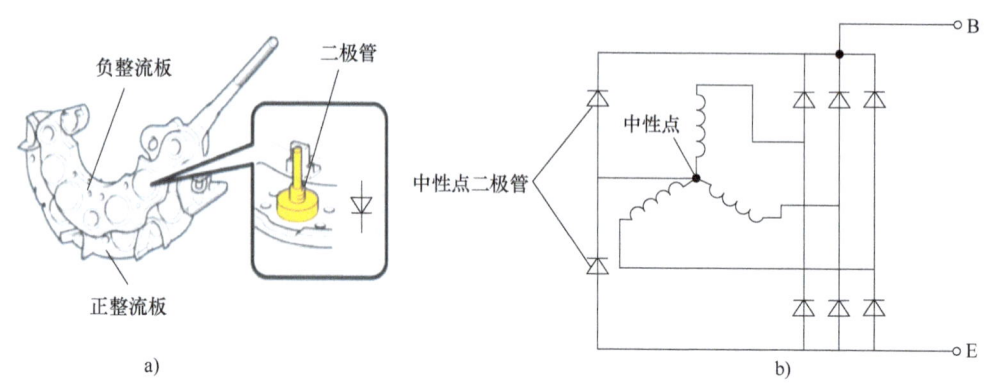

图 2-2-8　8 个二极管组成的三相桥式全波整流电路

3) 端盖及电刷组件。端盖一般分成两部分，即前端盖和后端盖，起支承转子、定子、整流器和电刷组件的作用。端盖一般用铝合金铸造，其优点一是可有效地防止漏磁，二是铝合金散热性能好。后端盖上装有电刷组件。

电刷组件由电刷、电刷架和电刷弹簧组成，如图 2-2-9 所示。

电刷的作用是将电源通过集电环引入转子绕组（励磁绕组）。2 个电刷分别装在电刷架的孔内，借助弹簧压力与集电环保持接触。电刷一般与电压调节器装为一体。电刷和集电环的接触应良好，否则会因为磁场电流过小，导致发电机发电不足。

（4）带轮　交流发电机的前端装有带轮，其内部装有风扇，由发动机的传动带通过带轮驱动发电机的转子轴和风扇一起旋转。

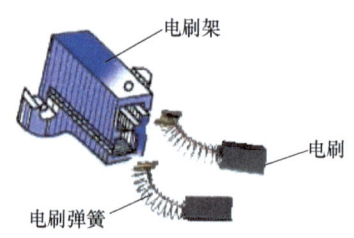

图 2-2-9　电刷组件

发电机工作时，定子绕组和转子绕组（励磁绕组）中都会有热量产生，若温度过高会烧坏导线的绝缘部分，导致发电机不能正常工作，为了提高散热能力，有的发电机还装有 2 个风扇（前、后各 1 个）。

三、交流发电机的工作原理

（1）电磁感应现象　电磁感应是指闭合电路的一部分导体在磁场中进行切割磁力线的运动时，导体中就会产生电流的现象，如图 2-2-10 所示。当蓄电池通过电刷与集电环给转子绕组通电时，转子绕组就会产生磁场，只要将转子转动，就会形成旋转的磁场，在磁场内的导体就会产生感应电动势。

（2）发电原理　发电机定子绕组按一定规律分布在发电机的定子槽中，定子内部有一个转子，转子上安装着爪极和转子绕组（励磁绕组）。

交流发电机的发电原理如图 2-2-11 所示，当外电路通过电刷使转子绕组通电时，便产生磁场，使爪极被磁化为 N 极和 S 极。当转子旋转时，磁通量交替地在定子绕组中变化，根据电磁感应原理可知，定子绕组中便产生三相交变的感应电动势，这就是交流发电机的发电原理。

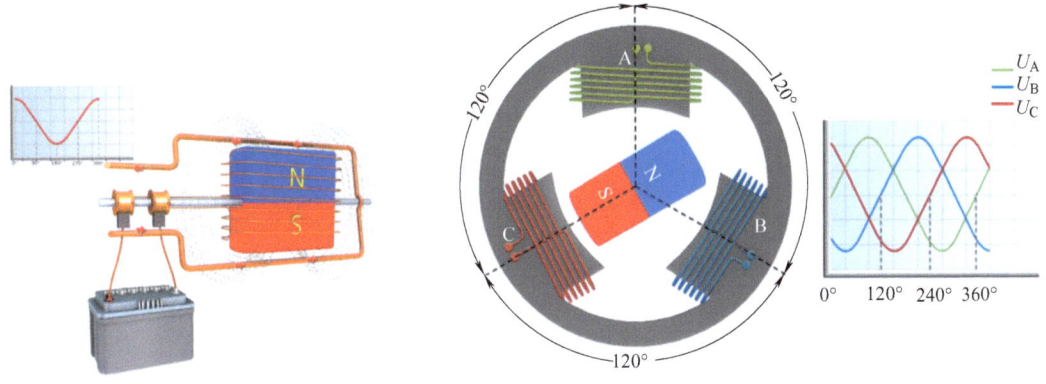

图 2-2-10 电磁感应现象　　　　　图 2-2-11 交流发电机的发电原理

（3）整流原理　在交流发电机定子的三相绕组中，感应产生的是三相交流电，交流电是通过6只二极管组成的三相桥式整流电路整流为直流电的，整流电路如图 2-2-12a 所示。

当发动机起动后，发电机定子的三相绕组产生三相交流电动势（图 2-2-12b），由于二极管具有单向导通性，当给二极管加上正向电压时，二极管导通，当给二极管加上反向电压时，二极管截止，使发电机整流器的输出端 B、E 上输出一个脉动直流电压，如图 2-2-12c 所示。

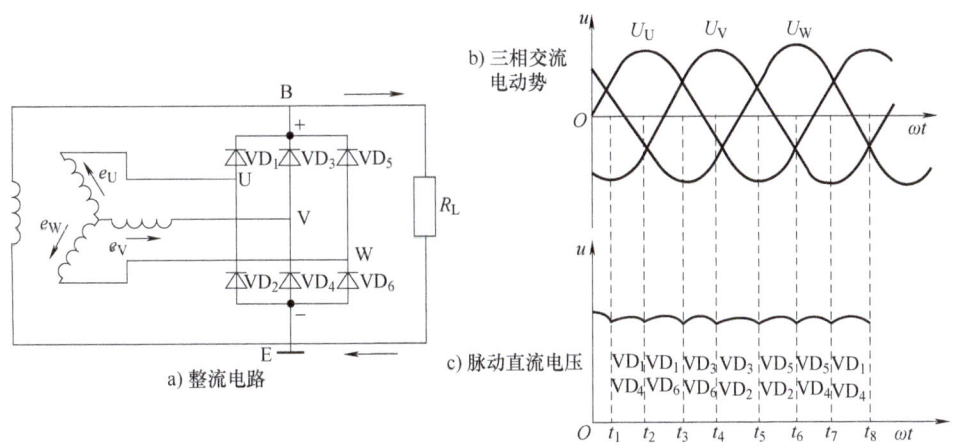

图 2-2-12 交流发电机整流原理

三相桥式整流电路中二极管依次循环导通，当3只正二极管负极端连接在一起时，正极端电位最高者导通；当3只负二极管正极端连接在一起时，负极端电位最低者导通，如图 2-2-13 所示，使负载得到一个比较平稳的脉动直流电压。

（4）交流发电机的励磁方式　汽车上使用的交流发电机都需要励磁，因为它们的磁场都是电磁场，必须给转子绕组（励磁绕组）通电才会有磁场产生而发电，否则发电机将不能通过电磁感应原理发电。

将电流引入励磁绕组使之产生磁场的过程称为励磁。交流发电机励磁方式有自励和他励两种。

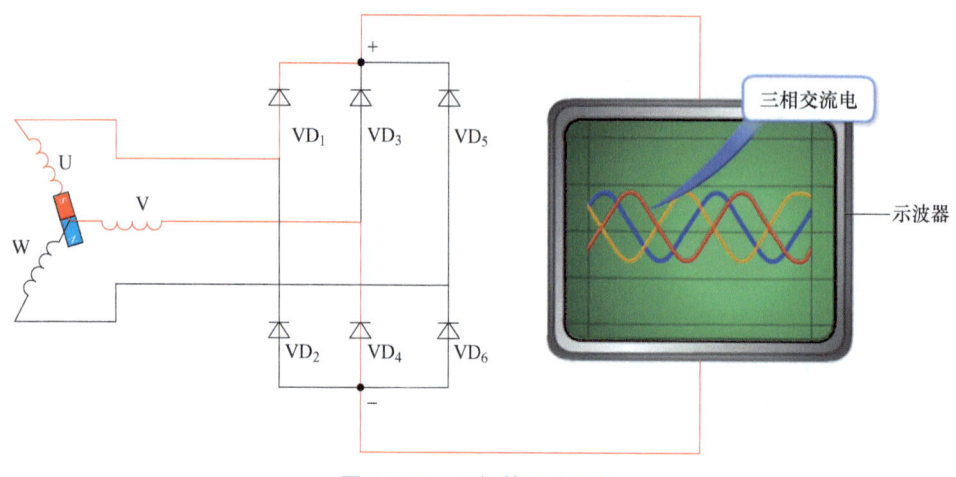

图 2-2-13 二极管导通顺序

（1）他励 在发电机转速较低时（发动机未达到怠速转速），自身不能发电，需要蓄电池供给发电机励磁绕组电流，使励磁绕组产生磁场来发电。这种由蓄电池供给磁场电流发电的方式称为他励发电，如图 2-2-14 所示。

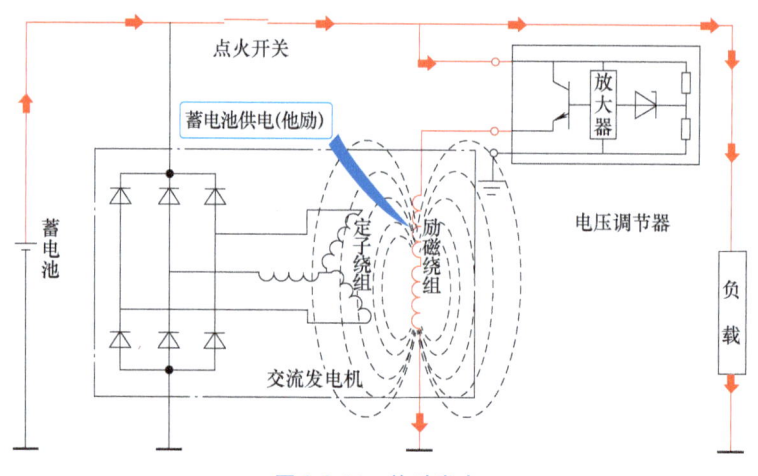

图 2-2-14 他励发电

（2）自励 随着转速的提高（一般在发动机达到怠速时），发电机定子绕组的电动势逐渐升高并能使整流器二极管导通，当发电机的输出电压 U_B 大于蓄电池电压时，发电机就能对外供电了。当发电机能对外供电时，就可以把自身发的电供给励磁绕组，这种自身供给磁场电流发电的方式称为自励发电，如图 2-2-15 所示。

交流发电机励磁过程是先他励后自励。当发动机达到正常怠速转速时，发电机的输出电压一般高出蓄电池电压 1~2V，以便对蓄电池充电，此时，由发电机自励发电。

四、电压调节器

（1）电压调节器的功用 电压调节器一般安装在发电机的内部。它的功用是使交流发电机的输出电压保持恒定（一般为 13~14V）。由于交流发电机的转子是由发动机通过传动

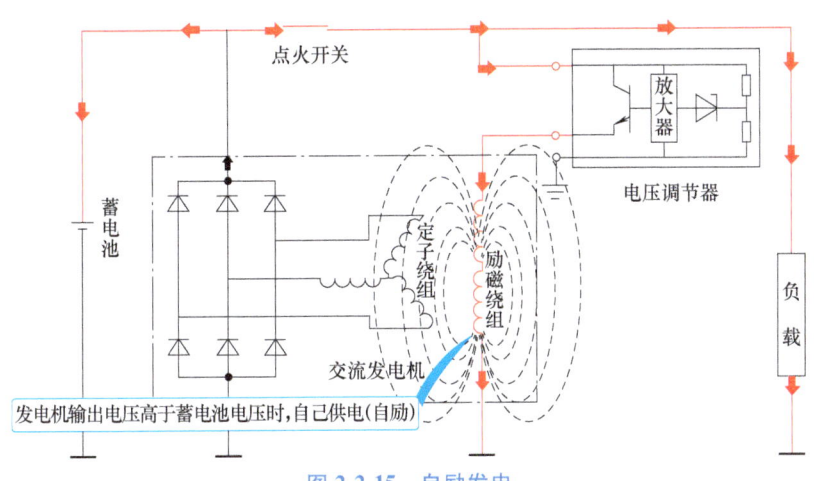

图 2-2-15 自励发电

带驱动旋转的,且发动机和交流发电机的速比为 1.7~3,因此交流发电机转子的转速变化范围非常大,这样将引起发电机的输出电压发生较大变化,无法满足汽车用电设备的工作要求。为了满足用电设备恒定电压的要求,交流发电机必须配有电压调节器,使其输出电压在发动机所有工况下基本保持恒定。

(2) 电压调节器的基本原理 由交流发电机的工作原理可知,交流发电机的三相绕组产生的相电动势的有效值为

$$E_\Phi = C_e \Phi n$$

式中 E_Φ——电动势,单位为 V;

C_e——发电机的结构常数;

n——发电机转子转速,单位为 r/min;

Φ——转子的磁极磁通量,单位为 Wb。

上式说明交流发电机所产生的感应电动势与转子转速和磁极磁通量成正比。所以,交流发电机电压调节器的基本工作原理是:当交流发电机的转速升高时,电压调节器通过减小发电机的励磁电流 I_f 来减小磁通量 Φ,使发电机的输出电压 U_B 保持不变;当发电机转速下降时,可通过增大励磁电流,从而使输出电压保持不变。

(3) 电子式电压调节器的结构与工作原理 现在轿车发电机都采用电子式电压调节器,如图 2-2-16 所示,它的内部主要由电子元件组成。

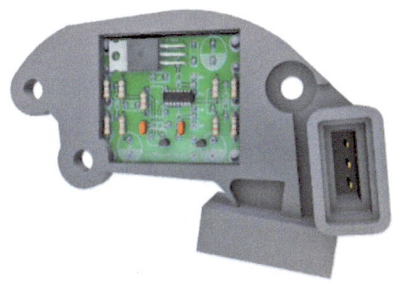

图 2-2-16 电子式电压调节器

电子式电压调节器的工作原理：当发电机输出电压较低时，稳压二极管处于截止状态，VT_2 也处于截止状态，此时 VT_1 有基极电流而导通，给发电机励磁绕组供电，发电机电压升高，如图 2-2-17 所示。

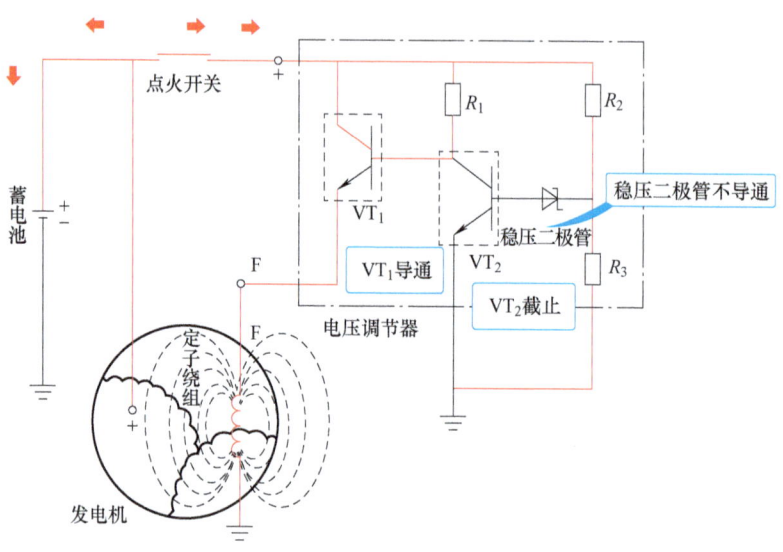

图 2-2-17　发电机输出电压较低时

当发电机输出电压上升到调节器的电压调整值时，稳压二极管被击穿，VT_2 有基极电流而导通，此时 VT_1 基极电位为 0 而截止，切断了励磁电流，发电机因无励磁电流，输出电压便下降，如图 2-2-18 所示。

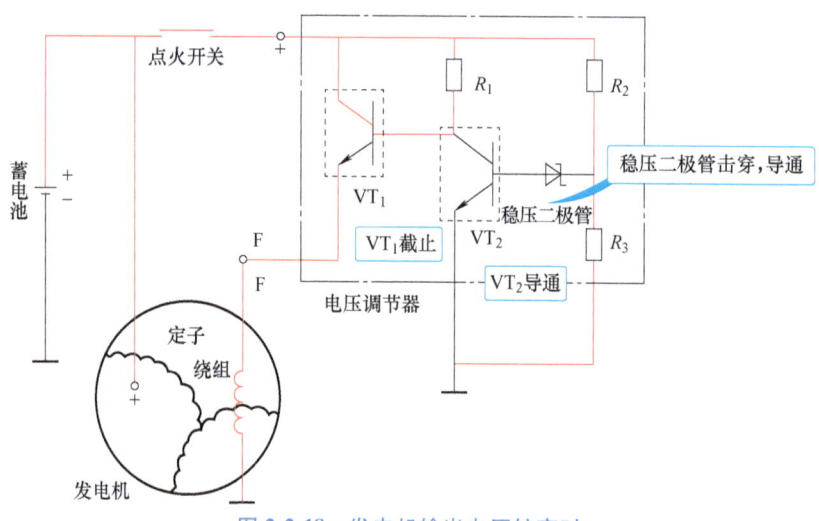

图 2-2-18　发电机输出电压较高时

（4）集成电路式电压调节器的工作原理　集成电路式电压调节器是利用集成电路（IC）组成的调节器，可分为全集成电路式电压调节器和混合集成电路式电压调节器两类。前者是将二极管、晶体管、电阻、电容等电子元件同时制成在一块硅基片上；后者是用厚膜或薄膜电阻与集成的单片芯片或分立元件组装而成的，使用最广泛的是厚膜混合集成电路式电压调节器。

集成电路式电压调节器的基本工作原理与晶体管式电压调节器完全一样，都是利用晶体管的开关特性控制发电机励磁电流来达到稳定发电机输出电压的目的。

以丰田车系发电机内装集成电路式电压调节器及充电系统电路为例，详解其工作原理，如图 2-2-19 所示，该发电机的电压调节器是由一块单片集成电路和晶体管等组成的混合集成电路式调节器，装于发电机内部，构成整体式交流发电机，该电压调节器为内装式外搭铁型。

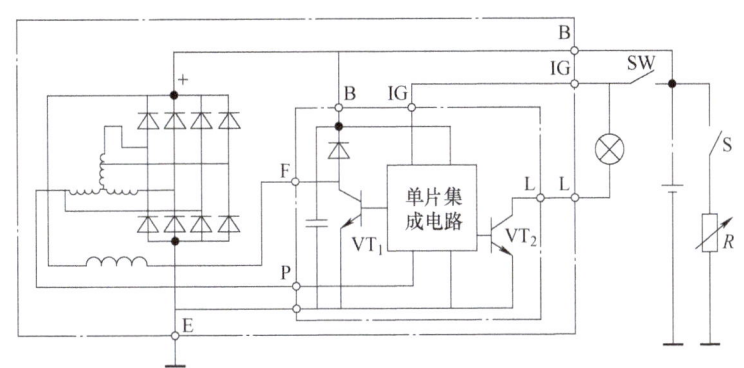

图 2-2-19 集成电路式电压调节器及充电系统电路

集成电路式电压调节器有 6 个接线端子，F、P、E 这 3 个端子用螺钉直接和发电机连接，B 端子用螺母固定在发电机的输出端子"B"上，IG、L 这 2 个端子用金属线引到电压调节器的外部接线插座上。

1）励磁电流。VT_1 是大功率晶体管，与励磁电路串联，由集成电路（IC）控制 VT_1 的导通和截止，从而控制励磁电路的通断，使发电机电压得到控制。

2）充电指示灯。充电指示灯串接在 VT_2 集电极上，VT_2 导通时充电指示灯亮，VT_2 截止时充电指示灯熄灭。在集成电路（IC）中有控制 VT_2 导通和截止的电路，控制信号由 P 点提供，P 点提供的是发电机单相电压的交流信号，其信号幅值大小可反映发电机输出电压的高低。

当发电机输出电压低于蓄电池电压时，IC 控制电路 VT_2 导通，充电指示灯亮，当发电机输出电压高于蓄电池电压时，IC 控制电路 VT_2 截止，充电指示灯熄灭。

五、充电指示灯控制电路

为了随时监测发电机工作是否正常，在组合仪表内安装有充电指示灯。发动机运行后，当充电系统工作正常时，充电指示灯应熄灭；充电系统工作不正常时，充电指示灯应点亮。

部分车型安装的发电机为了对充电指示灯进行控制，在整流器上除安装 6 只大功率整流二极管外，还有 3 只小功率励磁二极管，变成了 9 只二极管的整流器。

在发动机起动期间，发电机不能对外输出电压，此时由蓄电池供给磁场电流，电流路径：蓄电池正极→点火开关 SW→充电指示灯→电压调节器→磁场绕组→搭铁，充电指示灯点亮，如图 2-2-20 所示。

当发动机起动后，发电机应能正常发电并对外输出，此时发电压大于蓄电池电压，发电机自励发电，充电指示灯两端电压降为零，指示灯熄灭，如图 2-2-21 所示。

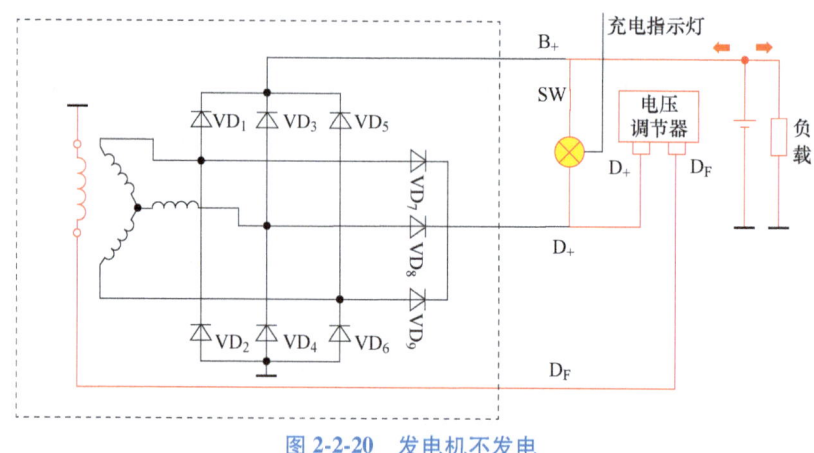

图 2-2-20 发电机不发电

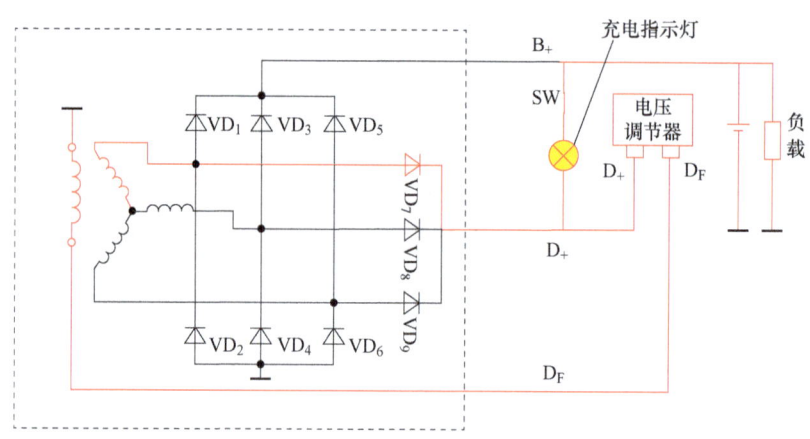

图 2-2-21 发电机发电

发电机的检修

一、作业准备

发电机的检修作业准备如下:
1) 整车或实训台架、万用表、试灯、常用维修工具和维修手册等。
2) 车辆在工位停放周正。
3) 铺好车内和车外护套。

二、操作步骤

1. 发电机的就车检查

(1) 充电指示灯的检查　当打开点火开关不起动发动机时,查看仪表板充电指示灯是否点亮,如图 2-2-22 所示。若不亮应检查相应电路或充电指示灯熔丝是否熔断,指示灯灯泡是否损坏,若有损坏应更换。然后起动发动机,当发动机正常运转时充电指示灯应熄灭,否则说明充电系统存在故障。

（2）励磁电路的检查 在打开点火开关状态下用一金属物体（扳手或螺钉旋具）检查发电机转子轴有无磁性，如图2-23所示，若有说明发电机励磁电路良好，若没有应检查发电机励磁电路有无输入电压，若有电压则检查电压调节器及励磁绕组有无损坏。

（3）发电机运行状态的检查 在发动机运转状态下用万用表检查发电机的输出电压，在2500r/min的情况下发电机的输出电压应在14V左右，如图2-2-24所示。

图 2-2-22 充电指示灯的检查

图 2-2-23 励磁电路的检查

图 2-2-24 发电机运行状态的检查

2. 发电机总成的拆装、分解

（1）发电机总成的拆装

1）拆下蓄电池负极端子。
2）断开发电机电缆及插接器。
3）松开并取下发电机与调整支架的紧固螺栓。
4）将调整支架上的传动带张力调整螺栓拧出一定距离。
5）用手或撬棍将发电机推向发动机侧。
6）取下传动带。
7）松开并取下发电机与下支座的紧固螺栓。
8）将发电机摇松，取出发电机。如图2-2-25所示。
9）按相反的顺序安装发电机总成。
10）检查传动带是否偏斜，检查传动带松紧度等。

（2）发电机总成的分解与组装

1）拧下防尘盖的3个紧固螺钉，并取下防尘盖，如图2-2-26所示。
2）拧下电刷组件的2个紧固螺钉，取下电刷与电压调节器组件，如图2-2-27所示。
3）拆下整流器总成。
4）拧下前后端盖的连接螺栓，用橡胶锤轻敲后端盖，使前后端盖分离，如图2-2-28所示。

图 2-2-25　发电机的拆卸

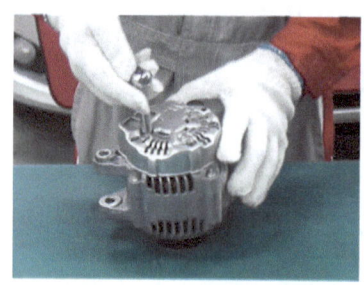

图 2-2-26　防尘盖的拆取

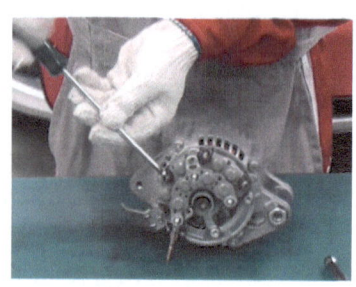

图 2-2-27　电刷组件拆取

图 2-2-28　前后端盖的拆解

5）拆下传动带轮固定螺母，从转子上取下传动带轮和前端盖。

6）用布或棉纱蘸适量清洗剂擦洗转子绕组、定子绕组、电刷及其他机件。

7）按拆卸的相反顺序装复。装复后，转动发电机带轮，转子应转动平顺，无摩擦及碰击声。

(3) 发电机解体后的检测

1）转子的检修。

① 外观检查。转子的励磁绕组应无烧焦，集电环表面应无明显的沟槽，无明显烧蚀，轻微沟槽可用 0 号砂纸打磨；两集电环间隙处应无积聚物。

② 转子绕组短路与断路的检查。用数字式万用表的低电阻档检测两集电环之间的电阻，如图 2-2-29 所示。若阻值为"∞"，则说明断路；若阻值过小，则说明短路。一般阻值为 $3.5 \sim 6\Omega$，若出现断路或短路，一般都是整体更换发电机。

③ 转子绕组搭铁检查。检查转子绕组与铁心（或转子轴）之间的绝缘情况。用万用表电阻档检测两集电环与铁心（或转子轴）之间的导通情况，如图 2-2-30 所示。若电阻为零，说明有搭铁故障，正常电阻为"∞"。

2）定子的检修。

① 外观检查。定子绕组应无烧焦的痕迹，否则应更换发电机总成。

② 定子绕组断路的检查。用数字式万用表的低电阻档检测定子绕组的 3 个接线端，两两接线端分别测量，如图 2-2-31 所示。正常时，阻值小于 1Ω 且相等，若阻值为"∞"，说明断路；若阻值为零，说明短路，若出现断路或短路，一般都要整体更换发电机。

③ 定子绕组搭铁的检查。检查定子绕组与定子铁心之间的绝缘情况。用数字式万用表电阻档测量定子绕组接线端与铁心间的电阻，如图 2-2-32 所示。若电阻过小，说明有绝缘不良故障；正常电阻应"∞"。

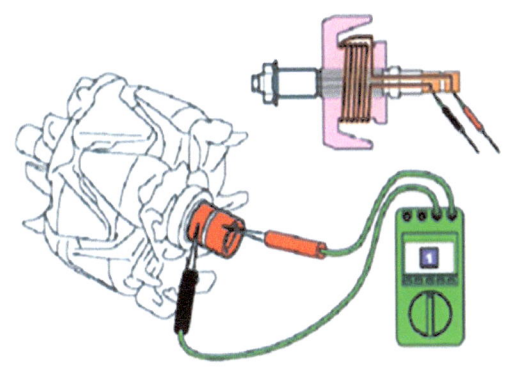

图 2-2-29 转子绕组短路与断路的检查

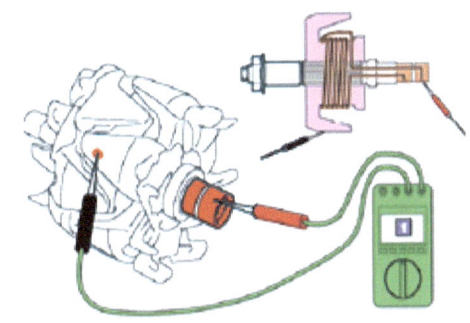

图 2-2-30 转子绕组搭铁的检查

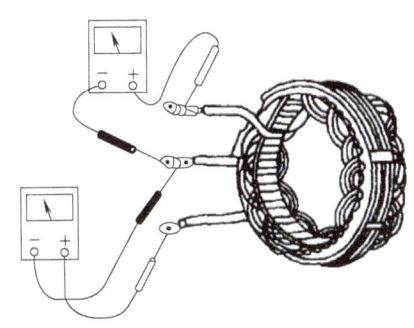

图 2-2-31 定子绕组断路的检查

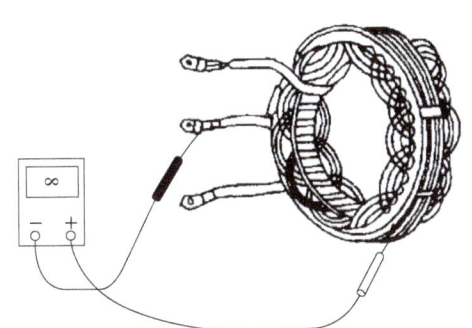

图 2-2-32 定子绕组搭铁的检查

3）整流器的检测。

① 正极管的检测。用数字式万用表的电阻档，黑表笔接整流器输出端子，红表笔分别接整流器各接线柱，如图 2-2-33 所示。万用表均应导通，否则说明该二极管断路，应更换整流器或发电机总成；若导通，再调换两表笔进行测试，此时万用表均应不导通，否则说明二极管短路，应更换整流器或发电机总成。

② 负极管的检测。用数字式万用表的电阻档，红表笔接整流器负极管的外壳，黑表笔分别接整流器各接线柱，如图 2-2-34 所示。万用表均应导通，否则说明该二极管断路，应更换整流器或发电机总成；若导通，再调换两表笔进行测试，此时万用表均应不导通，否则说明二极管短路，应更换整流器或发电机总成。

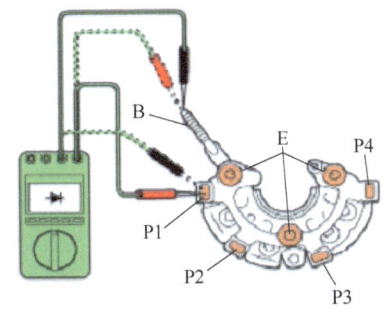

图 2-2-33 正极管的检测

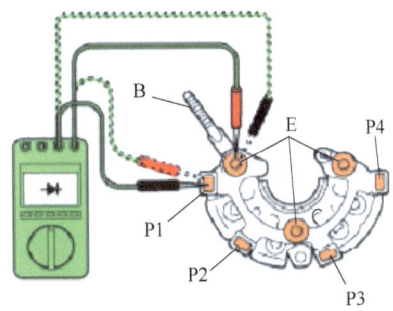

图 2-2-34 负极管的检测

4）电刷组件的检查。电刷表面不得有油污，且应在电刷架中活动自如，电刷磨损不得超过原高度的 1/2（标准长度为 10.5mm）；电刷架应无烧损、破裂或变形，如图 2-2-35 所示。

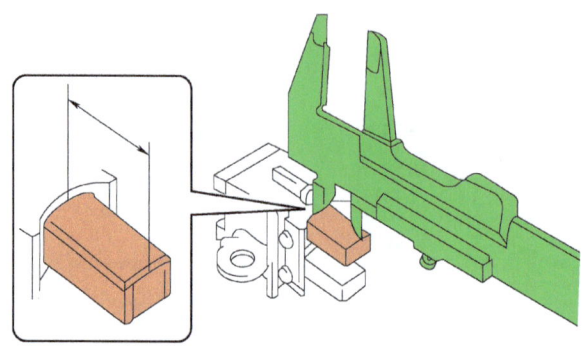

图 2-2-35　电刷组件的检查

按照实际情况，填写任务工单。

发电机的检修		工作任务单		班级：		
				姓名：		
1. 车辆信息的记录						
品牌		整车型号		生产年月		
发动机型号		发动机排量		行驶里程		
车辆识别代号						
2. 发电机的就车检查						
作业项目		检查结果与数据		判定		
充电指示灯				正常□　异常□		
发电机输出电压				正常□　异常□		
传动带张紧力				正常□　异常□		
励磁电路测量				正常□　异常□		
3. 发电机的解体						
作业项目		记录	作业项目		记录	
拆卸电刷组件		已执行□　未执行□	拆卸传动带轮、半圆键		已执行□　未执行□	
拆卸后防尘盖		已执行□　未执行□	拆卸散热风扇		已执行□　未执行□	
拆卸定子总成		已执行□　未执行□	拆卸前防尘盖		已执行□　未执行□	
拆卸整流器总成		已执行□　未执行□	分离转子总成		已执行□　未执行□	
4. 发电机解体后的检测						
作业项目		记录	判定	作业项目	记录	判定
检修转子	外观检查		正常□　异常□	外观检查		正常□　异常□
	绕组断路测量		正常□　异常□	检修定子　绕组断路测量		正常□　异常□
	绕组短路测量		正常□　异常□	绕组短路测量		正常□　异常□
检修整流器	正极管检查		正常□　异常□	检查电刷　电刷长度		正常□　异常□
	负极管检查		正常□　异常□			
5. 查阅维修手册						
序号	部件名称		章节及页码		规格（米制）	
1			第　章　　页			

任务评价

发电机的检修				实习日期：			
姓名：		班级：		学号：			
自评：□熟练 □不熟练		互评：□熟练 □不熟练		师评：□合格 □不合格		教师签名：	
日期：		日期：		日期：			

【评分细则】

序号	评分项	得分条件	分值	评分要求	自评	互评	师评
1	安全/7S/态度	□1. 能进行工位 7S 操作 □2. 能进行设备和工具安全检查 □3. 能进行车辆安全防护操作 □4. 能进行工具清洁、校准、存放操作 □5. 能进行三不落地操作	15	未完成 1 项扣 3 分，扣分不得超过 15 分	□熟练 □不熟练	□熟练 □不熟练	□合格 □不合格
2	专业技能能力	作业 1 □1. 能正确地检查充电指示灯 □2. 能正确地检查励磁电路 □3. 能正确地测量发电机输出电压 □4. 能正确地检查传动带张紧力 □5. 能正确地调整传动带张紧力 作业 2 □1. 能正确地拆卸电刷组件 □2. 能正确地拆卸后防尘盖 □3. 能正确地拆卸定子总成 □4. 能正确地拆卸整流器 □5. 能正确地分离转子总成 作业 3 □1. 能正确地检查转子外观 □2. 能正确地测量转子绕组断路、短路 □3. 能正确地检查定子外观 □4. 能正确地测量定子绕组断路、短路 □5. 能正确地测量整流器正、负极管 □6. 能正确地测量电刷长度	50	未完成 1 项扣 3 分，扣分不得超过 50 分	□熟练 □不熟练	□熟练 □不熟练	□合格 □不合格
3	工具及设备的使用能力	□1. 能正确地使用维修工具 □2. 能正确地选用万用表 □3. 能正确地使用游标卡尺	10	未完成 1 项扣 3 分	□熟练 □不熟练	□熟练 □不熟练	□合格 □不合格

(续)

序号	评分项	得分条件	分值	评分要求	自评	互评	师评
4	资料、信息查询能力	□1. 能正确地识读维修手册并查询资料 □2. 能正确地使用用户手册查询资料 □3. 能正确记录所查询资料的章节及页码 □4. 能正确记录所需维修信息	10	未完成1项扣2分	□熟练 □不熟练	□熟练 □不熟练	□合格 □不合格
5	数据判断和分析能力	□1. 能判断转子总成是否正常 □2. 能判断定子总成是否正常 □3. 能判断整流器是否正常 □4. 能判断电刷是否能正常使用	10	未完成1项扣3分，扣分不得超过10分	□熟练 □不熟练	□熟练 □不熟练	□合格 □不合格
6	表单填写和报告撰写能力	□1. 字迹清晰 □2. 语句通顺 □3. 无错别字 □4. 无涂改 □5. 无抄袭	5	未完成1项扣1分，扣分不得超过5分	□熟练 □不熟练	□熟练 □不熟练	□合格 □不合格

总分：

知识总结

1. 交流发电机由转子、定子、整流器、带轮等部分组成。
2. 交流发电机的转子通电后产生磁场，定子是发电机的电枢。
3. 交流发电机的定子绕组通常为 Y 联结，整流器为三相桥式整流电路。
4. 交流发电机的整流有的采用了 6 管整流，有的采用了 8 管整流，有的采用了 9 管整流，有的采用了 11 管整流。它们的工作原理大同小异。
5. 交流发电机的励磁方法为先他励，后自励。
6. 交流发电机零部件的检查包括硅二极管的检查、定子绕组的检查、励磁绕组的检查、转子轴的检查、集电环的检查与电刷的检查。
7. 晶体管式电压调节器是利用晶体管的开关特性，来控制发电机的励磁电流，使发电机的输出电压保持恒定。
8. 集成电路式电压调节器将所有的二极管、晶体管的管芯都集成在一块基片上，实现了电压调节器的小型化，并将其装在发电机内部，减少了外部电路，缩小了整个充电系统的体积。
9. 电压调节器有内外搭铁的区别，必须与发电机匹配使用。

一、判断题

1. 交流发电机的励磁方法为先他励，后自励。（ ）

2. 如果将蓄电池的极性接反，后果是有可能将发电机的励磁绕组烧毁。（   ）
3. 内搭铁式电压调节器和外搭铁式电压调节器可以互换使用。（   ）
4. 通过检查发电机的励磁电路和发电机本身，查不出不充电故障的具体部位。（   ）
5. 电子电压调节器中稳压管被击穿时，其大功率晶体管一定处于导通状态。（   ）
6. 充电指示灯亮就表示蓄电池处于充电状态。（   ）
7. 交流发电机严禁采用试火的方法检查故障。（   ）
8. 电压调节器是通过改变交流发电机的励磁电流来实现电压调节的。（   ）
9. 外搭铁式的电压调节器控制的是励磁绕组的相线。（   ）
10. 交流发电机用的硅二极管可用普通整流二极管代替。（   ）

二、选择题

1. 硅整流器中每个二极管在一个周期的连续导通时间为（   ）。
   A. 1/2 周期　　　　B. 1/3 周期　　　　C. 1/4 周期
2. 交流发电机发电的首要条件是（   ）。
   A. 具有剩磁　　　　B. 依靠外部电源　　　　C. 充磁
3. 交流发电机中产生磁场的装置是（   ）。
   A. 定子　　　　B. 转子　　　　C. 电枢　　　　D. 整流器
4. 外搭铁式电压调节器中的大功率晶体管是接在调节器的（   ）。
   A. "+" 与 "-" 之间
   B. "+" 与 "F" 之间
   C. "F" 与 "-" 之间
5. 交流发电机定子的作用是（   ）。
   A. 发出三相交流电动势
   B. 产生磁场
   C. 变交流为直流
6. 发电机电压调节器是通过调整（   ）来调整发电机电压的。
   A. 发电机的转速
   B. 发电机的励磁电流
   C. 发电机的输出电流
7. 外搭铁式电压调节器控制的是励磁绕组的（   ）。
   A. 相线　　　　B. 搭铁　　　　C. 电流方向
8. 交流发电机采用的整流电路是（   ）。
   A. 单相半波　　　B. 单相桥式　　　C. 三相半波　　　D. 三相桥式
9. 检测电刷时，若发现电刷磨损应更换，其最小高度是（   ）。
   A. 5~6mm　　　B. 7~8mm　　　C. 9~10mm　　　D. 10~11mm
10. 若要检查硅二极管是否断路或短路，则需用（   ）。
    A. 绝缘电阻表　　　B. 万用表　　　C. 百分表　　　D. 其他表

项目三
起动系统检修

🡒 【项目概述】

通过本项目的学习,掌握起动系统的组成和作用;了解起动机的类型,掌握起动机的结构与工作原理;学会检修起动机。

任务 起动机系统检修

任务引入

一辆轿车行驶 6 万 km 后，出现了发动机无法起动的现象，你是一位新入职的机修部技术员，技术主管将这个任务交给你来处理，你会怎么解决这个问题？

任务目标

知识目标	技能目标	素养目标
1. 掌握汽车起动系统的作用 2. 掌握汽车起动系统的组成 3. 掌握起动机的结构及工作原理	会拆装和检修起动机	1. 养成团队合作意识 2. 养成 7S 工作习惯 3. 养成服从管理、规范作业的习惯

知识链接

一、起动系统的作用

汽车发动机必须依靠外力带动曲轴旋转后，才能进入正常工作状态。发动机常用的起动方式有人力起动、辅助汽油机起动与电力起动 3 种形式，其中，电力起动机是由直流电动机通过传动机构将发动机起动，操作简便，起动迅速，具有重复起动的能力，并且可以远距离控制，被现代汽车广泛采用。起动系统主要由蓄电池、点火开关、起动机和起动继电器等组成，如图 3-1-1 所示。

二、起动系统的要求

1）起动机的小齿轮（驱动齿轮）与发动机的飞轮齿圈啮合要顺畅，尽量不发生冲击现象。

2）发动机起动后，起动机的小齿轮应能自动打滑或脱离啮合，以免发动机起动后，飞轮带动起动机高速旋转，造成起动机的损坏。

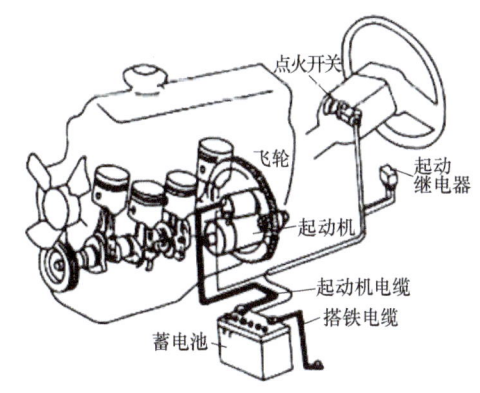

图 3-1-1 起动系统的组成

3）起动系统应结构简单、工作可靠。

4）发动机在工作中，起动机的小齿轮不能再进入啮合，防止发生冲击。

三、起动机的类型

起动机的类型很多，主要从其总体结构、控制方式和啮合方式三方面进行分类。

（1）按总体结构不同分类　按总体结构不同，起动机可分为普通起动机、永磁起动机和减速起动机。

（2）按控制方式不同分类　按控制方式不同分，起动机可分为机械控制式和电磁控制式。

1）机械控制式（直接操纵式）：由手拉杠杆或脚踏联动机构直接控制起动机的主电路开关，来接通或切断主电源。因其操作不方便已很少采用。

2）电磁控制式（电磁操纵式）：通过点火开关或起动按钮控制起动继电器，再由起动继电器控制主电路开关，来接通或切断主电路。其可远距离控制，操作方便，现代汽车广泛采用。

（3）按啮合方式不同分类　按啮合方式的不同，起动机可分为强制啮合式、惯性啮合式、电枢移动式和齿轮移动式。

四、起动机的结构与工作原理

汽车电力起动机主要由直流电动机、传动机构和控制装置构成。图3-1-2所示为起动机的外形结构示意图。

直流电动机的作用：将蓄电池输入的电能转换成机械能，产生电磁转矩，传给发动机曲轴。

传动机构（啮合机构）的作用：在发动机起动时，使起动机小齿轮啮入飞轮齿圈，将起动机的转矩传给发动机曲轴，当发动机起动后，使小齿轮打滑或与飞轮齿圈自动脱开。

图3-1-2　起动机外形结构示意图

控制装置的作用：接通或切断直流电动机与蓄电池之间的主电路，并使小齿轮进入或退出。

1. 直流电动机

（1）直流电动机的结构　直流电动机的作用是将蓄电池输入的电能转换为机械能，直流电动机的分解图如图3-1-3所示。

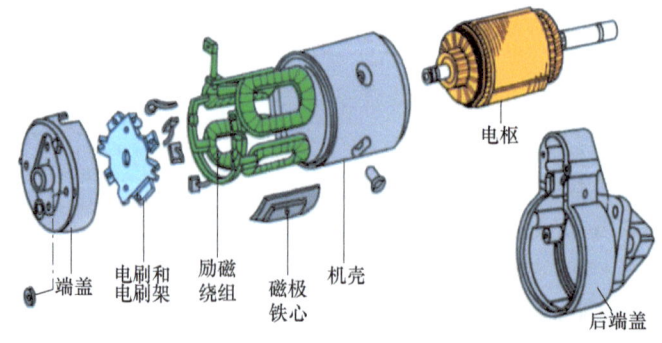

图3-1-3　直流电动机的分解图

直流电动机主要由机壳、磁极铁心、电枢、换向器、电刷及电刷架等6部分组成。

1）磁极铁心。磁极铁心也称为起动机的定子，磁极铁心的功用是产生磁场。

2）电枢。电枢是产生电磁转矩的核心部件，是直流电动机的转子。

3）电刷及电刷架。电刷和电刷架的作用是将直流电源引入直流电动机。

（2）直流电动机的工作原理　直流电动机是根据载流导体在磁场中受力运动的原理设计而成的。图 3-1-4 所示为直流电动机的工作原理。当电路接通时，蓄电池的电流经励磁绕组和电枢绕组形成回路。励磁绕组通电后形成电磁场，电枢绕组通电后受到电磁作用力产生旋转运动。

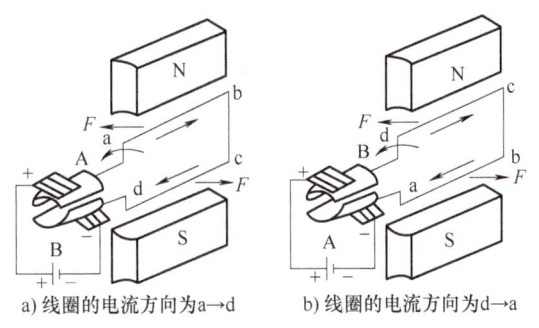

a) 线圈的电流方向为a→d　　b) 线圈的电流方向为d→a

图 3-1-4　直流电动机的工作原理

直流电动机的电刷与直流电源相接，电流由正电刷和换向片 A 流入，从换向片 B 和负电刷流出，如图 3-1-4a 所示。此时绕组中的电流方向为 a→d，按左手定则可确定导线 ab 受向左的电磁力 F，导线 cd 受到向右的电磁力 F，于是整个线圈受到逆时针方向的转矩而转动。当电枢转过半周时，如图 3-1-4b 所示，换向片 B 与正电刷相接触，换向片 A 与负电刷相接触，线圈中电流的方向改变为 d→a，因而在 N 极和 S 极下面导体中的电流方向保持不变，电磁转矩的方向也就不变，使电枢仍按原来的逆时针方向继续转动。由于一个线圈产生的转矩太小，且转速不稳定，所以实际使用的电动机绕有多匝线圈，换向片数也随线圈的增多而相应增加。

2. 传动机构

传动机构主要由单向离合器和移动叉（拨叉）组成。起动机的小齿轮（驱动齿轮）与飞轮的啮合，一般是靠拨叉强制拨动完成的。起动机不工作时如图 3-1-5a 所示，在电磁开关的作用下，小齿轮与飞轮齿圈进入啮合，如图 3-1-5b 所示。当两者完全啮合后，主电路接通，如图 3-1-5c 所示，电枢轴开始带动发动机曲轴旋转。发动机起动后，小齿轮与飞轮齿圈仍处于啮合状态，单向离合器打滑，小齿轮在飞轮的带动下空转。起动结束后，小齿轮在电磁开关的作用下，与发动机飞轮齿圈脱离啮合。

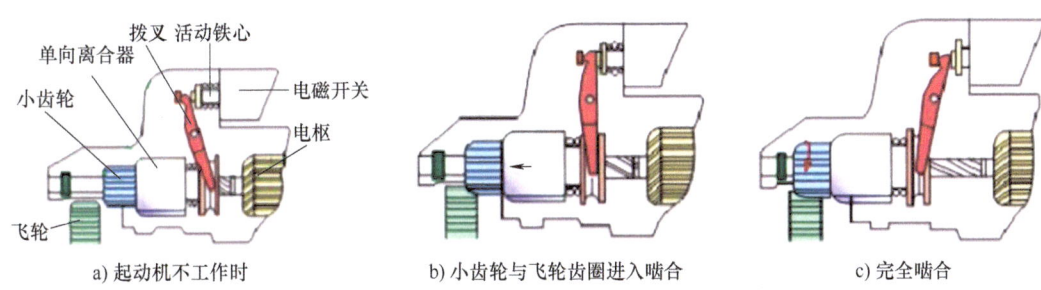

a) 起动机不工作时　　b) 小齿轮与飞轮齿圈进入啮合　　c) 完全啮合

图 3-1-5　传动机构工作示意图

3. 控制装置

电磁开关是起动机的控制装置，它的功用是控制小齿轮与飞轮齿圈的啮合与分离，并控制直流电动机主电路的接通与切断。电磁开关主要由吸引线圈、保持线圈、回位弹簧、活动铁心、接触片和接线柱等组成。

五、起动系统的工作原理

汽车起动系统的工作原理是由蓄电池提供电能，在点火开关和起动继电器的控制下，起动机将电能转化为机械能，小齿轮带动发动机飞轮齿圈和曲轴转动，从而使发动机进入自行运转状态。

六、汽车起动机的型号

起动机型号有很多种，相同的机型不同厂家也有不同的型号命名，常规来讲主要分为机械控制式、电磁控制式、减速式和永磁式。

通常，汽车起动机的型号识读遵循直流电动机型号编制规则，如图3-1-6所示。

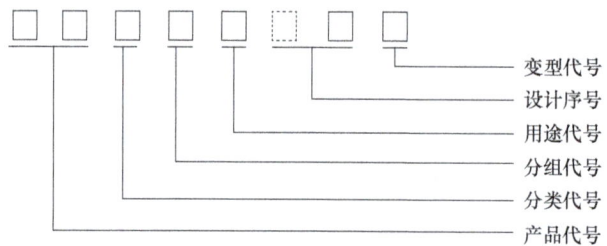

图3-1-6　直流电动机型号编制规则

以ZD1391为例，ZD代表直流电动机，第三位"1"代表电压等级为12V，第四位"3"代表功率等级为20~30W，第五位"9"代表用途是其他（此处指起动机），第六位数字"1"指设计序号为1。详细编制规则可参考QC/T 73—1993《汽车电气设备产品型号编制方法》。

起动机的检修

一、作业准备

起动机的检修作业准备如下：
1）发电机、万用表、游标卡尺、百分表、磁性表座、工作台。
2）将实训器材、实训场地准备好，穿好工装劳保鞋。

二、操作步骤

1. 励磁绕组的检修

1）励磁绕组搭铁的检查，如图3-1-7所示。正常状态：用万用表检测励磁绕组接线柱与外壳间的电阻，阻值应为∞。异常状态：若阻值非∞，则说明励磁绕组搭铁。处理办法：应更换新品。

2）励磁绕组短路及断路的检修，如图 3-1-8 所示。正常状态：用万用表检测励磁绕组接线柱与电刷间的电阻，两次阻值应相同且接近零。异常状态：若两次阻值不相同，但接近零，说明有短路故障；若阻值为∞，则说明有断路故障。处理办法：出现短路或断路故障时均应更换新品。

图 3-1-7　搭铁的检查

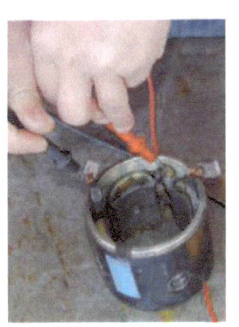

图 3-1-8　短路及断路的检查

2. 电枢的检修

1）电枢绕组搭铁的检查，如图 3-1-9 所示。用万用表检查，两只表笔分别连接电枢铁心与换向片，万用表应不导通，否则说明线圈绝缘层破损（电枢绕组搭铁），要更换电枢总成。

2）电枢绕组断路的检查，如图 3-1-10 所示。用万用表检测换向片和换向片之间应导通。若不导通，说明线圈断路。

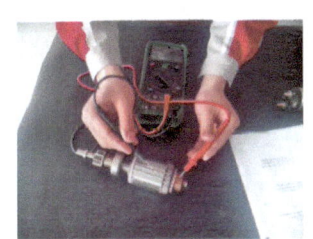

图 3-1-9　电枢绕组搭铁的检查

图 3-1-10　电枢绕组断路的检查

3）电枢轴的跳动检查，如图 3-1-11 所示。用 V 形架、百分表和磁性表座在平台上测量换向器的跳动值，电枢轴的跳动量应≤0.05mm，否则应校正电枢轴或更换电枢总成。

4）换向器表面的检查：先观察换向器簧片是否完整，再用游标卡尺测量换向器的直径，如图 3-1-12 所示，换向器外径标准值要查找相关车型技术手册获得，测量值一般不小于标准值 1mm，否则应更换电枢。

3. 电刷组件的检修

1）电刷架的检查，如图 3-1-13 所示，用万用表检查电刷架的绝缘情况，电阻档选 R×10kΩ，$R=\infty$；检查搭铁电刷架，电阻档选 R×1Ω，$R=0$。

2）电刷的检查，如图 3-1-14 所示，用游标卡尺测量电刷的长度，电刷的高度低于原高度的 2/3（新电刷的高度一般为 14mm）时，更换新品。

图 3-1-11 电枢轴的跳动检查

图 3-1-12 换向器直径的测量

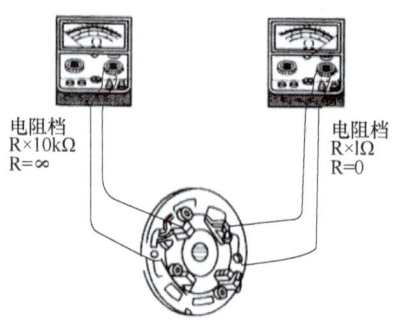

图 3-1-13 电刷架的检查

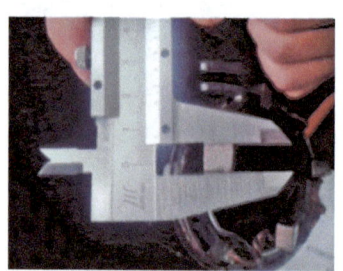

图 3-1-14 电刷的检查

4. 传动机构的检修

主要需要进行单向离合器的检修：检查单向离合器的方法如图 3-1-15 所示，一只手捏住离合器壳体，另一只手顺时针转动小齿轮时应被锁止，逆时针转动小齿轮时应能灵活自如地转动，否则就应更换新品。

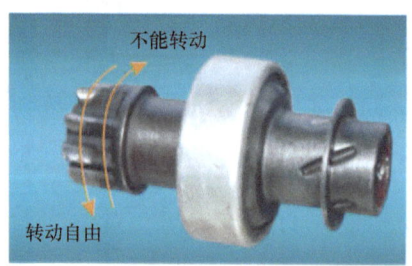

图 3-1-15 离合器的检修

5. 控制装置（电磁开关）的检修

1）吸引线圈的检修，如图 3-1-16 所示，用万用表 R×1 档测量电磁开关 50 与"C"端子之间的电阻，阻值应为 0.3~0.52Ω，若测量值小于标准值或为 ∞，说明吸引线圈有故障，应予更换。

2）保持线圈的检修，如图 3-1-17 所示，用万用表 R×1 档测量电磁开关 50 与外壳间的电阻，阻值应为 1.0~1.22Ω，若测量值小于标准值或为 ∞，说明保持线圈有故障，应予更换。

图 3-1-16 吸引线圈的检修

图 3-1-17 保持线圈的检修

任务工单

根据实际情况,填写任务工单。

起动系统的检修	工作任务单	班级:
		姓名:

1. 车辆信息的记录

品牌		整车型号		生产年月	
发动机型号		发动机排量		行驶里程	
车辆识别代号					

2. 起动系统的就车检查

作业项目	检查结果与数据	判定
蓄电池电压		正常□ 异常□
电磁开关控制线电压		正常□ 异常□
起动继电器		正常□ 异常□
点火开关信号电压		正常□ 异常□
起动机		正常□ 异常□

3. 起动机的分解

作业项目	记录	作业项目	记录
断开直流电动机引线	已执行□ 未执行□	拆卸磁极	已执行□ 未执行□
拆卸电磁开关	已执行□ 未执行□	拆卸电枢	已执行□ 未执行□
拆卸后端盖	已执行□ 未执行□	清洁机件	已执行□ 未执行□

（续）

4. 起动机的解体检查

作业项目		记录	判定	作业项目		记录	判定
定子检查	外观检查		正常□ 异常□	电枢检查	外观检查		正常□ 异常□
	绕组断路检查		正常□ 异常□		绕组断路检查		正常□ 异常□
	绕组搭铁检查		正常□ 异常□		绕组搭铁检查		正常□ 异常□
电刷检查	电刷长度		正常□ 异常□	单向离合器检查	锁止检查		正常□ 异常□
	电刷架及弹簧		正常□ 异常□		打滑检查		正常□ 异常□

5. 电磁开关的检修

作业项目	测量值	判定
保持线圈测量		正常□ 异常□
吸引线圈测量		正常□ 异常□
接触盘测量		正常□ 异常□

6. 查阅维修手册

序号	部件名称	章节及页码	规格（米制）
1		第 章 页	

任务评价

起动系统的检修				实习日期：	
姓名：		班级：		学号：	教师签名：
自评：□熟练 □不熟练		互评：□熟练 □不熟练		师评：□合格 □不合格	
日期：		日期：		日期：	

【评分细则】

序号	评分项	得分条件	分值	评分要求	自评	互评	师评
1	安全/7S/态度	□1. 能进行工位7S操作 □2. 能进行设备和工具安全检查 □3. 能进行车辆安全防护操作 □4. 能进行工具清洁、校准、存放操作 □5. 能进行三不落地操作	15	未完成1项扣3分，扣分不得超过15分	□熟练 □不熟练	□熟练 □不熟练	□合格 □不合格

（续）

序号	评分项	得分条件	分值	评分要求	自评	互评	师评
2	专业技能能力	作业1 □1. 能正确地检查蓄电池电压 □2. 能正确地检查电磁开关控制线电压 □3. 能正确地检查起动继电器 □4. 能正确地检查点火开关信号电压 作业2 □1. 能正确地断开直流电动机引线 □2. 能正确地拆卸电磁开关 □3. 能正确地拆卸后端盖与电刷架 □4. 能正确地拆卸磁极 □5. 能正确地拆卸电枢 作业3 □1. 能正确地检查定子外观 □2. 能正确地测量定子励磁绕组是否断路 □3. 能正确地测量定子励磁绕组搭铁 □4. 能正确地检查电枢外观 □5. 能正确地测量电枢绕组是否断路 □6. 能正确地测量电枢绕组搭铁 □7. 能正确地测量电刷长度 □8. 能正确地检查电刷架及弹簧 □9. 能正确地检查单向离合器 □10. 能正确地测量保持线圈 □11. 能正确地测量吸引线圈 □12. 能正确地测量电磁开关接触盘	50	未完成1项扣3分，扣分不得超过50分	□熟练 □不熟练	□熟练 □不熟练	□合格 □不合格
3	工具使用	□1. 能正确地使用维修工具 □2. 能正确地选用万用表 □3. 能正确地使用游标卡尺	10	未完成1项扣3分	□熟练 □不熟练	□熟练 □不熟练	□合格 □不合格

（续）

序号	评分项	得分条件	分值	评分要求	自评	互评	师评
4	资料查询	☐1. 能正确地识读维修手册并查询资料 ☐2. 能正确地使用用户手册查询资料 ☐3. 能正确地记录所查询资料的章节及页码 ☐4. 能正确地记录所需维修信息	10	未完成 1 项扣 2 分	☐熟练 ☐不熟练	☐熟练 ☐不熟练	☐合格 ☐不合格
5	数据分析	☐1. 能判断定子总成是否正常 ☐2. 能判断电枢总成是否正常 ☐3. 能判断单向离合器是否正常 ☐4. 能判断电刷是否能正常使用 ☐5. 能判断电磁开关是否正常 ☐6. 能判断起动系统是否正常	10	未完成 1 项扣 2 分，扣分不得超过 10 分	☐熟练 ☐不熟练	☐熟练 ☐不熟练	☐合格 ☐不合格
6	表单填写	☐1. 字迹清晰 ☐2. 语句通顺 ☐3. 无错别字 ☐4. 无涂改 ☐5. 无抄袭	5	未完成 1 项扣 1 分，扣分不得超过 5 分	☐熟练 ☐不熟练	☐熟练 ☐不熟练	☐合格 ☐不合格

1. 起动系统的作用是通过起动机将蓄电池的电能转换成机械能，并通过小齿轮（驱动齿轮）将机械能传递给发动机飞轮，使发动机曲轴转动，直到发动机能在自身动力的作用下自行运转为止。

2. 起动系统主要由蓄电池、点火开关、起动机和起动继电器等组成。

3. 起动机的小齿轮与发动机的飞轮齿圈啮合要顺畅，尽量不发生冲击现象；发动机起动后，起动机的小齿轮应能自动打滑或脱离啮合，以免发动机起动后，飞轮带动起动机高速旋转，造成起动机损坏；起动系统应结构简单、工作可靠；发动机在工作中，起动机的小齿轮不能再进入啮合，防止发生冲击。

4. 汽车电力起动机主要由直流电动机、传动机构和控制装置构成。

5. 直流电动机的作用：将蓄电池输入的电能转换成机械能，产生电磁转矩，传给发动机曲轴。

6. 传动机构（啮合机构）的作用：在发动机起动时，使起动机的小齿轮啮入飞轮齿圈，将起动机的转矩传给发动机曲轴，当发动机起动后，使小齿轮打滑或与飞轮齿圈自动脱开。

7. 控制装置的作用：接通或切断直流电动机与蓄电池之间的主电路，并使小齿轮进入或退出。

8. 直流电动机主要由机壳、磁极铁心、电枢、换向器、电刷和电刷架等6部分组成。

9. 磁极铁心也称为起动机的定子，磁极铁心的功用是产生磁场。

10. 电枢是产生电磁转矩的核心部件，是直流电动机的转子。

11. 电刷和电刷架的作用是将直流电源引入直流电动机。

12. 直流电动机是根据载流导体在磁场中受力运动的原理设计而成的。

一、判断题

1. 起动系统主要包括起动机和控制电路两个部分。　　　　　　　　　　　（　　）
2. 发动机起动时曲轴可以不依靠外力，自己转动起来。　　　　　　　　　（　　）
3. 起动机中的传动装置只能单向传递力矩。　　　　　　　　　　　　　　（　　）
4. 在起动机起动的过程中，吸引线圈和保持线圈中一直有电流通过。　　　（　　）
5. 发动机常用的起动方式有人力起动、辅助汽油机起动、电力起动3种形式。（　　）
6. 辅助汽油机起动在现代汽车上广泛应用。　　　　　　　　　　　　　　（　　）
7. 用万用表检查电刷架时，两个正电刷架和外壳之间应该绝缘。　　　　　（　　）
8. 起动系统由蓄电池、点火开关和起动机组成。　　　　　　　　　　　　（　　）
9. 减速起动机中的减速装置可以起到降速增矩的作用。　　　　　　　　　（　　）

二、选择题

1. 下列不属于起动机控制装置作用的是（　　）。
  A. 使活动铁心移动，带动拨叉，使小齿轮和飞轮齿圈啮合或脱离
  B. 使活动铁心移动，带动接触盘，使起动机的两个主接线柱接触或分开
  C. 产生电磁力，使起动机旋转

2. 起动机空转的原因之一是（　　）。
  A. 蓄电池亏电　　　　B. 单向离合器打滑　　　C. 电刷过短

3. 不会引起起动机运转无力的原因是（　　）。
  A. 吸引线圈断路　　　　　　　　B. 蓄电池亏电
  C. 换向器脏污　　　　　　　　　D. 电磁开关中接触片烧蚀、变形

4. 减速起动机和常规起动机的主要区别在于（　　）不同。
  A. 直流电动机　　　B. 控制装置　　　C. 传动机构

5. 起动机小齿轮的啮合位置由电磁开关中（　　）线圈的吸力保持。
  A. 保持　　　　　　B. 吸引　　　　　C. 初级　　　　　D. 次级

6. 直流串励式起动机中的"串励"是指（　　）。
  A. 吸引线圈和保持线圈串联连接
  B. 励磁绕组和电枢绕组串联连接
  C. 吸引线圈和电枢绕组串联连接

7. 下列不属于起动系统组成的是（　　）。

A. 蓄电池　　　　　B. 点火开关　　　　C. 起动机　　　　　D. 飞轮

8. 以下（　　）不是对起动系统的要求。

A. 起动机的小齿轮与发动机的飞轮齿圈啮合要顺畅，尽量不发生冲击现象

B. 起动系统应结构简单、工作可靠

C. 发动机在工作中，起动机的小齿轮一直参与工作，增大起动力矩

9. 以下（　　）不是起动机的组成部分。

A. 直流电动机　　　B. 传动机构　　　　C. 控制开关　　　　D. 飞轮

10. 直流电动机的组成部分不包括（　　）。

A. 磁极　　　　　　B. 电枢　　　　　　C. 电磁开关　　　　D. 换向器

项目四

点火系统检修

> 🟢 【项目概述】
>
> 通过本项目的学习，掌握汽车点火系统的组成、作用与分类，了解点火系统点火的要求，学会检修火花塞。

任务 点火系统检修

任务引入

一辆轿车行驶 6 万 km 后，出现了发动机功率下降的现象，你是一位新入职的机修部技术员，技术主管将这个任务交给你来处理，你会怎么解决这个问题呢？

任务目标

知识目标	技能目标	素养目标
1. 掌握点火系统的作用、组成及工作原理 2. 掌握点火线圈、火花塞、点火信号传感器等的结构及工作原理 3. 掌握普通电子点火系统和微机控制电子点火系统的组成与工作过程	1. 能掌握点火系统的使用与检查方法 2. 能掌握火花塞的类型，能够正确选用 3. 能检修火花塞	1. 能在工作过程中与小组其他成员合作、交流，养成团队合作意识，锻炼沟通能力 2. 养成7S工作习惯 3. 养成服从管理、规范作业的工作习惯

知识链接

一、点火系统的作用

点火系统的作用是将蓄电池或发电机提供的低压电变为高压电，按照发动机的工作顺序和点火时间的要求，适时、准确地将高压电分配给各气缸，点燃气缸内的可燃混合气。

二、对点火系统的要求

无论是哪一类的点火装置，都有共同的技术性能要求，即应在发动机各种工况和使用条件下保证可靠而准确地点火，为此应满足以下 3 个方面的要求。

1. 能产生足以击穿火花塞间隙的电压

在火花塞电极间产生火花所需要的最低电压，称为击穿电压。击穿电压与很多因素有关，主要包括：

1）火花塞电极间隙的大小。电极间隙越大，火花塞击穿电压越高。

2）气缸内混合气的压力和温度。当混合气的压力减小或混合气的温度升高时，混合气的密度会相应变小，使火花塞的击穿电压降低。反之，则会升高。

3）电极温度。温度越高，气体受热膨胀越大，包围在电极周围的气体密度则越小，改善了点火性能，所以只需较低电压就能点火。实践证明，当火花塞的电极温度超过混合气的温度时，击穿电压降低 30%~50%。

4）电极极性。无论点火系统是正极搭铁还是负极搭铁，最好保证在点火瞬间火花塞中心电极为负，即一次电流应当从火花塞的侧电极流向中心电极，以降低击穿电压。

5）发动机的工作情况。火花塞的击穿电压将随发动机的转速、负荷、点火提前角以及混合气浓度变化。

2. 电火花要有足够的能量

要使可燃混合气可靠地点燃，火花塞产生的电火花必须具有足够的能量。

3. 点火时间应适应发动机的工作情况

首先，点火系统应按发动机的工作顺序进行点火，如直列六缸发动机的工作顺序为1—5—3—6—2—4或1—4—2—6—3—5；四缸发动机的工作顺序为1—3—4—2或1—2—4—3；V形六缸发动机的工作顺序为R1—L3—R3—L2—R3—L1。

其次，必须在最有利的时刻点火。点火时刻一般用点火提前角来表示，在压缩行程中，从点火开始到活塞运行到上止点时曲轴所转过的角度，称为点火提前角。发动机在不同工况和不同使用条件下最佳点火提前角也不相同，影响最佳点火提前角的主要因素有转速、负荷、汽油的辛烷值、压缩比、混合气的浓度等。

三、点火系统的分类

汽车点火系统按一次电路通断的控制方式不同可分为传统点火系统、普通电子点火系统和微机控制电子点火系统，这里主要介绍后两种。

1. 普通电子点火系统

普通电子点火系统主要由蓄电池（电源）、点火开关、点火线圈、分电器、点火模块和火花塞等部件组成，如图4-1-1所示。

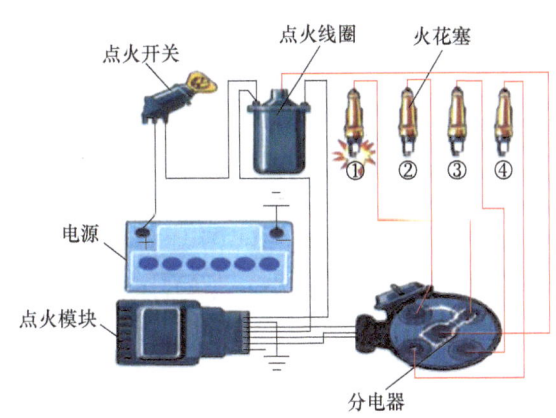

图4-1-1 普通电子点火系统的组成

（1）点火线圈　点火线圈的作用是将低压电转变为15~30kV的高压电，以满足火花塞点火的需要。随着点火系统的不断变革，在汽车点火线圈的结构和性能上提出了更高的要求，制造工艺上也有了新的突破，汽车点火线圈正向着小型化、轻量化、高能化的方向发展。

（2）分电器　分电器的功用是接通和断开点火线圈一次电路，使点火线圈二次电路产生高压电，并按发动机点火顺序将高压电分送到各气缸火花塞，随发动机转速、负荷和燃油牌号的变化，自动或人为地调节点火提前角。分电器的形式很多，但结构和工作原理基本相同，均由信号发生器、配电器、离心点火提前装置等组成。

（3）火花塞　火花塞安装在燃烧室内，其功用是将高压电引入燃烧室内，在电极间形成火花，以点燃可燃混合气。由于燃烧室中要承受周期性高温、高压以及燃烧产物的强烈腐蚀，其工作条件恶劣，因而对火花塞提出了较高的要求。

火花塞主要由接线螺母、绝缘体、中心电极、侧电极和壳体等部分组成，如图 4-1-2 所示。

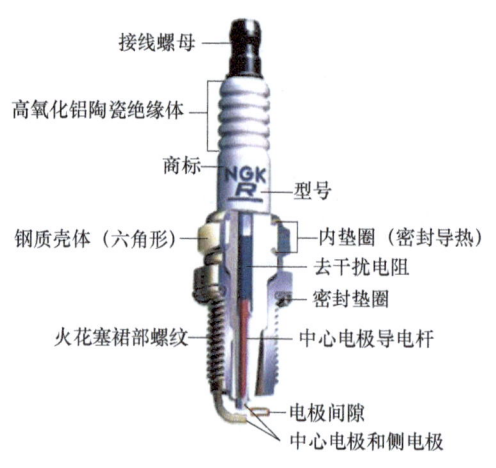

图 4-1-2　火花塞的结构

（4）点火器　点火器的作用是按照信号发生器输入的点火信号接通或断开点火系统的一次电路，使点火线圈二次绕组产生点火高压电。目前，汽车上所用点火器的内部电路形式多种多样，但基本功能大致相同，其电路也是由相应功能电路组成的。现代汽车点火器广泛采用了集成电路，内部电路非常复杂，一旦损坏，只能更换。

（5）电子点火系统的类型　电子点火系统可分为磁感应式电子点火系统、霍尔式电子点火系统和光电式电子点火系统。

1）磁感应式电子点火系统。磁感应式电子点火系统又称为磁脉冲式电子点火系统，由磁感应式分电器（内装磁感应式点火信号发生器）、点火控制器、专用点火线圈、火花塞等部件组成。

2）霍尔式电子点火系统。霍尔式电子点火系统利用霍尔元件的霍尔效应产生点火信号，通过点火控制器控制点火线圈的通断。霍尔式电子点火系统由分电器、霍尔点火信号发生器、点火控制器、高能点火线圈、高压线和火花塞等组成。

3）光电式电子点火系统。光电式电子点火系统的分电器内装有遮光盘、光触发器和放大器，光电式电子点火系统的核心元件是光电式信号发生器。

2. 微机控制电子点火系统

（1）微机控制电子点火系统的组成　微机控制电子点火系统主要由各种传感器、电子控制器（ECU）、点火器、点火线圈和火花塞等组成，如图 4-1-3 所示。

1）传感器。传感器用来不断地检测与点火有关的发动机工作状况信息，并将检测结果输入电子控制单元（ECU），作为运算和控制点火时刻的依据。各车型使用的传感器类型、数量、结构及安装位置不同，但其作用大同小异。

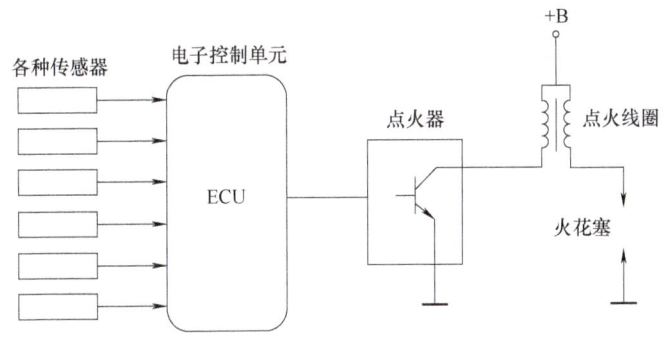

图 4-1-3 微机控制电子点火系统的组成

2）电子控制单元（ECU）。它是点火控制系统和喷油控制系统的中枢，其作用是接收上述各有关传感器信号，再按照特定的程序进行判断、运算后，给点火电子组件输出最佳点火提前角和一次电路导通时间的控制信号。在现代发动机集中控制系统中，点火系统仅是电子控制单元的一个子系统。电子控制单元主要由输入回路、输出回路、A-D 转换器、微型计算机以及电源电路、备用电路等组成。

3）点火器。点火器是综合控制的执行器之一，点火器的作用是根据 ECU 的指令，通过内部的大功率晶体管的导通和截止，控制一次电流的通断，完成点火工作。

（2）微机控制电子点火系统的工作原理　在发动机工作过程中，各传感器不断地检测发动机的转速、负荷、冷却液温度和进气温度等信号，并将检测信号经接口电路输入电子控制单元（ECU），ECU 根据这些信号参数进行查找、运算、修正，将计算结果转变为控制信号，向点火模块发出控制指令，接通点火线圈的一次电路；经过最佳的导通时间后，再发出控制指令，使点火模块切断点火线圈的一次电路，一次电流中断，在点火线圈二次绕组中产生高压电，经配电装置送到火花塞，点燃混合气。

发动机工作期间 ECU 还不断地检测爆燃传感器输出的信号，分步骤将点火提前角减小，爆燃消除后又分步骤将点火提前角移回到爆燃前的状态，实现点火提前角的闭环控制。

火花塞的检修

一、作业准备

火花塞的检修作业准备如下：

1）发动机实训台、塞尺、磁性笔、机油壶、万用表、棘轮扳手、大转小接头、加长杆、六边形套筒、扭力扳手、抹布、手套，如图 4-1-4 所示。

2）将实训器材、实训场地准备好，穿好工装劳保鞋。

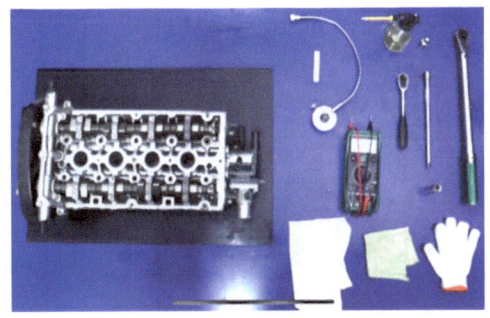

图 4-1-4　火花塞检修工具

二、操作步骤

1. 火花塞的拆卸

1）将扭力扳手扭力值调至最大,组装工具,如图 4-1-5 所示。
2）使用扭力扳手预松一缸火花塞,如图 4-1-6 所示。

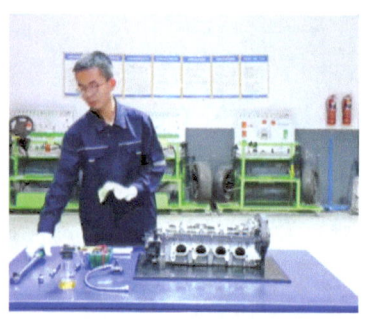
图 4-1-5 组装工具

图 4-1-6 预松一缸火花塞

3）使用棘轮扳手,拆卸一缸火花塞,如图 4-1-7 所示。
4）使用磁性笔,取下一缸火花塞,如图 4-1-8 所示。

图 4-1-7 拆卸一缸火花塞

图 4-1-8 取下一缸火花塞

2. 火花塞的检修

1）清洁火花塞塞尺、火花塞,如图 4-1-9 所示。
2）进行火花塞外观检查,检查螺纹及绝缘体有无损坏,如图 4-1-10 所示。

图 4-1-9 清洁塞尺、火花塞

图 4-1-10 检查火花塞外观

3）火花塞电极间隙的检查与调整,如图 4-1-11 所示,火花塞电极间隙一般为 0.7~

0.9mm。检查调整前应了解本车火花塞的有关数据。测量时应用专用塞尺,不得使用普通塞尺,火花塞间隙不符合规定数值时,可用专用工具弯曲侧电极进行调整。

4)万用表拨到 R×1kΩ 档,两只表笔分别连接中心电极和高压线插头进行测量,如图 4-1-12 所示,正常阻值为 3~15kΩ。若阻值为 ∞,说明已断路,应予以更换;若阻值过小,则不能抑制无线电干扰信号。

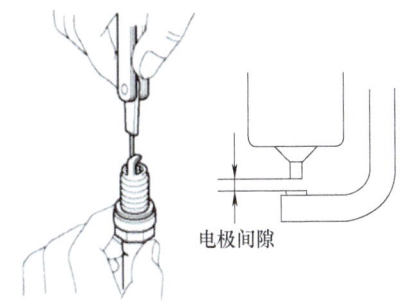

图 4-1-11　火花塞电极间隙的检查与调整

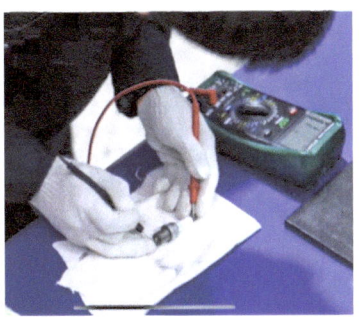

图 4-1-12　火花塞阻值的检查

3. 火花塞的还原安装

1)使用机油壶给火花塞螺纹部分涂抹润滑油,如图 4-1-13 所示。
2)使用棘轮扳手预紧火花塞,如图 4-1-14 所示。

图 4-1-13　给火花塞螺纹部分涂抹润滑油

图 4-1-14　使用棘轮扳手预紧火花塞

3)将扭力扳手扭力值调至 20N·m,第一次紧固,如图 4-1-15 所示。
4)将扭力扳手扭力值调至 30N·m,第二次紧固。
5)整理清洁实训台,如图 4-1-16 所示。

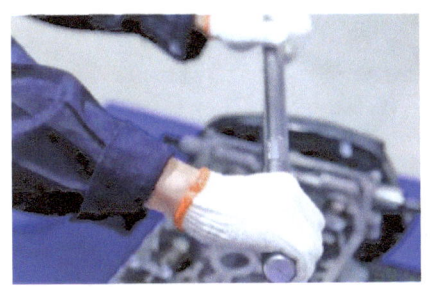

图 4-1-15　扭力扳手调值

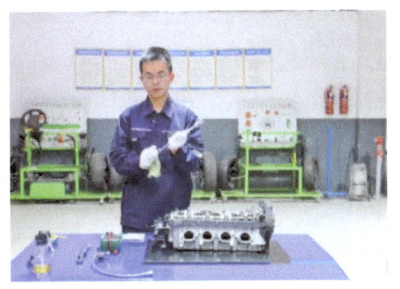

图 4-1-16　整理清洁实训台

任务工单

根据实际情况，填写任务工单。

火花塞的检修	工作任务单	班级：
		姓名：

1. 车辆信息的记录

品牌		整车型号		生产年月	
发动机型号		发动机排量		行驶里程	
车辆识别代号					

2. 火花塞的检修

检查项目	检查结果与数据	判定
火花塞外观		正常□ 异常□
火花塞电阻		正常□ 异常□
火花塞电极间隙		正常□ 异常□
是否调整火花塞电极间隙		是□ 否□

3. 查阅维修手册

序号	部件名称	章节及页码	规格
1		第　章　页	

任务评价

点火系统的检修			实习日期：		
姓名：		班级：	学号：		
自评：□熟练 □不熟练		互评：□熟练 □不熟练	师评：□合格 □不合格		教师签名：
日期：		日期：	日期：		
【评分细则】					

序号	评分项	得分条件	分值	评分要求	自评	互评	师评
1	安全/7S/态度	□1. 能进行工位 7S 操作 □2. 能进行设备和工具安全检查 □3. 能进行车辆安全防护操作 □4. 能进行工具清洁、校准、存放操作 □5. 能进行三不落地操作	15	未完成 1 项扣 3 分，扣分不得超过 15 分	□熟练 □不熟练	□熟练 □不熟练	□合格 □不合格

(续)

序号	评分项	得分条件	分值	评分要求	自评	互评	师评
2	专业技能能力	作业 1 □1. 能正确检查火花塞外观 □2. 能正确检测火花塞电阻 □3. 能正确检测火花塞电极间隙 □4. 能正确调整火花塞电极间隙 作业 2 □1. 能正确拆卸火花塞 □2. 能正确预松火花塞 □3. 能正确清洁火花塞 □4. 能正确预紧火花塞 □5. 能正确还原安装火花塞 □6. 能整理清洁好实训台	50	未完成 1 项扣 5 分，扣分不得超过 50 分	□熟练 □不熟练	□熟练 □不熟练	□合格 □不合格
3	工具及设备的使用能力	□1. 能正确使用维修工具 □2. 能正确使用万用表和塞尺等检测工具	10	未完成 1 项扣 5 分，扣分不得超过 10 分	□熟练 □不熟练	□熟练 □不熟练	□合格 □不合格
4	资料、信息查询能力	□1. 能正确使用维修手册查询资料 □2. 能在规定时间内查询所需资料 □3. 能正确记录所查询资料的章节及页码 □4. 能正确记录所需维修信息	10	未完成 1 项扣 5 分，扣分不得超过 10 分	□熟练 □不熟练	□熟练 □不熟练	□合格 □不合格
5	数据判读和分析能力	□1. 能判读部件名称 □2. 能判读万用表	10	未完成 1 项扣 5 分，扣分不得超过 10 分	□熟练 □不熟练	□熟练 □不熟练	□合格 □不合格
6	表单填写和报告撰写能力	□1. 字迹清晰 □2. 语句通顺 □3. 无错别字 □4. 无涂改 □5. 无抄袭	5	未完成 1 项扣 1 分，扣分不得超过 5 分	□熟练 □不熟练	□熟练 □不熟练	□合格 □不合格

知识总结

1. 点火系统是将蓄电池或发电机提供的低压电变为高压电，按照发动机的工作顺序和点火时间的要求，适时、准确地将高压电分配给各缸火花塞，使之点火，点燃气缸内的可燃混合气。

2. 点火系统应满足以下 3 个方面的要求：能产生足以击穿火花塞间隙的电压；电火花要有足够的能量；点火时间应适应发动机的工作情况。

3. 影响最佳点火提前角的主要因素有转速、负荷、汽油的辛烷值、压缩比、混合气的浓度。

4. 点火线圈的作用是将低压电转变为 15～30kV 的高压电，以满足火花塞点火的需要。

5. 分电器的功用是接通和断开点火线圈一次电路，使点火线圈二次电路产生高压电，并按发动机点火顺序将高压电分送到各气缸火花塞，随发动机转速、负荷和燃油牌号的变化，自动或人为地调节点火提前角。

6. 火花塞安装在燃烧室内，其功用是将高压电引入燃烧室内，在电极间形成火花，以点燃可燃混合气。

7. 点火器的作用是按照信号发生器输入的点火信号接通或断开点火系统的一次电路，使点火线圈二次绕组产生点火高压电。

一、判断题

1. 点火系统仅需在起动时点火工作一次。（　　）
2. 现代汽车主要采用微机控制电子点火系统。（　　）
3. 点火系统的能量来源是蓄电池或者发电机。（　　）
4. 火花塞电极间隙越大，火花塞击穿电压越低。（　　）
5. 为了保证点火可靠，点火系统必须具备一定的电压储备。（　　）
6. 点火系统应按发动机气缸排列顺序依次点火。（　　）
7. 点火线圈将低压电转变为高压电。（　　）
8. 火花塞在高温、高压、强腐蚀性条件下工作，因而对火花塞提出了较高的要求。（　　）
9. 火花塞的电极间隙一般为 0.7～0.9mm。（　　）
10. 四缸发动机，同一时刻，只有一个缸内的火花塞在点火。（　　）

二、选择题

1. 下列不属于点火系统作用的是（　　）。
   A. 能产生足以击穿火花塞间隙的电压
   B. 火花塞要有足够的能量
   C. 点火时间按发动机气缸顺序点火

2. 以下（　　）不是影响最佳点火提前角的主要因素。
   A. 转速　　　B. 汽油辛烷值　　　C. 点火时间　　　D. 压缩比

3. 下列不属于普通电子点火系统组成的是（　　）。
   A. 点火线圈　　　B. 火花塞　　　C. 分电器　　　D. ECU

4. 直列式四缸发动机转速为 2000r/min，它工作 1min，发动机内火花塞点火次数为（　　）。
   A. 1000　　　B. 2000　　　C. 4000

5. 火花塞的工作环境很恶劣，以下（　　）不是它的工作环境描述。
   A. 高温　　　B. 高压　　　C. 强腐蚀性　　　D. 燃料充分燃烧

6. 微机控制电子点火系统的组成不包括（　　）。
   A. ECU   B. 火花塞   C. 分电器
7. 微机控制电子点火系统依赖传感器来采集数据确定最佳点火时刻，传感器采集的数据不包括（　　）。
   A. 曲轴位置传感器   B. 空调传感器   C. 车外温度传感器
8. 火花塞间隙的标准值是（　　）。
   A. 0.5~0.6mm   B. 0.6~0.7mm   C. 0.7~0.9mm
9. 点火系统的好坏不影响发动机的（　　）。
   A. 动力性   B. 经济性   C. 排量
10. 点火系统将蓄电池或者发电机的低压电转变为（　　）。
    A. 125V 以下的低压电
    B. 高压电
    C. 低压电或高压电

项目五
照明与信号系统检修

> 【项目概述】

通过本项目的学习,掌握汽车照明与信号系统的主要组成;掌握汽车照明与信号系统各组成部分的结构、工作过程和工作原理,并能对前照灯技术状况进行检查和维护以及学会前照灯的调整;掌握照明和信号系统电路故障的检修。

任务一　照明系统检修

任务引入

某日，王先生下班后，在开车回家途中发现自己的丰田卡罗拉汽车右侧远光灯突然不亮，于是就将车开到就近的汽车维修厂检查。经检查，最后确认远光灯熔丝异常，更换熔丝后，右侧远光灯恢复正常。

任务目标

知识目标	技能目标	素养目标
1. 掌握照明系统的组成和各组成部分的作用、特征及要求 2. 掌握前照灯的结构、工作原理和安装使用情况	能够掌握汽车前照灯的故障诊断与检修	1. 能在工作过程中与小组其他成员合作、交流，养成团队合作意识，锻炼沟通能力 2. 养成 7S 工作习惯 3. 养成服从管理、规范作业的工作习惯

知识链接

一、照明系统的组成

汽车灯具按功能可分为照明灯和信号灯两大类，按安装位置可分为外部灯具和内部灯具，如图 5-1-1 和图 5-1-2 所示。

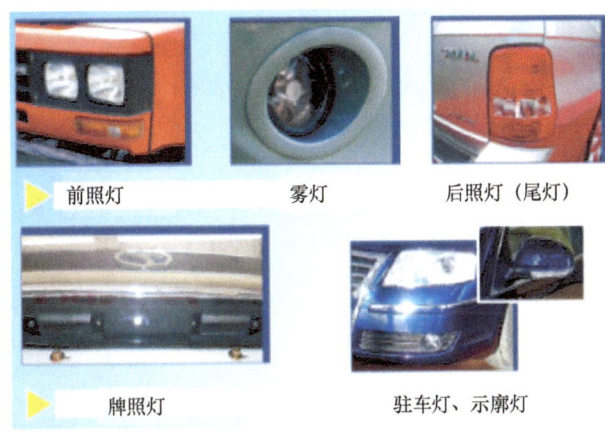

图 5-1-1　外部照明灯

照明灯分为外部照明灯与内部照明灯两类，其中，外部照明灯包括前照灯、雾灯、倒车

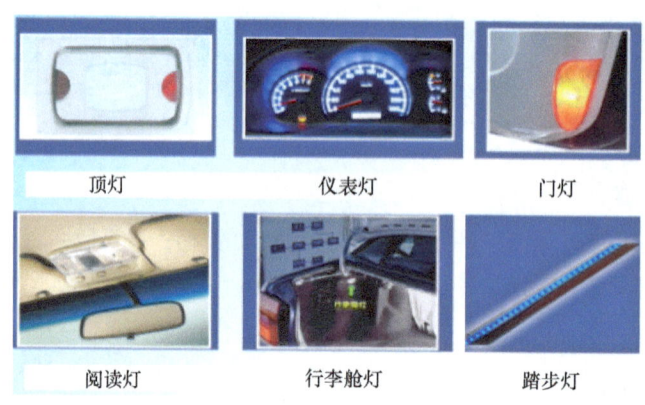

图 5-1-2 内部照明灯

灯、牌照灯等,内部照明灯包括仪表灯、顶灯、行李舱灯、工作灯、踏步灯等。不同车型的照明装置配置不全相同,多数车型直接用灯光总开关控制各种灯具相线,有的则安装继电器,用开关控制继电器线圈,而用继电器触点控制灯丝电路的通断。

1. 前照灯

前照灯的主要作用是照亮车前的道路和物体,保证行车安全。同时,还可利用远、近光交替变换作为夜间超车信号。前照灯安装在汽车头部的两侧,每辆车装 2 只或 4 只。灯泡功率:远光灯为 45~60W,近光灯为 25~55W。

2. 雾灯

雾灯包括前雾灯和后雾灯,其作用是在雨雪天和雾天提供道路照明并提供本车位置信息,保证行车安全,前雾灯的颜色通常为黄色,这是因为黄色光的光波较长,能够穿透浓雾,后雾灯通常可为黄色或红色。雾灯功率一般为 35W。

3. 倒车灯

倒车灯装在汽车尾部,当驾驶人将车辆挂入倒档后灯亮,提醒后方车辆和行人注意安全。其功率一般为 20~25W,光色为白色。

4. 牌照灯

牌照灯装于汽车尾部牌照上方或左右两侧,用来照明后牌照,功率一般为 5~10W,确保行人在车后 20m 处能看清牌照上的文字及数字。

5. 顶灯

顶灯装在驾驶室或车厢内部,用于对车辆内部进行照明。其灯罩大多采用透明塑料制成,光色为白色,功率一般为 5~8W。

6. 行李舱灯

行李舱灯一般装在轿车行李舱内部,光色为白色,功率一般为 5~8W。

7. 踏步灯

踏步灯用来照亮车门附近,方便乘客上下车,光色为白色,功率一般为 5~8W。

8. 仪表灯

仪表灯用于夜间对仪表的照明,数量较多,一般装在汽车仪表板内部,功率较小,一般只有 2~8W,没有单独的开关,随前示位灯一起进行控制。

二、前照灯

1. 前照灯的使用及要求

1）前照灯应保证汽车前方 100m 以内的路面上得到明亮而均匀的照明，驾驶人能辨明路面上的任何障碍物。随着车速的不断提高，要求车前的照明距离也相应增加。现代汽车要求照明的距离已达到 200~250m。

2）前照灯应具有防眩目的装置。防止夜间会车时因对方驾驶人眩目而造成交通事故。

2. 前照灯的结构

汽车前照灯的光学组件由光源（灯泡）、反射镜、配光镜（散光玻璃）3 部分组成，如图 5-1-3 所示。

（1）灯泡　目前，汽车前照灯所用的灯泡有充气灯泡和卤钨灯泡，如图 5-1-4 所示。

1）充气灯泡。充气灯泡是采用钨丝作为灯丝，灯泡内充以 86% 的氩和 14% 的氮的混合惰性气体。灯泡通电后，灯丝发热，惰性气体受热膨胀而产生较大的压力，可以减少钨的蒸发，延长灯泡的使用寿命。

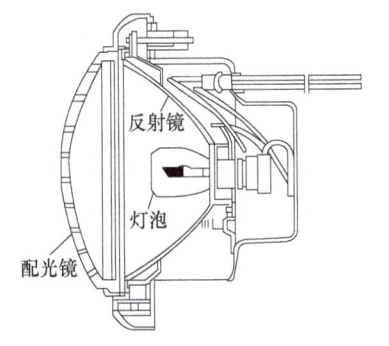

图 5-1-3　前照灯的结构

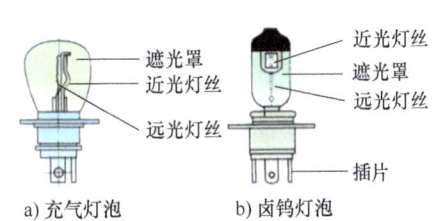

图 5-1-4　前照灯的灯泡构造

2）卤钨灯泡。卤钨灯泡是在充入的惰性气体中掺入某种卤族元素，如碘、溴等。当灯泡工作时，蒸发出来的气态钨会与卤素发生化学反应，生成卤化钨，卤化钨再飘到灯丝附近的高温区时又会受热分解，生成的钨会黏附到灯丝上，而分解出来的卤素会重新扩散参与下一化合反应。这个过程称为"卤钨再生循环反应原理"。在相同功率情况下，卤钨灯的亮度是白炽灯的 1.5 倍，而使用寿命是白炽灯的 2~3 倍。

（2）反射镜　反射镜的作用就是将灯泡的光线聚合并导向前方。灯丝位于焦点上，灯丝的绝大部分光线（ω 范围内），经反射镜反射后变成平行光束射向远方，亮度增强几百倍甚至上千倍，使车前 150m，甚至 400m 内的路面照得足够清楚。其余少部分光线向两侧和上、下方散射，如图 5-1-5 所示。

（3）配光镜　配光镜又称为散光玻璃，用透光玻璃压制而成，是很多特殊棱镜和透镜的组合体。其外形一般为圆形或矩形。配光镜的作用是将反射镜反射出的平行光束进行折射，使汽车前路面和路缘都有良好而均匀的照明，如图 5-1-6 所示。

3. 前照灯的分类

前照灯按结构可分为可拆式前照灯、半封闭式前照灯、封闭式前照灯、投射式前照灯和氙气灯。

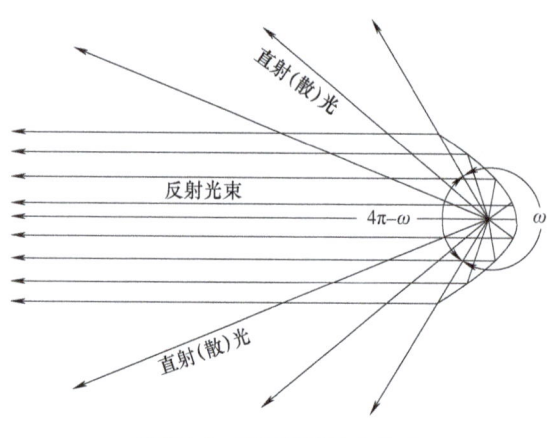

图 5-1-5　反射镜的聚光作用

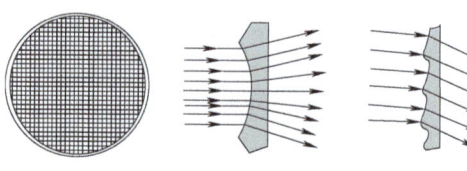

图 5-1-6　配光镜

（1）可拆式前照灯　可拆式前照灯是由反射镜和配光镜等安装而成的组件，因此气密性差，反射镜易受湿气和尘埃污染而降低反射能力，目前已很少采用。

（2）半封闭式前照灯　半封闭式前照灯的配光镜靠卷曲反射镜边缘上的牙齿而紧固在反射镜上，两者之间垫有橡皮密封圈，灯泡只能从反射镜后端装入。当需要更换配光镜时，应撬开反射镜缘的牙齿，安上新的配光镜后，再将牙齿处复原，结构如图 5-1-7 所示。

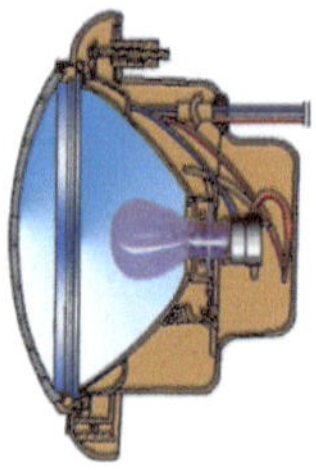

图 5-1-7　半封闭式前照灯

（3）封闭式前照灯　封闭式前照灯又称为真空灯，其反射镜和配光镜玻璃制成一体，形成灯泡，里面充以惰性气体。其灯丝焊在反射镜底座上，如图 5-1-8 所示。

（4）投射式前照灯　投射式前照灯装用很厚的无刻纹的凸形散光镜，由于反射镜是近似圆形的，所以外径很小，结构如图 5-1-9 所示。反射镜有两个焦点。第一焦点处放置灯泡，第二焦点在灯光中形成。凸形散光镜的焦点与第二焦点重合。来自灯泡的光利用反射镜聚成第二焦点，再通过散光镜将聚集的光投射到前方。投射式前照灯采用的光源为卤素灯泡。

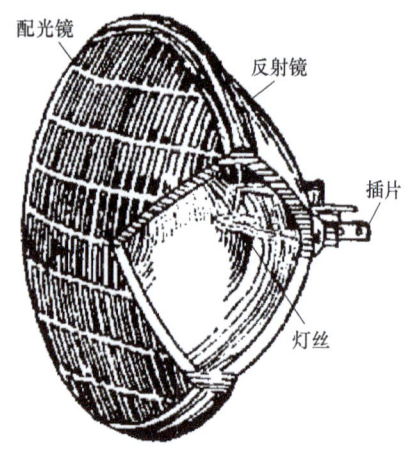

图 5-1-8　封闭式前照灯

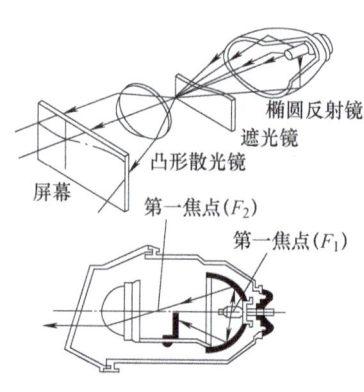

图 5-1-9　投射式前照灯的结构

(5）氙气灯　氙气灯的结构如图 5-1-10 所示，这种灯没有传统的灯丝，取而代之的是装在石英管内的两个电极，管内充有氙气及微量金属（或金属卤化物）。在电极上加上足够高的引弧电压（5000～12000V）后，气体开始电离而导电发光。

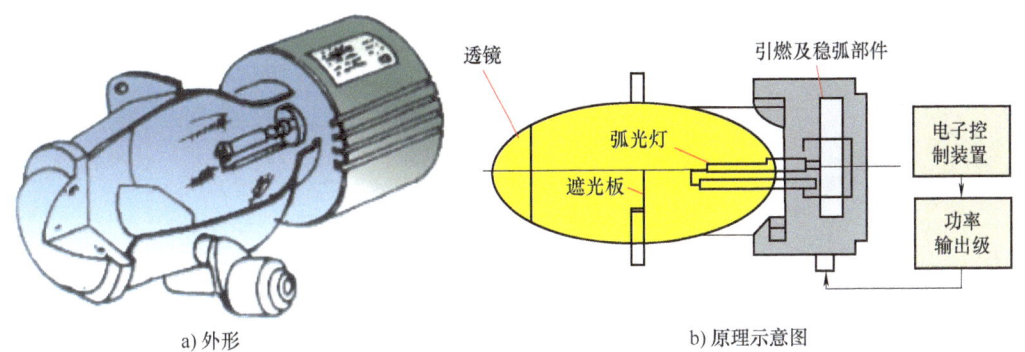

图 5-1-10　氙气灯的结构

氙气灯由弧光灯组件、电子控制装置和升压器三大部件组成。其灯泡发出的光色成分和日光灯非常相似，亮度是目前卤素灯泡的 2.5 倍，使用寿命可达卤素气体灯泡的 5 倍。由于灯泡点燃达到灯泡正常工作温度后，维持电弧放电的功耗仅为 35W，所以可节约 40% 的电能。

4. 前照灯的防眩目装置

（1）采用远、近光束变换　为了防眩目，前照灯灯泡中装有远光与近光两根灯丝，由变光开关控制其电路。夜间公路行车且对面无来车时，使用远光灯，以增大照明距离，保证行车安全。夜间公路行车会车、市区行车有路灯或尾随其他车辆行驶时，使用近光灯。

（2）近光灯丝加装配光屏　上述防眩目措施只能减轻眩目，还不能彻底避免眩目。为此，现代汽车前照灯的近光灯丝下方均装设配光屏，用以遮挡近光灯丝射向反射镜下半部的光线，消除反射后向上照射的光束，提高防眩目效果。

（3）采用不对称光形　上述两项防眩目措施起到了防眩目作用，但会车使用近光灯时，近光灯仅能照亮车前方 50m 以内的路面，因而车速受到限制。为了达到既能防止眩目，又能以较高车速会车的目的，我国汽车的前照灯近光采用 E 形不对称光形（图 5-1-11），将近光灯右侧亮区倾斜升高 15°，即将本车行进方向光束照射距离延长。欧洲型前照灯左侧近光亮区升高 15°。这种光形的产生既有遮光罩的作用，也有配光镜的作用。有些汽车使用了 Z 形近光光形（图 5-1-11），这种光形能使本车行进方向亮区平行升高，较 E 形不对称光形更加优越。

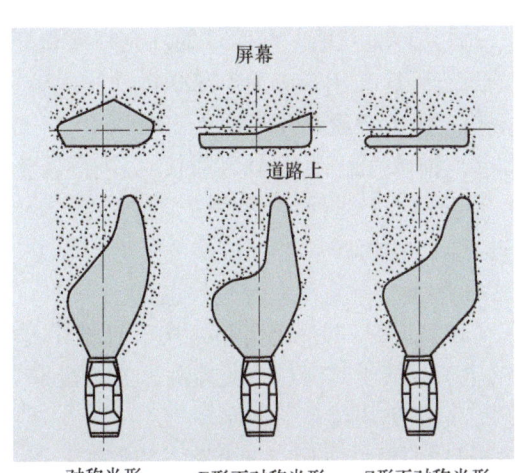

图 5-1-11　前照灯配光光形

5. 前照灯光束的检测与调整

为保证前照灯的性能，应及时对前照灯进行检测和调整。前照灯可采用屏幕法检验和前照灯检验仪检验两种方法。

1）用屏幕法检验前照灯的配光性能。检验调整前汽车应空载停放在平整的场地上，前照灯总成应清洁，屏幕与场地应垂直，轮胎气压符合规定，并且驾驶室内只允许乘坐一名驾驶人（图5-1-12）。

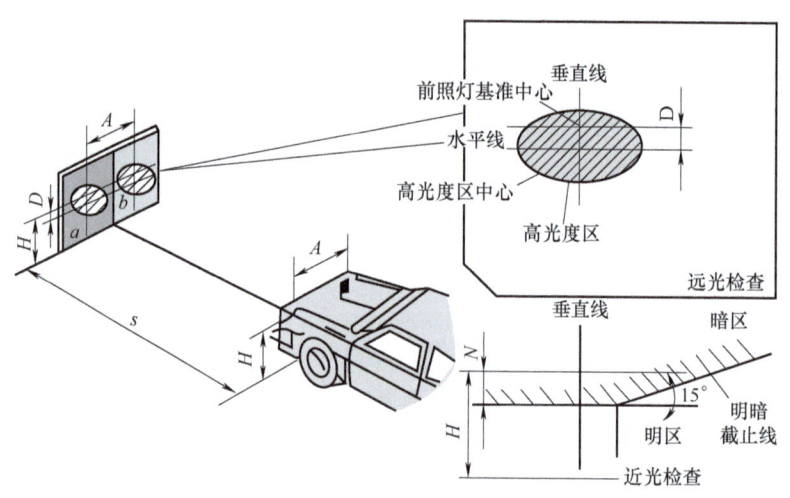

图 5-1-12　前照灯的屏幕法检查

机动车在检验前照灯的近光光束照射位置时，前照灯在距离屏幕 10m 处，光束明暗截止线转角或中心高度应为 $0.6H \sim 0.8H$（H 为前照灯基准中心高度），其水平方向位置向左向右偏差均不得大于 100mm。

四灯制前照灯其远光单光束灯的调整，要求在屏幕上光束中心离地高度为 $0.85H \sim 0.90H$，水平位置要求左灯向左偏差不得大于 100mm，左灯向右偏差和右灯向左向右偏差均不得大于 170mm。

2）用检验仪检验前照灯的发光强度和配光性能。对于安装2只前照灯的机动车，每只灯的发光强度在用车应为 12000cd 以上，新车应为 15000cd；对于安装4只前照灯的机动车，每只灯的发光强度在用车应为 10000cd 以上，新车应为 15000cd。

3）前照灯光轴方向倾斜时，应进行调整，调整部位一般分外侧调整式和内侧调整式两种，如图5-1-13所示。调整时，按需要转动灯座上面的左右调整螺钉及上下调整螺钉，使光轴方向符合标准。

6. 前照灯控制电路与辅助装置

（1）前照灯的控制电路　汽车前照灯随车型不同，控制方式有差异。当灯功率较小时，灯的电流直接受灯光总开关控制，当灯数量多、功率大时，为减小开关热负荷，减少电路电压降，一般采用继电器控制。

（2）前照灯自动变光电路　前照灯自动变光装置可根据迎面来车的灯光强度调节前照灯的远光或近光。图5-1-14所示为前照灯自动变光电路原理图。其工作原理：当迎面来车的前照灯光线照射到传感器时，通过透镜将光线聚焦到光敏元件上，通过放大器输出信号触发功率继电器，继电器将前照灯自动从远光变为近光。当迎面来车驶过后，传感器不再有灯光照射，于是放大器不再向功率继电器输送信号，继电器触点又恢复到远光照明。

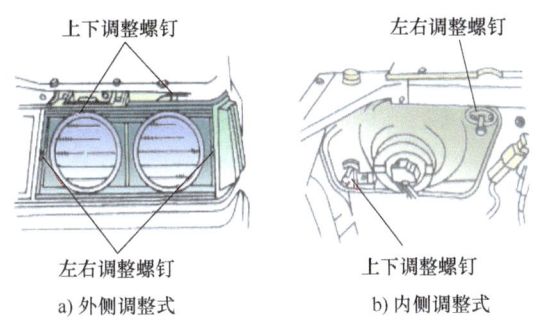

图 5-1-13　前照灯的调整部位

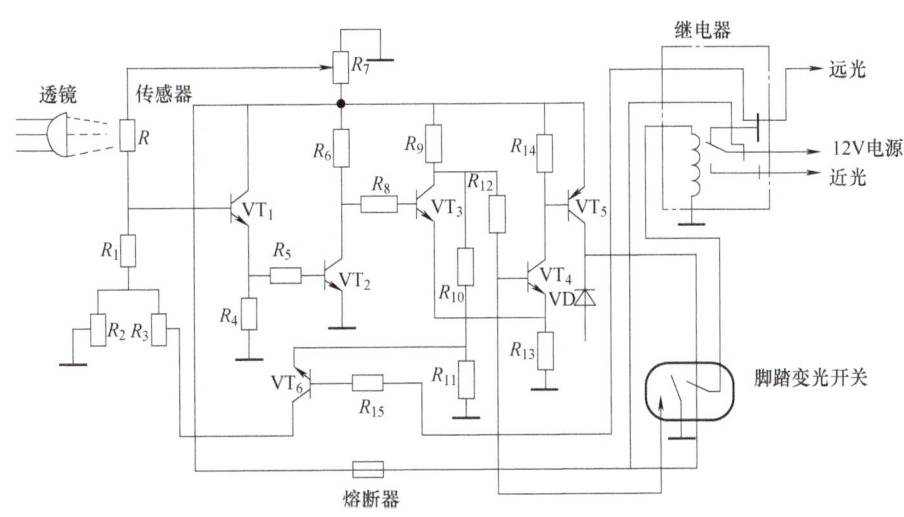

图 5-1-14　前照灯自动变光电路原理图

（3）前照灯昏暗自动发光器　前照灯昏暗自动发光器的作用：在汽车行驶过程中，当汽车前方自然光的强度降低到一定程度时，如通过隧道、树林、竹林或天空突然乌云密布等情况，发光器便自动将前照灯电路接通，开灯行驶，以确保行车安全。

（4）前照灯自动关闭延时器　前照灯自动关闭延时器是一种自动关闭前照灯的控制装置。当汽车停驶时，它能控制前照灯为驾驶人离去提供一段时间照明。

7. 照明系统常见故障及原因

1）灯光常见故障及原因见表 5-1-1。

表 5-1-1　灯光常见故障及原因

故障现象	故障原因
所有灯都不亮	蓄电池至总开关之间相线断路，灯总开关损坏，电源总熔丝断
远光灯或近光灯不亮	变光开关损坏；导线断路；远光灯或近光灯熔丝断；灯光继电器损坏；前照灯失效，传感器损坏；灯总开关损坏

(续)

故障现象	故障原因
前照灯灯光暗淡	熔丝松动；导线插头松动；前照灯开关或继电器触点接触不良；发电机输出电压低，用电设备漏电，负荷增大；接触不良
一侧前照灯亮，另一侧前照灯暗	前照灯暗的一处搭铁不良或变光开关接触不良
前照灯和尾灯，仅前示位灯不亮	前照灯总开关损坏，熔丝断，前示位灯灯泡坏，前示位灯电路断路，继电器损坏
灯泡经常烧坏	发电机输出电压过高

2）其他部位检查方法。

① 继电器的检查。将继电器线圈直接供电，可检查出继电器是否能正常工作，若不能正常工作，应更换继电器。

② 灯光开关的检查。可用万用表检查开关各档位的通断情况，若与要求不符，应更换灯光开关。

③ 电路的检查。在检查电路时，可用万用表或试灯逐段检查电路，以便找出短路或断路故障的部位。

汽车照明系统的检修

一、作业准备

汽车照明系统的检修作业准备如下：

1）丰田卡罗拉轿车、万用表、试电笔、常用工具、维修手册等。

2）车辆在工位停放周正、实训场地通风良好，工作台表面绝缘良好。各用电设备及危险位置具备安全提示。

3）做好车辆安全防护。

二、操作步骤

远光灯不亮的故障原因分析

远光灯不亮可分为其中一边远光灯不亮和两边远光灯都不亮。只有根据不同的故障现象与远光灯电路共同分析，才能制订出合理、有效的检修方法并排除故障。

（1）远光灯电路分析　丰田卡罗拉1.6L前照灯电路如图5-1-15所示。其远光灯电路由蓄电池、50A总熔丝、远光灯继电器、左边远光灯灯泡及熔丝、右边远光灯灯泡及熔丝、组合灯开关等组成。

远光灯电路的工作原理：组合灯开关 E60 中灯开关打到前照灯位置，变光灯开关打到远光位置（此时组合开关中接通情况为灯光开关中"H"与"E"接通，变光灯开关中"HU"与"HL"接通），远光灯才会点亮。

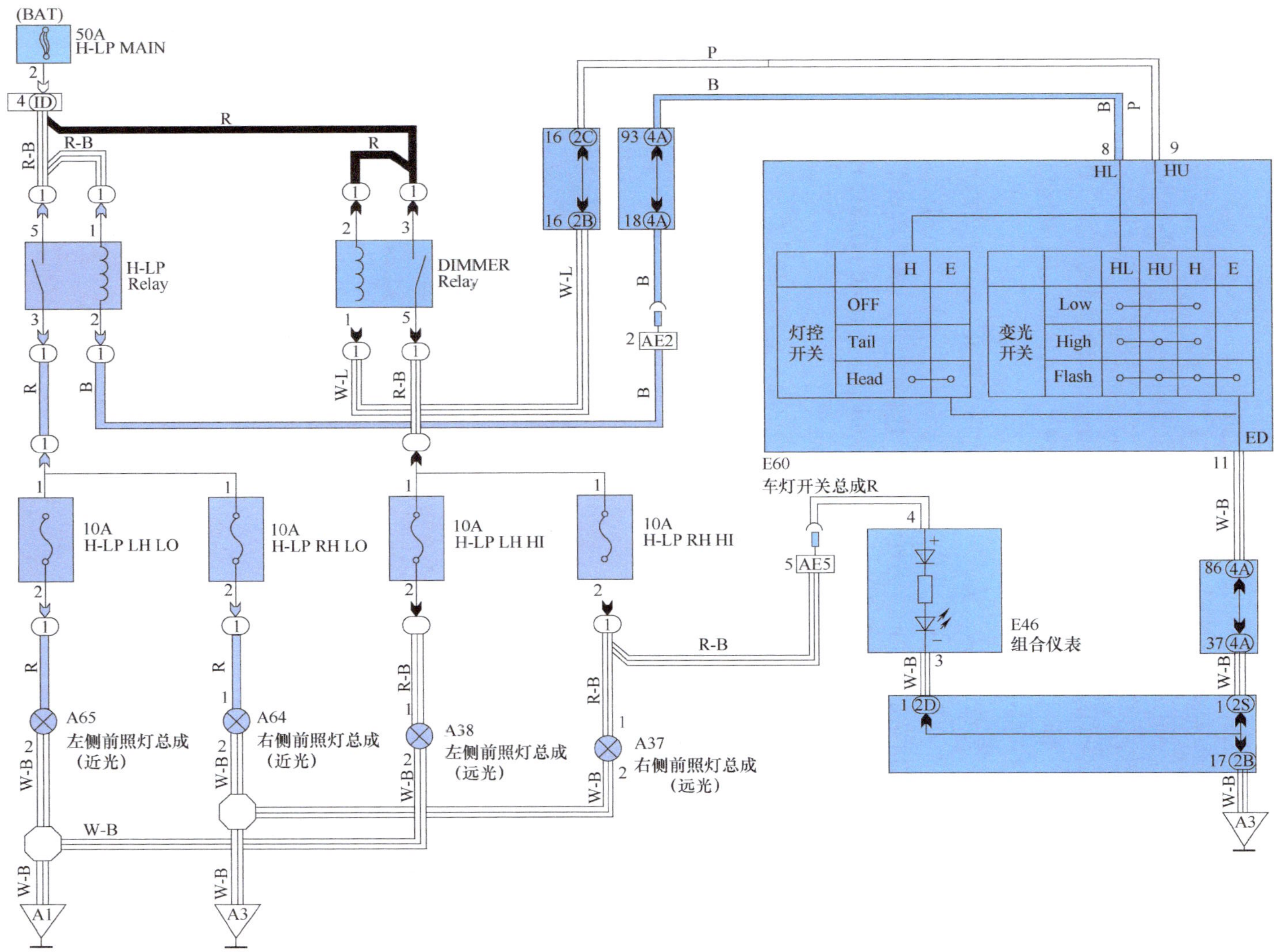

图 5-1-15 丰田卡罗拉 1.6L 前照灯电路

1）远光灯继电器线圈控制电流路径：蓄电池正极→50A 熔丝→远光灯继电器线圈→组合灯开关→蓄电池负极。

2）远光灯灯泡工作电流路径：蓄电池正极→50A 熔丝→远光灯继电器触点→左右远光灯熔丝→左右远光灯灯泡→蓄电池负极。

（2）远光灯不亮的故障可能原因

1）一边远光灯不亮的故障可能原因：根据电路原理图分析，造成一边远光灯不亮故障不会出现在两边远光灯电路的公共部分，只会出现在一边远光灯不亮的分支电路上。其故障的可能部位（以左边为例）：H-LP LH HI（10A）熔丝、A38 远光灯灯泡、DIMMER 继电器插座（5 号）到 H-LP LH HI（10A）熔丝电路，H-LP LH（10A）HI 熔丝到 A38 远光灯灯泡电路、A38 远光灯灯泡到蓄电池负极电路。

2）两边远光灯都不亮的故障可能原因：根据电路原理图分析，造成两边远光灯都不亮故障出现在两边远光灯电路的公共部分可能性较大，也不排除两边远光灯分支电路同时出现故障。其两边远光灯电路的公共部分出现故障的可能部位：DIMMER 继电器、组合灯开关 E60、50A 总熔丝至 DIMMER 继电器电路、DIMMER 继电器至 H-LP LH/RH HI（10A）熔丝电路、DIMMER 继电器至组合开关 E60。

按照实际情况，填写任务工单。

照明系统的检修		任务工单		班级：
				姓名：
1. 车辆信息的记录				
品牌		整车型号		生产年月
发动机型号		发动机排量		行驶里程
车辆识别代号				
2. 照明系统故障的检修				
检修的项目		记录	判定	维修措施
			异常□ 正常□	维修□ 调整□ 更换□
3. 汽车照明系统故障诊断与排除				
故障现象				
故障范围				
检测流程				
故障点确认				
维修措施			维修□ 调整□ 更换□	
4. 查阅维修手册				
序号	部件名称	章节及页码		规格（米制）
1		第　章　页		
2		第　章　页		
3		第　章　页		

任务评价

照明系统的检修			实习日期：			
姓名：		班级：		学号：		教师签名：
自评：☐熟练 ☐不熟练		互评：☐熟练 ☐不熟练		师评：☐合格 ☐不合格		
日期：		日期：		日期：		

【评分细则】

序号	评分项	得分条件	分值	评分要求	自评	互评	师评
1	安全/7S/态度	☐1. 能进行工位 7S 操作 ☐2. 能进行设备和工具安全检查 ☐3. 能进行车辆安全防护操作 ☐4. 能进行工具清洁、校准、存放 ☐5. 能进行三不落地操作	15	未完成 1 项扣 3 分，扣分不得超过 15 分	☐熟练 ☐不熟练	☐熟练 ☐不熟练	☐合格 ☐不合格
2	专业技能能力	作业 1 前照灯的检查 ☐1. 能正确地断开插接器 ☐2. 能正确地取下前照灯 ☐3. 能正确地检查远光灯电阻 ☐4. 能正确地检查近光灯电阻 ☐5. 能正确地安装前照灯 作业 2 简易故障诊断与排除 ☐1. 能正确判断故障现象和范围 ☐2. 能规范检测流程 ☐3. 能正确分析并检测出故障点 ☐4. 能正确分析故障点并判定维修措施	50	未完成 1 项扣 3 分	☐熟练 ☐不熟练	☐熟练 ☐不熟练	☐合格 ☐不合格
3	工具及设备的使用能力	☐1. 能正确地使用维修工具 ☐2. 能正确地使用万用表	10	未完成 1 项扣 3 分	☐熟练 ☐不熟练	☐熟练 ☐不熟练	☐合格 ☐不合格
4	资料、信息查询能力	☐1. 能正确地使用维修手册查询资料 ☐2. 能正确地记录查询资料的章节及页码 ☐3. 能正确地记录所需维修信息	10	未完成 1 项扣 3 分	☐熟练 ☐不熟练	☐熟练 ☐不熟练	☐合格 ☐不合格

(续)

序号	评分项	得分条件	分值	评分要求	自评	互评	师评
5	数据判断和分析能力	□能判断前照灯远光灯丝是否正常	10	未完成1项扣3分	□熟练 □不熟练	□熟练 □不熟练	□合格 □不合格
6	表单填写和报告撰写能力	□1. 字迹清晰 □2. 语句通顺 □3. 无错别字 □4. 无涂改 □5. 无抄袭	5	未完成1项扣1分，扣分不得超过5分	□熟练 □不熟练	□熟练 □不熟练	□合格 □不合格

总分：

1. 汽车照明灯具有照明灯、雾灯、牌照灯、仪表灯、顶灯、工作灯等。
2. 汽车照明灯根据安装位置和用途的不同分为外部照明灯和内部照明灯。
3. 前照灯由灯泡、反射镜和配光镜组成，按反射镜的结构形式可分为可拆卸式、半封闭式和封闭式3种。夜间行车时前照灯应能提供良好均匀的照明并具有防眩目装置，必要时需进行检验与调整。
4. 汽车照明系统远光灯的故障分为其中一边远光灯不亮和两边远光灯都不亮等，诊断时根据不同的故障现象采取不同的诊断方法。

一、判断题

1. 配光屏在接通远光灯灯丝时，仍然起作用。（　　）
2. 前照灯由反射镜、配光屏和灯泡3部分组成。（　　）
3. 在调整光束位置时，对具有双丝灯泡的前照灯，应该以调整近光光束为主。（　　）
4. 氙气灯由石英灯泡、变压器和电子控制装置组成，没有传统的钨丝。（　　）
5. 更换卤素灯泡时，可以用手摸灯泡部位。（　　）
6. 反射镜的作用是最大限度地将灯泡发出的光线聚合成强光束，以增加照射距离。（　　）
7. 封闭式前照灯没有分开的灯泡，其整个总成本身就是一个灯泡。（　　）
8. 半封闭式前照灯内部灯泡可以单独更换。（　　）
9. 高亮度弧光灯的灯泡里没有灯丝。（　　）
10. 前照灯关闭自动延时控制装置的主要功能是：当汽车夜间停入车库后，为驾驶人下车离开车库提供一段时间的照明，以免驾驶人走出车库时太黑造成事故。（　　）

二、选择题

1. 在用前照灯检验仪调整前照灯前，下列不属于车辆必须要做的准备工作的是（　　）。

A. 打开空调等辅助用电器 B. 车辆必须停在平坦路面
C. 轮胎气压符合标准 D. 前照灯灯罩清洁

2. 前照灯中将灯泡的散射光改变成平行光束的装置是（   ）。
   A. 散光镜　　　　　B. 遮光镜　　　　　C. 反射镜　　　　　D. 配光镜

3. 前照灯灯泡中的近光灯丝应安装在反射镜的（   ）。
   A. 焦点下方 B. 焦点前下方
   C. 焦点前上方 D. 焦点处

4. 制造白炽灯泡时，要先从玻璃泡内抽出空气，然后充以约86%的氩和约14%的氮的混合惰性气体，下列不是其目的的是（   ）。
   A. 聚合平行光束 B. 延长灯泡的使用寿命
   C. 增强发光效率 D. 减少钨的蒸发

5. 前照灯单侧搭铁不良时，（   ）。
   A. 两侧前照灯均不亮 B. 一侧较亮，另一侧较暗
   C. 两侧前照灯同样明亮 D. 无反应

6. 弧光放电前照灯在灯泡点燃达到正常工作温度后，维持电弧放电的功耗仅为（   ）W。
   A. 35　　　　　　　　B. 30　　　　　　　　C. 40

7. 前照灯电子控制装置通常主要由（   ）、电子控制电路和电磁继电器组成。
   A. 执行器　　　　　B. 光敏器件　　　　　C. 传感器

8. 下列说法错误的是（   ）。
   A. 远光灯的功率比近光灯的功率大
   B. 前照灯的灯泡是不能单独更换的
   C. 前照灯有防眩目措施
   D. 前照灯的光束是可调的

9. 两灯制前照灯采用不对称配光双灯丝灯泡，所形成的近光光形的右侧夹角为（   ）。
   A. 5°　　　　　　　　B. 15°　　　　　　　　C. 30°

10. 下列关于前照灯防眩目措施不正确的是（   ）。
    A. 采用双丝灯泡 B. 加装配光屏幕
    C. 不对称配光 D. 采用卤素灯泡

任务二　信号系统检修

任务引入

车辆在使用过程中，往往会出现一些问题。有些问题会影响行车安全，如车辆的外部灯出现故障。如果车辆的转向灯发生了故障，不但会影响车辆使用，还会影响前后方车辆驾驶人的判断，可能会导致交通事故。那么当转向灯发生故障，你知道怎么检修吗？

知识目标	技能目标	素养目标
1. 掌握信号系统的组成和各灯具的作用、特征及要求 2. 掌握信号系统的结构、工作原理和安装使用情况	1. 能够掌握汽车信号系统故障诊断与维修思路 2. 能够掌握汽车制动灯电路的检修	1. 能在工作过程中与小组其他成员合作、交流，养成团队合作意识，锻炼沟通能力 2. 养成7S工作习惯 3. 养成服从管理、规范作业的工作习惯

一、信号系统的组成

信号系统分为灯光信号与声音信号两类，其中，灯光信号包括转向灯、制动灯、示位灯、驻车灯、警告灯等，声音信号包括喇叭与倒车蜂鸣器等。

（1）转向灯　主转向灯一般安装于汽车前后左右4个角的外部，用来指示车辆行驶趋向。汽车两侧中间装有侧转向灯。主转向灯功率一般为20～25W，侧转向灯功率为5W，光色为琥珀色。在紧急遇险状态需其他车辆注意避让时，全部转向灯可通过危险警告灯开关接通同时闪烁。

（2）制动灯　制动灯又称为刹车灯，装于汽车尾部，其作用是在汽车制动停车或制动减速行驶时，向后车发出灯光信号，以警告尾随的车辆，防止追尾，其信号距离应达到至少100m。其灯光为红色，功率一般为20W。

（3）示位灯　示位灯安装在汽车前面、后面和侧面，夜间行驶接通前照灯时，示位灯、仪表照明灯和牌照灯同时发光，以标志车辆的形位等。其功率一般为5～20W。前示位灯俗称"小灯"，光色为白色或黄色；后示位灯俗称"尾灯"，光色为红色；侧示位灯光色为琥珀色。

（4）驻车灯　驻车灯安装于车头和车尾两侧，要求从车前和车尾150m远处能确认灯光信号，要求车前处光色为白色，车尾处光色为红色。夜间驻车时，将驻车灯接通标示车辆形位。

（5）警告灯　警告灯安装于仪表板上，其作用是监测汽车各系统的技术状况，当某一系统出现异常情况时，对应的警告灯亮，提醒驾驶人该系统出现故障，其灯光为红色、绿色或黄色，功率为2W，如发动机故障警告灯、机油压力警告灯、冷却液温度警告灯等。

二、转向灯及危险警告灯电路

转向灯系统由闪光继电器（以下简称闪光器）、转向灯开关、转向灯和转向指示灯等组成。当接通危险警告信号开关时，所有转向灯同时闪烁，表示车辆遇到紧急情况，请求其他车辆避让。危险警告灯的操纵装置不得受点火开关控制。

转向灯闪烁是由闪光器控制电流通断实现的，闪光频率规定为（1.5±0.5）Hz。转向信号闪光器与危险警告闪光器可以共用（图 5-2-1），也可以单独设置（图 5-2-2）。

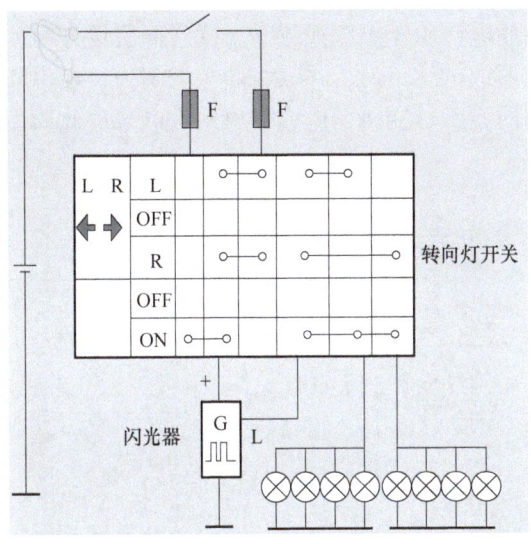

图 5-2-1 共用闪光器

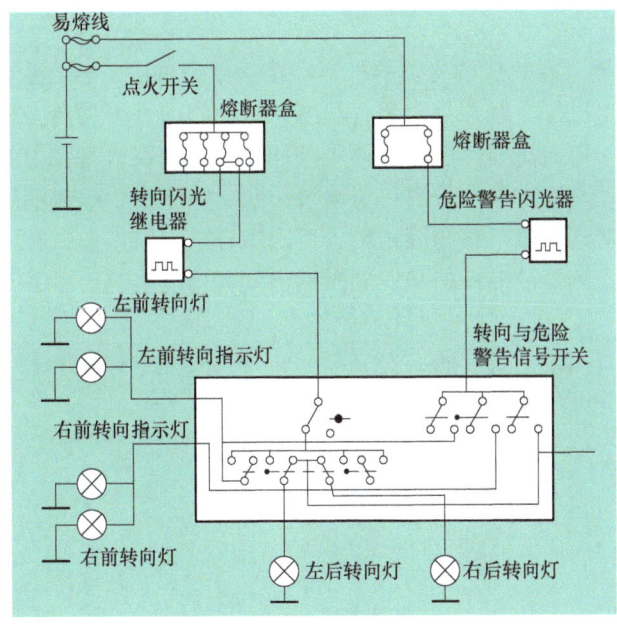

图 5-2-2 单独闪光器

常见的闪光器有电容式、翼片式和电子式 3 类。

（1）电容式闪光器　电容式闪光器的外形和结构原理如图 5-2-3 所示。接通转向灯开关后，串联线圈经触点、转向灯构成回路，产生较强磁场，吸动衔铁，使触点张开，在此过程中，串联线圈通电时间极短，转向灯不亮。触点张开后电容器经串联线圈、并联线圈、转向灯开关、转向灯及转向指示灯构成充电回路，由于充电电流很小，此时转向灯与转向指示灯不亮。触点在串并联线圈的合成磁场作用下，仍保持张开状态。电容器充足电后，并联线圈电流消失，铁心吸力减小，触点在回位弹簧的作用下闭合，转向灯与转向指示灯亮；同时，电容器经并联线圈及触点放电，由于串联线圈与并联线圈磁场方向相反，铁心吸力极小，触点保持闭合状态。当电容器放电结束后，并联线圈电流消失，在串联线圈磁场的作用下，触点再次张开，转向灯与转向指示灯变暗，电容器再次充电。如此周而复始，转向灯与转向指示灯不停地以此频率闪烁。

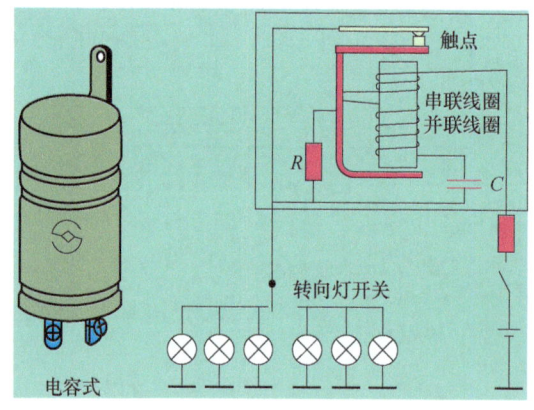

图 5-2-3　电容式闪光器的外形和结构原理

（2）翼片式闪光器　翼片式闪光器的外形和结构原理如图 5-2-4 所示。工作时，弹性翼片在热胀条的拉力下呈弓形，触点处于闭合状态。接通转向灯开关后，转向灯与转向指示灯电路接通，灯亮。由于电流流经热胀条，热胀条伸长。翼片在自身弹力的作用下伸直，活动触点随热胀条向上移动与固定触点分离，电路被切断。热胀条中电流消失后，冷却收缩，牵动翼片再次呈弓形，活动触点下移与固定触点再次闭合，电路接通，转向灯与转向指示灯又亮。如此反复，产生了闪烁的转向信号，同时发出"啪嗒、啪嗒"响声。

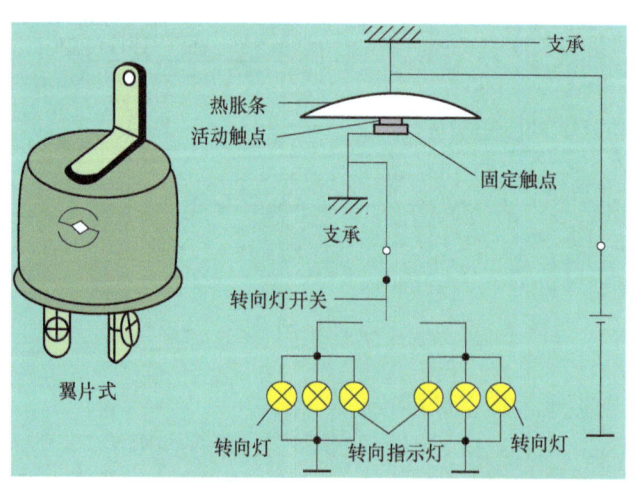

图 5-2-4　翼片式闪光器的外形和结构原理

（3）电子式闪光器　电子式闪光器利用晶体管的开关特性、电容器的充放电延时特性，控制继电器线圈的通、断电,接通和断开触点,使转向灯闪烁。电子式闪光器分为晶体管式和集成电路式。

三、倒车灯及其警告器电路

汽车倒车时,为了警示车后行人和其他车辆注意避让,在汽车的后部装有倒车灯和倒车蜂鸣器,它们均由装在变速器上的倒档开关控制。当变速杆挂入倒档时,在拨叉轴的作用下,倒档开关接通倒车警告器和倒车灯电路,从而发出声光倒车信号,如图 5-2-5 所示。

倒车警告器有倒车蜂鸣器和倒车语音警告器两种。

1. 倒车蜂鸣器

倒车蜂鸣器是一种间歇发声的音响装置,发声部分是一只小功率电喇叭,控制电路是一个由无稳态电路(即多谐振荡器)和反相器组成的开关电路,如图 5-2-6 所示。

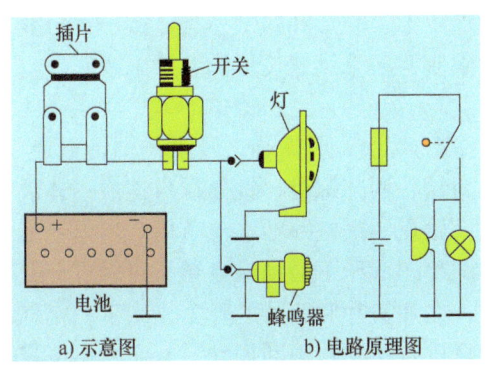

图 5-2-5　倒车信号电路

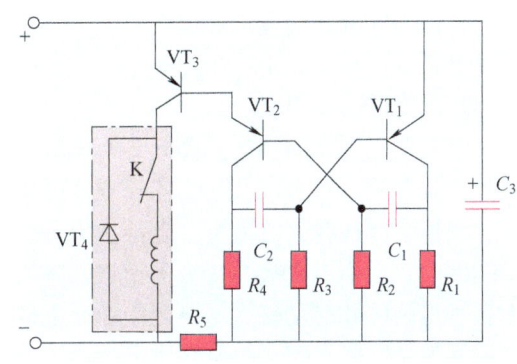

图 5-2-6　倒车蜂鸣器

2. 倒车语音警告器

倒车语音警告器如图 5-2-7 所示,IC_1 是储存有语音信号的集成电路,IC_2 是功率放大集成电路,稳压管 VD 用于稳定 IC_1 的工作电压。为了防止电源电压接反,在电源的输入端使用了 4 个二极管组成的桥式整流电路,这样无论它怎样接入 12V 电源,均可保证电路正常工作。

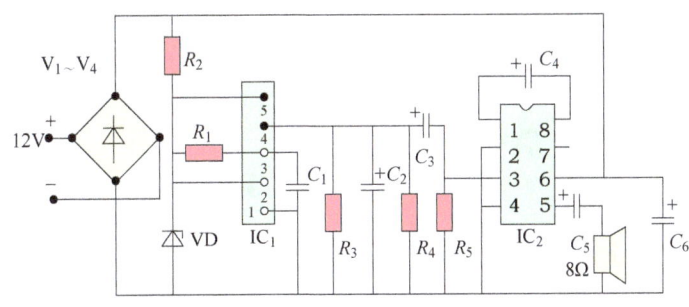

图 5-2-7　倒车语音警告器

四、制动灯及其电路

汽车制动时,踩下制动踏板,制动灯亮,以警告后方行驶的车辆。制动灯的电路如

图 5-2-8 所示。

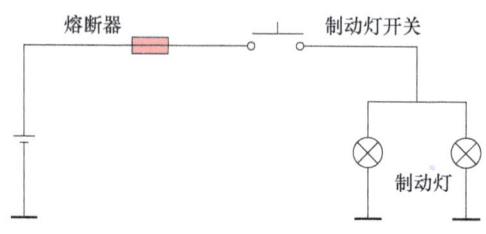

图 5-2-8 制动灯的电路

五、电喇叭

汽车上都装有喇叭，用来警告行人和其他车辆，以引起注意，保证行车安全。喇叭按发音动力的不同分为气喇叭和电喇叭两类；按外形分为螺旋形、筒形和盆形三类。按声频分为高音和低音两种。在中小型汽车上，由于安装的位置限制，多采用螺旋形和盆形电喇叭。

1. 螺旋形电喇叭

螺旋形电喇叭的构造如图 5-2-9 所示。其主要机件有"山"形铁心、励磁线圈、衔铁、膜片、扬声筒、触点以及电容器。膜片借中心螺杆与衔铁、调整螺母、锁紧螺母连成一体。

当按下按钮时，电流由蓄电池正极→按钮→线圈→触点→搭铁→蓄电池负极。当电流通过线圈时，产生电磁吸力，吸下衔铁，中心螺杆上的调整螺母压下活动触点臂，使触点分开而切断电路。此时励磁线圈电流中断，电磁吸力消失，在弹簧片和膜片的弹力作用下，衔铁又返回原位，触点闭合，电路重又接通。上述过程反复进行，膜片不断振动，从而发出一定频率的声波，由扬声筒共鸣后发出和谐悦耳的声音。

2. 盆形电喇叭

盆形电喇叭的构造如图 5-2-10 所示，当电路接通时，励磁线圈产生吸力，上铁心被吸下与下铁心撞击，产生较低的基本频率，并激励膜片及膜片连成一体的共鸣板产生共鸣，从而发出比基本频率强得多且分布又比较集中的谐音。

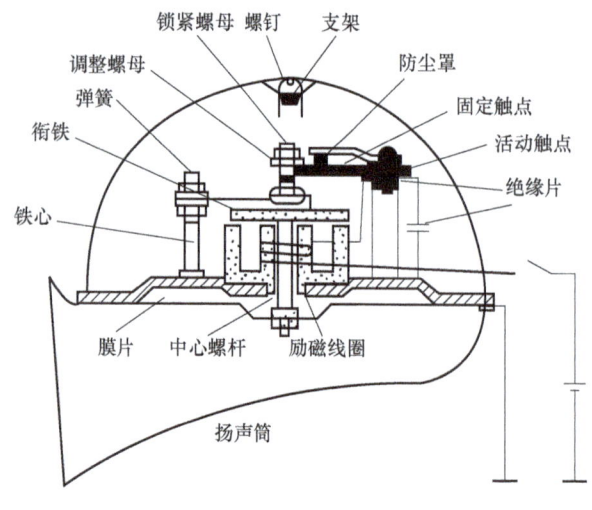

图 5-2-9 螺旋形电喇叭的构造

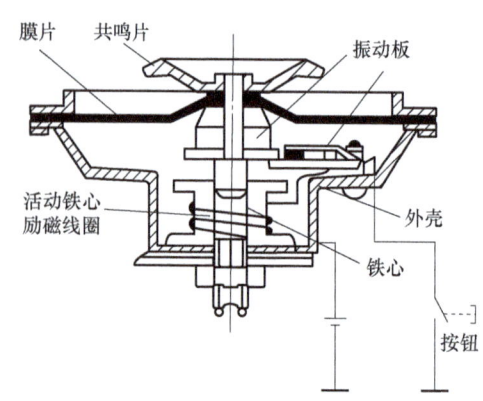

图 5-2-10 盆形电喇叭的构造

六、信号系统常见故障及检修

1. 转向灯常见故障

汽车转向信号大体上有两种：一是闪烁信号；二是持续闪烁。常见故障是转向灯不亮和转向灯不能正常工作。转向灯工作不正常的原因及排除方法见表 5-2-1。

表 5-2-1　转向灯工作不正常的原因及排除方法

故障现象	原因	排除方法
两侧转向灯同时亮	转向开关失效	检查转向开关
两侧转向灯闪烁频率不同	1）两侧灯泡的功率不等 2）有灯泡损坏	检查灯泡型号
转向灯长亮不闪	1）闪光器损坏 2）接线错误	检查闪光器及电路接线
闪的频率过高或过低	1）灯泡功率不当 2）闪光器工作不良，触点间隙过大或过小 3）电源电压过高或过低	1）检查灯泡 2）更换闪光器、调整触点 3）调整电压调节器

2. 制动灯常见故障

制动灯常见故障现象如下：

1）踩下制动踏板，左右制动灯均不亮。
2）踩下制动踏板，左右制动灯只有一只亮。
3）不踩下制动踏板，左右制动灯长亮或时亮时不亮。

故障原因：熔断器烧坏、电路中存在断路或搭铁不良、开关损坏、灯泡损坏。

对应的故障排除方法分别是更换熔断器、检修电路、更换开关和更换相同的灯泡。

3. 喇叭常见故障

（1）有时不响　按喇叭开关，如果喇叭有时响，有时不响，多是喇叭内部的触点接触不好，有些也是喇叭本身的问题。

（2）声音沙哑　声音沙哑多是由于插头接触不良，由于使用频繁，容易使触点出现磨损。

（3）完全不响　首先检查熔丝是否熔断，然后拔下喇叭插头，用万用表测量按喇叭开关处是否有电。如果没电，应检查喇叭线束和喇叭继电器；如果有电，则是喇叭本身的问题，此时可以试着调节喇叭上的调节螺母看是否能发声，如果还是不响，则需要更换喇叭。

电喇叭故障分析：遇到此类问题时，首先确认汽车电源系统工作是否正常，然后进一步检测喇叭电路，如图 5-2-11 所示。

如果喇叭不发声，故障可能部位是电路中的熔丝、喇叭继电器、喇叭按钮处，其中，任何一处出现故障，均可能导致喇叭电路断路，引起喇叭不响。

另外，两侧喇叭不响，还有可能是因为连接电路松动，或两侧喇叭同时坏掉，这种情况发生的概率较低，但也要考虑在内。

归纳起来，喇叭不响的故障原因主要有喇叭按钮故障、熔丝故障、喇叭继电器故障、螺旋电缆故障、连接电路故障、喇叭本身故障。

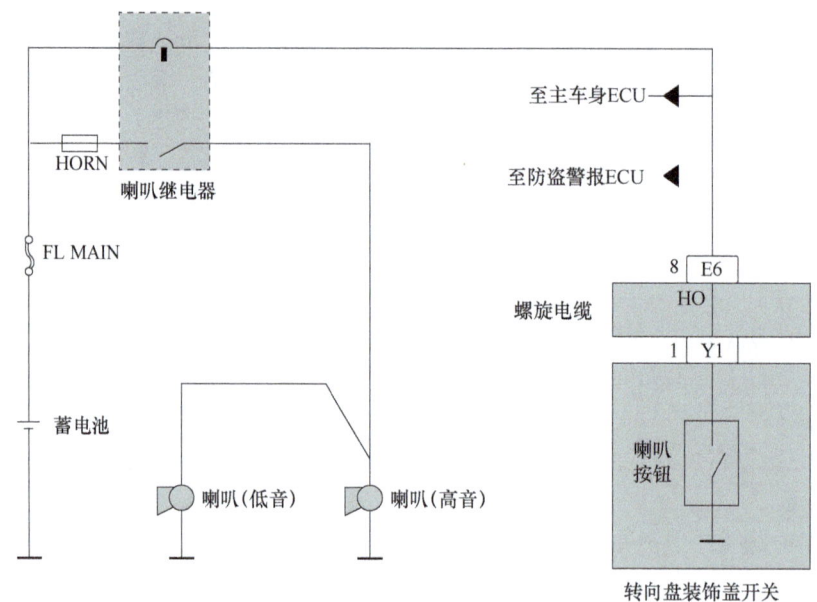

图 5-2-11　2007 款卡罗拉 1.6L/AT 轿车喇叭信号控制电路

制动灯系统的检修

一、作业准备

制动灯系统的检修作业准备如下：
1）卡罗拉轿车、万用表、常用维修工具、维修手册、车轮挡块、室内三件套等。
2）车辆在工位停放周正。
3）铺好车内和车外护套。

二、操作步骤

1. 检查制动灯

1）拆卸制动灯总成。
2）检查制动灯总成。将蓄电池正极引线连接到端子 2，负极引线连接到端子 1。检查并确认制动灯是否亮起。正常情况下制动灯应亮起。如果结果不符合规定，则更换灯总成。
3）安装制动灯总成。

2. 检查制动灯开关总成

1）拆卸制动灯开关总成。
2）检查制动灯开关总成。
① 制动灯开关插接器端子如图 5-2-12a 所示。

② 分别在制动灯开关按下和未按下两种情况下进行检查，如图 5-2-12b 所示。
③ 开关内部电路如图 5-2-12c 所示。

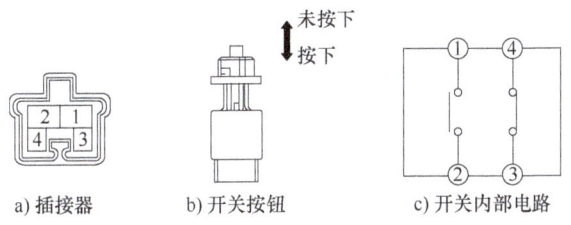

a) 插接器　　b) 开关按钮　　c) 开关内部电路

图 5-2-12　制动灯开关

④ 根据表 5-2-2 中的值测量电阻，如果结果不符合规定，应更换制动灯开关总成。

表 5-2-2　标准电阻

检测仪连接	开关状态	规定状态
1—2	按下	10kΩ
	未按下	<1Ω
3—4	按下	<1Ω
	未按下	10kΩ 或更大

3）检查新的制动灯开关总成。
① 检查新的制动灯开关零件号是否正确、外观是否完好，如图 5-2-13 所示。

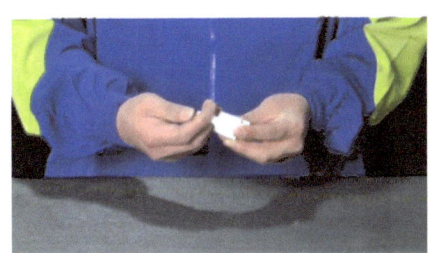

图 5-2-13　检查零件号外观

② 选用万用表，将万用表打在欧姆档，并对其校零，如图 5-2-14 所示。
③ 使用万用表测量制动开关 1 号、2 号端子，并读取测量值，标准值应小于 1Ω，如图 5-2-15 所示。

　　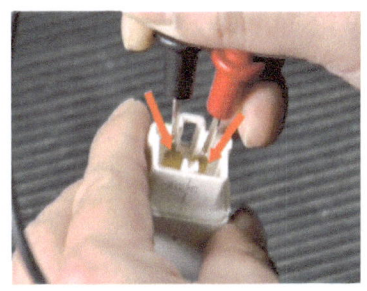

图 5-2-14　万用表校零　　　　图 5-2-15　测量制动开关 1 号、2 号端子间电阻

④ 将制动开关的触头压到底，如图 5-2-16 所示。
⑤ 测量电阻，标准值为 10kΩ 或更大，如图 5-2-17 所示。

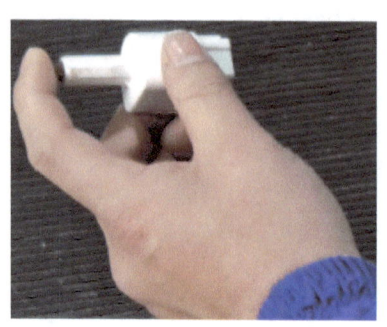
图 5-2-16　按下制动开关触头

图 5-2-17　测量电阻

4）安装制动灯开关总成。

根据实际情况，填写任务工单。

制动灯系统的检修		任务工单		班级： 姓名：	

1. 车辆信息的记录

品牌		整车型号		生产年月	
发动机型号		发动机排量		行驶里程	
车辆识别代号					

2. 汽车制动灯系统的检修

检修的项目	记录	判定	维修措施
制动灯		异常□　正常□	维修□　调整□　更换□
制动灯开关总成		异常□　正常□	维修□　调整□　更换□

3. 汽车制动灯故障诊断与排除

故障现象	
故障范围	
检测流程	
故障点确认	
维修措施	维修□　调整□　更换□

4. 查阅维修手册

序号	部件名称	章节及页码	规格（米制）
1		第　章　页	
2		第　章　页	
3		第　章　页	

任务评价

制动灯系统的检修		实习日期：	
姓名：	班级：	学号：	
自评：□熟练 □不熟练	互评：□熟练 □不熟练	师评：□合格 □不合格	教师签名：
日期：	日期：	日期：	

【评分细则】

序号	评分项	得分条件	分值	评分要求	自评	互评	师评
1	安全/7S/态度	□1. 能进行工位 7S 操作 □2. 能进行设备和工具安全检查 □3. 能进行车辆安全防护操作 □4. 能进行工具清洁、校准、存放操作 □5. 能进行三不落地操作	15	未完成 1 项扣 3 分，扣分不得超过 15 分	□熟练 □不熟练	□熟练 □不熟练	□合格 □不合格
2	专业技能能力	作业 1　制动灯的检查 □1. 能正确地拆卸制动灯总成 □2. 能正确地检查制动灯总成 □3. 能正确地安装制动灯总成 □4. 能正确地拆卸制动灯开关总成 □5. 能正确地检查制动灯开关总成	30	未完成 1 项扣 3 分	□熟练 □不熟练	□熟练 □不熟练	□合格 □不合格
		作业 2　简易故障诊断与排除 □1. 能正确判断故障现象 □2. 能正确判断故障范围 □3. 能规范检测流程 □4. 能正确分析并检测出故障点 □5. 能正确分析故障点并判定维修措施	20	未完成 1 项扣 3 分	□熟练 □不熟练	□熟练 □不熟练	□合格 □不合格
3	工具及设备的使用能力	□1. 能正确地使用维修工具 □2. 能正确地使用万用表	10	未完成 1 项扣 3 分	□熟练 □不熟练	□熟练 □不熟练	□合格 □不合格
4	资料、信息查询能力	□1. 能正确地使用维修手册查询资料 □2. 能正确地记录查询资料的章节及页码 □3. 能正确地记录所需维修信息	10	未完成 1 项扣 3 分	□熟练 □不熟练	□熟练 □不熟练	□合格 □不合格

(续)

序号	评分项	得分条件	分值	评分要求	自评	互评	师评
5	数据判断和分析能力	□能判断仪表警告装置是否正常	10	未完成1项扣3分	□熟练 □不熟练	□熟练 □不熟练	□合格 □不合格
6	表单填写和报告撰写能力	□1. 字迹清晰 □2. 语句通顺 □3. 无错别字 □4. 无涂改 □5. 无抄袭	5	未完成1项扣1分，扣分不得超过5分	□熟练 □不熟练	□熟练 □不熟练	□合格 □不合格

总分：

知识总结

1. 汽车灯光信号主要有转向灯、制动灯、示位灯、驻车灯和警告灯等。
2. 汽车转向灯系统包括闪光器、转向灯开关、转向灯和转向指示灯等。转向灯的闪烁频率由闪光器控制。
3. 常见的闪光器有电容式、翼片式和电子式3类。
4. 倒车灯由倒车灯开关直接控制。
5. 汽车信号系统的常见故障有转向灯故障、制动灯故障、喇叭故障等。

知识巩固

一、判断题

1. 发动机故障指示灯的颜色为红色，机油压力警告灯的颜色为绿色。（   ）
2. 为了使机油压力表指示准确，通常在其电路中安装稳压器。（   ）
3. 电热式冷却液温度传感器在短路后，冷却液温度表将指向高温。（   ）
4. 机油压力传感器在机油压力越高时，所通过的平均电流就越大。（   ）
5. 当发动机冷却液的温度高于80℃时，冷却液温度警告灯亮。（   ）
6. 若负温度系数热敏电阻冷却液温度传感器的电源线直接搭铁，则冷却液温度表指示值最大。（   ）
7. 当充电指示灯亮时，说明蓄电池正在被充电。（   ）
8. 转向灯属于照明用灯具。（   ）
9. 电子仪表中的车速信号一般来自点火脉冲信号。（   ）
10. 汽车信号系统的主要信号设备有示位灯、转向灯、驻车灯、制动灯和警告灯等。（   ）

二、选择题

1. 汽车两侧转向灯的光色为（   ）。
A. 琥珀色　　　　　　B. 红色　　　　　　C. 白色　　　　　　D. 黄色
2. 控制转向灯闪光频率的是（   ）。

A. 闪光继电器　　　B. 电流大小　　　C. 点火开关　　　D. 转向开关

3. 制动灯要求其灯光在夜间能明显指示（　　）。

A. 30m 以外　　　B. 60m 以外　　　C. 100m 以外

4. 电喇叭配用喇叭继电器的目的是（　　）。

A. 喇叭能通过较大的电流

B. 使喇叭的声音更响

C. 提高喇叭触点的开闭频率

D. 保护按钮触点

5. 拔下车钥匙后，（　　）仍能工作。

A. 转向灯　　　B. 示宽灯　　　C. 倒车灯　　　D. 危险警告灯

6. 拨动转向灯开关，左转向灯正常，而右转向灯闪光过快，不可能的故障原因有（　　）。

A. 右转向灯功率小　　　　　　B. 右转向灯功率大

C. 右转向灯线接触不良　　　　D. 闪光继电器损坏

7. 汽车电喇叭，可按外形分为螺旋形、（　　）和盆形。

A. 长形　　　B. 筒形　　　C. 短形　　　D. 球形

项目六
仪表与警告系统检修

> 【项目概述】

通过本项目的学习,掌握机油压力表、冷却液温度表、燃油表、车速里程表、发动机转速表等仪表的作用、基本结构和工作原理,熟悉机油压力警告灯、冷却液温度警告灯、燃油不足警告灯等警告系统的作用、结构和工作原理,掌握仪表系统和警告系统常见故障的分析判断及排除方法。

任务一 仪表系统检修

任务引入

李先生的丰田卡罗拉轿车在接通点火开关时,无论油箱存油多少,燃油表指针始终指向"0"处不动,对于这种故障,请思考应该怎样进行诊断、检查和修理呢?

任务目标

知识目标	技能目标	素养目标
1. 了解仪表系统的作用 2. 掌握仪表系统的组成、主要部件的作用及工作原理	1. 能够掌握汽车仪表电路的检修方法 2. 能够熟练使用各种常见维修工具和检测仪器	1. 能在工作过程中与小组其他成员合作、交流,养成团队合作意识,锻炼沟通能力 2. 养成7S工作习惯 3. 养成服从管理、规范作业的工作习惯

知识链接

汽车仪表用来指示汽车运行及发动机运转的状况,以便驾驶人随时了解各系统的工作情况,保证汽车可靠而安全地行驶。

不同汽车的组合仪表中仪表个数不同,一般仪表板上主要有转速表、燃油表、冷却液温度表、机油压力表、车速里程表等,仪表板上还有许多指示灯、警告灯、仪表照明灯和时钟显示等,双圆盘式仪表板如图6-1-1所示。

1. 发动机转速表

发动机的转速表用来指示发动机的转速,转速表按其结构的不同可分为机械式和电子式,其中,应用较广泛的是电子式,如图6-1-2所示。

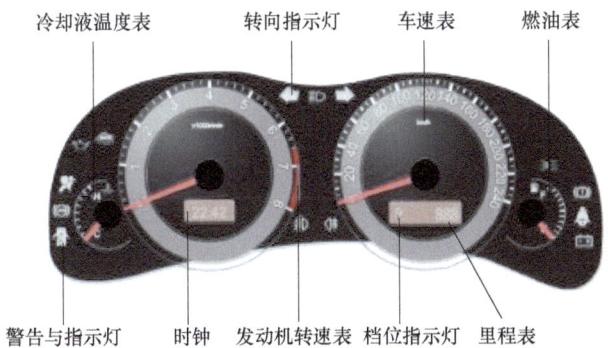

图 6-1-1　双圆盘式仪表板

图 6-1-2　电子式转速表

2. 燃油表

燃油表用来指示油箱内储蓄油量的多少。燃油表系统由装在仪表板上的燃油表和装在燃油箱内的燃油量传感器构成。燃油表有电热式和电磁式两种，目前广泛使用的是电磁式。燃油量传感器采用可变电阻式。燃油表系统如图 6-1-3 所示。

3. 冷却液温度表

冷却液温度表的作用是指示发动机水套中冷却液工作温度的仪表。冷却液温度表系统由冷却液温度表和冷却液温度传感器组成。冷却液温度传感器是将冷却液温度的变化转变为电信号，其主要有双金属片电热式和电磁式。冷却液温度表如图 6-1-4 所示。

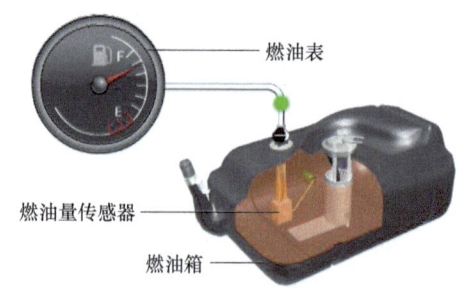

图 6-1-3　燃油表系统

图 6-1-4　冷却液温度表

4. 机油压力表

机油压力表用来检测和显示发动机主油道机油压力的大小，防止因缺机油而造成拉缸和烧瓦等重大故障发生。机油压力表系统由机油压力传感器和机油压力表两部分组成。常用的机油压力表有电热式、电磁式和弹簧管式 3 种，现代汽车大多采用电热式机油压力表。电热式机油压力表的基本结构如图 6-1-5 所示。

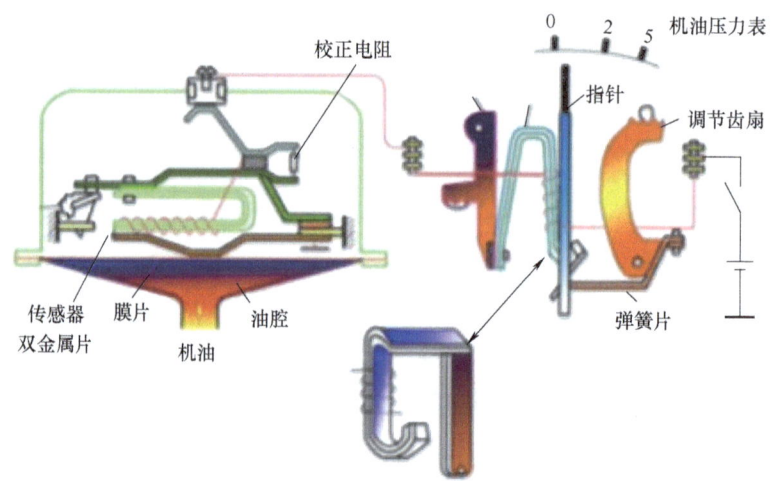

图 6-1-5　电热式机油压力表的基本结构

机油压力较大时，膜片被顶升，弹簧片变形，需流过的电流较大，触点才断开，造成整个电路中触点闭合时间长而断开时间短，电流的有效值较大，双金属片受热弯曲程度增加，带动指示仪表的指针偏转较大,指示高油压。

5. 车速里程表

车速里程表用来指示汽车的行驶速度和汽车累计行驶的里程数,它由车速表和里程表两部分组成。车速里程表按工作原理可分为机械式与电子式两种,其中,电子式目前应用最广泛。

(1) 机械式车速里程表　机械式车速里程表的结构如图 6-1-6 所示,它的主动轴由变速器传动蜗杆经软轴驱动。车速表由与主动轴紧固在一起的永久磁铁、带有轴与指针的铝罩、磁屏和紧固在车速里程表外壳上的刻度盘等组成。不工作时,铝罩在游丝的作用下,使指针位于刻度盘 0 的位置。当汽车行驶时,主动轴带着永久磁铁旋转,磁力线在铝罩上引起涡流,涡流产生的磁场与旋转的永久磁铁磁场相互作用产生转矩,克服游丝的弹力,使铝罩朝永久磁铁转动方向转过一个角度,与游丝的弹力相平衡,指针便在刻度盘上指示相应的车速。车速越高,永久磁铁旋转越快,铝罩上的涡流越强,因而转矩越大,指针指示的车速也越高。

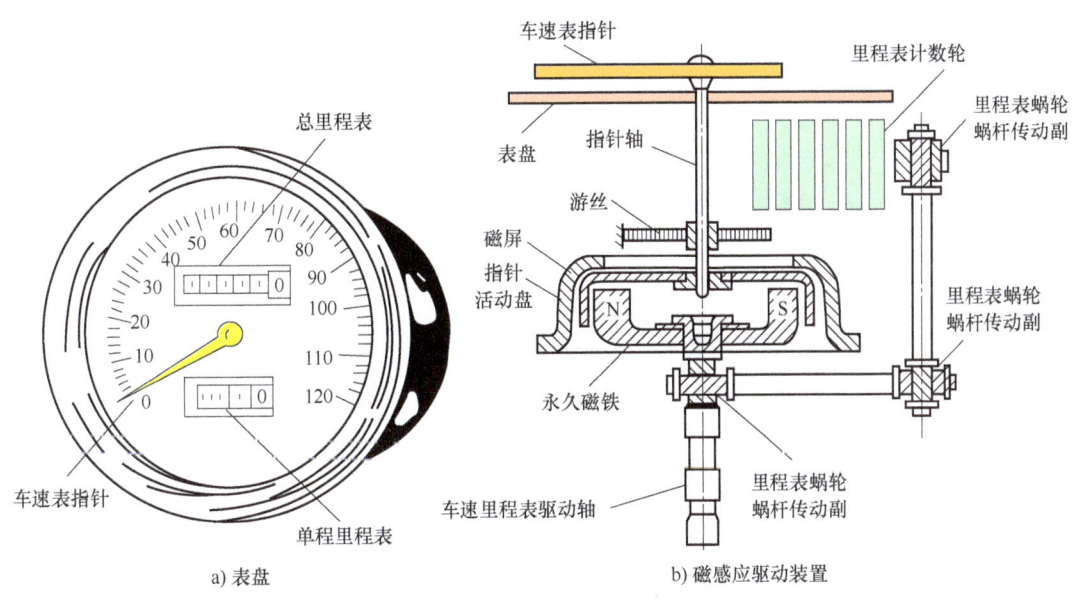

图 6-1-6　机械式车速里程表的结构

里程表主动轴与三套蜗轮蜗杆按一定传动比传动,从而逐级带动数字轮转动,计数器为十进制。右边数字轮每旋转一周,相邻的左边数字轮指示数便自动增加 1,从右往左其单位依次为 1/10km、1km、10km,以此类推,就能累计出汽车所行驶过的里程。

(2) 电子式车速里程表　奥迪 100 型轿车的组合仪表中装有指针式电子车速里程表。电子车速里程表电路主要由车速传感器、电子电路、车速表和里程表等部分组成,如图 6-1-7 所示。

6. 数字组合仪表

数字组合仪表是由各种传感器、控制单元和显示器等部分组成的。显示器一般由发光二极管、液晶显示器和真空荧光管组成,图 6-1-8 所示为迈腾轿车的数字组合仪表。

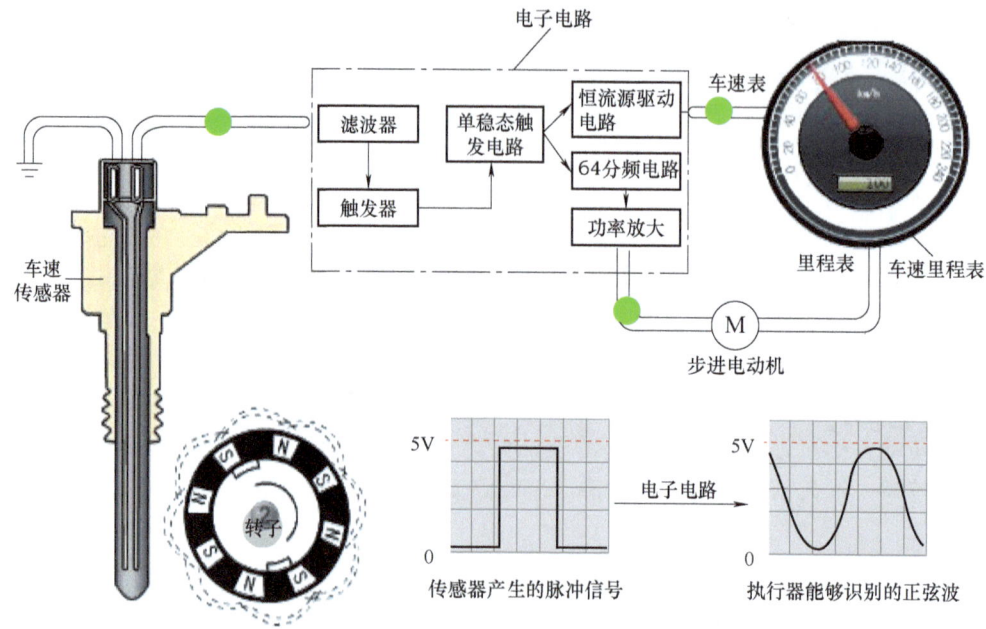

图 6-1-7 电子式车速里程表

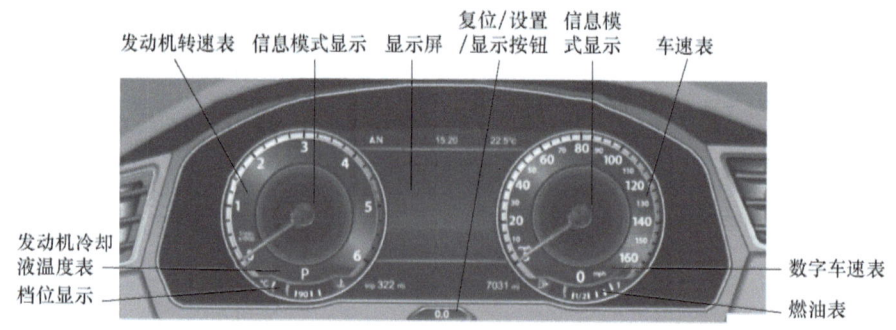

图 6-1-8 迈腾轿车的数字组合仪表

仪表系统的检修

一、作业准备

仪表系统的检修作业准备如下：
1）丰田卡罗拉整车或电气实训台架、万用表、试灯、常用维修工具和维修手册等。
2）车辆在工位停放周正。
3）铺好车内和车外护套。

二、操作步骤

在进行汽车仪表故障诊断和维修之前，首先运转发动机或路试车辆一段距离，检查汽车仪表板内的指示表和警告灯是单个指示表不正常还是多个指示表同时指示不正常，若存在多个指示表或警告灯不正常，通常应先检查仪表板的易熔丝是否正常，供电电源是否正常，当确认上述部分正常后，可按照下列方式进行检修。

1. 发动机转速表的检修

（1）故障现象　发动机转速表始终指示在 0。

（2）故障原因

1）转速表本身故障。

2）转速传感器损坏。

3）转速表相关连接电路断路或短路。

4）发动机 ECU 故障。

（3）故障检修

1）转速传感器是电控发动机上非常重要的传感器，该传感器若损坏，一般发动机不能起动；因此，转速传感器损坏，影响的不仅是转速表。

2）拆卸仪表板，不拔下仪表板的连接线。

3）从仪表板插接器的众多线束中找到转速表的信号线（连接到发动机 ECU 的线束）。

4）将试灯一端接到转速信号线的端子上，将点火开关置于 ON 位置，另一端快速连续搭铁和不搭铁，观察转速表指针是否摆动，若指针不动，说明转速表损坏，需更换转速表或组合仪表总成；若指针摆动，说明转速表到发动机 ECU 电路断路或短路。

5）用万用表测量仪表端与发动机 ECU 连接电路的阻值，应能导通；若阻值∞，说明连接电路断路；若正常，进入下一步测量。

6）用万用表测量仪表端到发动机 ECU 端连接电路与搭铁的阻值，应为∞，否则说明连接电路短路。

2. 燃油表的检修

（1）故障现象　油箱内无论有多少燃油，指针总指示无油。

（2）故障原因

1）燃油表本身故障。

2）燃油量传感器损坏。

3）燃油表相关连接电路断路。

（3）故障检修

1）拆下驾驶室内的后排坐垫，找到位于坐垫下方的燃油泵和燃油量传感器插接器，并拔下插接器，如图 6-1-9 所示。

2）在燃油泵和燃油量传感器插接器的 4 个端子中找到通往燃油表的端子（燃油泵的 2 个端子一般较粗，燃油量传感器的端子一般较细）。

3）用一个试灯（2~5W）一端连接通往燃油表的端子，试灯另一端搭铁，如图 6-1-10 所示，然后将点火开关置于 ON 位置，观察燃油表指针是否摆动。若指针摆动，则说明燃油量传感器损坏，需更换；若指针不动，进行下一步诊断。

4）拆卸仪表板，不拔下仪表板的连接线。

5）从仪表板插接器的众多线束中找到连接到燃油量传感器的线束。

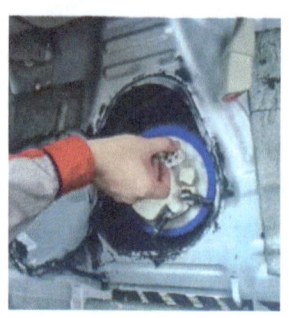　　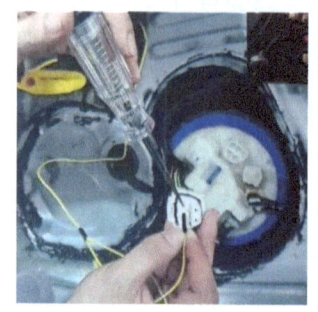

图 6-1-9　拔下插接器　　　　　　　　图 6-1-10　检测燃油表端子

6）将试灯一端搭铁，另一端接在燃油量传感器电路的端子上，将点火开关置于 ON 位置，观察燃油表指针是否摆动，若指针不动，说明燃油表损坏，需更换燃油表或组合仪表总成；若指针摆动，说明燃油表到传感器电路断路。

3. 冷却液温度表的检修

（1）故障现象　冷却液温度表指针一直固定在某个位置不动。

（2）故障原因

1）冷却液温度传感器损坏。

2）冷却液温度表本身故障。

3）冷却液温度表相关连接电路断路。

（3）故障检修

1）找到位于发动机气缸盖上的冷却液温度传感器，并拔下插接器。

2）用一个试灯（2~5W）一端连接冷却液温度传感器插接器的端子（单线传感器），试灯另一端搭铁，然后将点火开关置于 ON 位置，观察冷却液温度表指针是否摆动，若指针摆动，则说明冷却液温度传感器损坏，需更换；若指针不动，进行下一步诊断。

3）拆卸仪表板，不拔下仪表板的连接线。

4）从仪表板插接器的众多线束中找到连接到冷却液温度传感器的线束。

5）将试灯一端搭铁，另一端接在冷却液温度传感器电路的端子上，将点火开关置于 ON 位置，观察冷却液温度表指针是否摆动，若指针不动，说明冷却液温度表损坏，需更换冷却液温度表或组合仪表总成；若指针摆动，说明冷却液温度表到传感器电路断路。

4. 机油警告装置的检修

（1）故障现象　汽车在运行过程中，机油压力警告灯长亮。

（2）故障原因

1）机油压力开关损坏。

2）机油压力警告灯相关连接电路短路。

3）机油路油压过低。

（3）故障检修

1）拔下机油尺，检查机油量是否正常。

2）找到位于气缸体主油道上的机油压力开关，然后拔下插接器，如图 6-1-11 所示。

3）将点火开关置于 ON 位置，检查机油压力警告灯是否还亮，如果继续点亮，说明仪

图 6-1-11　拔下插接器

表板到机油压力开关的连接电路短路；如果不亮，进入下一步检查。

4）拆下机油压力开关，连接机油压力表，然后再起动发动机，此时检查机油压力在怠速时应大于 1.05MPa，否则说明发动机润滑系统存在压力过低的故障；若测试压力正常，则说明机油压力开关损坏，需更换。

根据实际情况，填写任务工单。

仪表系统的检修		任务工单		班级：	
				姓名：	
1. 车辆信息的记录					
品牌		整车型号		生产年月	
发动机型号		发动机排量		行驶里程	
车辆识别代号					
2. 汽车仪表的检修					
检修的项目		记录	判定	维修措施	
冷却液温度表			异常□　正常□	维修□　调整□　更换□	
燃油表			异常□　正常□	维修□　调整□　更换□	
车速里程表			异常□　正常□	维修□　调整□　更换□	
发动机转速表			异常□　正常□	维修□　调整□　更换□	
3. 汽车仪表故障诊断与排除					
故障现象					
故障范围					
检测流程					
故障点确认					
维修措施			维修□　调整□　更换□		

（续）

4. 查阅维修手册

序号	部件名称	章节及页码	规格（米制）
1		第　　章　　页	
2		第　　章　　页	
3		第　　章　　页	

任务评价

仪表系统的检修		实习日期：	
姓名：	班级：	学号：	教师签名：
自评：☐熟练　☐不熟练	互评：☐熟练　☐不熟练	师评：☐合格　☐不合格	
日期：	日期：	日期：	

【评分细则】

序号	评分项	得分条件	分值	评分要求	自评	互评	师评
1	安全/7S/态度	☐1. 能进行工位7S操作 ☐2. 能进行设备和工具安全检查 ☐3. 能进行车辆安全防护操作 ☐4. 能进行工具清洁、校准、存放操作 ☐5. 能进行三不落地操作	15	未完成1项扣3分，扣分不得超过15分	☐熟练 ☐不熟练	☐熟练 ☐不熟练	☐合格 ☐不合格
2	专业技能能力	作业1　仪表检查 ☐1. 能正确地检查燃油表是否正常 ☐2. 能正确地检查冷却液温度表是否正常 ☐3. 能正确地检查发动机转速表是否正常 ☐4. 能正确地检查车速里程表是否正常 作业2　简易故障诊断与排除 ☐1. 能正确判断故障现象 ☐2. 能正确判断故障范围 ☐3. 能规范检测流程 ☐4. 能正确分析并检测出故障点 ☐5. 能正确分析故障点并判定维修措施	50	未完成1项扣3分	☐熟练 ☐不熟练	☐熟练 ☐不熟练	☐合格 ☐不合格

（续）

序号	评分项	得分条件	分值	评分要求	自评	互评	师评
3	工具及设备的使用能力	□1. 能正确地使用维修工具 □2. 能正确地使用万用表	10	未完成1项扣3分	□熟练 □不熟练	□熟练 □不熟练	□合格 □不合格
4	资料、信息查询能力	□1. 能正确地使用维修手册查询资料 □2. 能正确地记录查询资料的章节及页码 □3. 能正确地记录所需维修信息	10	未完成1项扣3分	□熟练 □不熟练	□熟练 □不熟练	□合格 □不合格
5	数据判断和分析能力	□能判断汽车仪表是否正常	10	未完成1项扣3分	□熟练 □不熟练	□熟练 □不熟练	□合格 □不合格
6	表单填写和报告撰写能力	□1. 字迹清晰 □2. 语句通顺 □3. 无错别字 □4. 无涂改 □5. 无抄袭	5	未完成1项扣1分，扣分不得超过5分	□熟练 □不熟练	□熟练 □不熟练	□合格 □不合格

总分：

知识总结

1. 汽车仪表用来了解观测汽车各系统的工作状况，常用的有机油压力表、燃油表、冷却液温度表、转速表和车速里程表等。

2. 数字组合仪表具有许多优点，在汽车上的应用越来越广泛，其显示器主要由发光二极管、液晶显示器和真空荧光管等组成。

知识巩固

一、判断题

1. 为了使机油压力表指示准确，通常在其电路中安装稳压器。（   ）
2. 电热式冷却液温度传感器在短路后，冷却液温度表将指向高温。（   ）
3. 机油压力传感器在机油压力越高时，所通过的平均电流就越大。（   ）
4. 电子仪表中的车速信号一般来自点火脉冲信号。（   ）
5. 电子仪表中燃油传感器的参考电压为12V。（   ）
6. 电热式冷却液温度表的传感器是正温度系数的热敏电阻。（   ）
7. 燃油表有双金属电热式和电磁式两种。（   ）
8. 车速里程表的信号取自发动机点火线圈。（   ）
9. 燃油表传感器的电阻为"0"时，燃油表指示为"1"。（   ）

二、选择题

1. 对于桑塔纳轿车，在行驶过程中，当冷却液温度警告灯亮而冷却液温度表指示正常时, 可能的故障是（　　）。
　　A. 冷却液温度过高　　　　　　　　　　B. 冷却液温度传感器损坏
　　C. 冷却液温度警告灯电路损坏　　　　　D. 冷却液不足
2. 对于仪表来说，下列说法（　　）是正确的。
　　A. 大多数车都有发动机转速表　　　　　B. 大多数车都有电流表
　　C. 大多数车都有机油压力表　　　　　　D. 大多数车都有车速表
3. 对于普通仪表，当只有燃油表不工作时，下列说法（　　）是错误的。
　　A. 可能是燃油表有故障　　　　　　　　B. 可能是燃油表传感器有故障
　　C. 可能是燃油表及传感器的电路有故障　D. 可能是仪表稳压器有故障
4. 电热式仪表有（　　）个接线端子。
　　A. 1　　　　　B. 2　　　　　C. 3　　　　　D. 4
5. 燃油量传感器装在（　　）。
　　A. 仪表板处　　B. 油箱处　　　C. 散热器处　　D. 气缸盖处
6. 一般车速传感器是由（　　）带动的。
　　A. 曲轴　　　　B. 凸轮轴　　　C. 变速器输出轴　D. 传动轴
7. 磁感应式车速里程表的里程表由（　　）和数字轮组成。
　　A. 齿轮齿条　　B. 蜗杆滚轮　　C. 蜗杆蜗轮　　D. 齿条与齿扇
8. 电子式车速里程表中的车速传感器会产生脉冲信号，用来确定转速的是脉冲信号的（　　）。
　　A. 频率　　　　B. 次数　　　　C. 高电平的持续时间

任务二　警告系统检修

王先生的丰田卡罗拉汽车在行车途中发现机油压力警告灯亮起，立刻将车挪到不妨碍交通的位置，并求助于 4S 店工作人员，经检查，发现机油液位正常。请同学们思考一下，这种故障现象产生的原因是什么呢？

知识目标	技能目标	素养目标
1. 了解警告系统的作用 2. 掌握警告系统的组成、主要部件的作用及工作原理	1. 能够掌握汽车警告电路的检修方法 2. 能够熟练使用各种常见维修工具和检测仪器	1. 能在工作过程中与小组其他成员合作、交流，养成团队合作意识，锻炼沟通能力 2. 养成 7S 工作习惯 3. 养成规范作业的工作习惯

一、警告系统的组成

为了警示汽车、发动机或某一系统处于不良或特殊状态，引起驾驶人的注意，保证车辆可靠工作和安全行驶，汽车上安装了多种警告装置。警告装置由警告灯和警告开关组成，当被监测的系统或总成工作不正常时，警告开关自动接通，使警告灯发亮。常见的警告灯有机油压力警告灯、冷却液温度警告灯、燃油量警告灯、制动液不足警告灯和制动灯电路故障警告灯等。

警告灯通常安装在仪表板上，功率为1~4W，在灯泡前设有滤光片，使警告灯发出黄光或红光，滤光片上设以图形符号。常见的警告灯、指示灯图形符号、颜色及含义见表6-2-1。

表6-2-1 常见的警告灯、指示灯图形符号、颜色及含义

序号	符号	颜色	名称	警告含义
1		红色	蓄电池/充电系统	蓄电池电压过低
2		红色	冷却液	冷却液不足或过热
3		红色	安全带未系	驾驶人安全带未系时点亮；副驾驶人侧坐人或有重物，安全带未系时警告
4		红色	安全气囊	安全气囊故障，关闭安全气囊和安全带拉紧器
5		红色	制动系统	指示灯持续点亮，或在行驶过程中点亮，表示制动系统故障
6		黄色	发动机检查	发动机故障
7		红色	动态的油压警告	油压过低，检查油压
8		黄色	油位	检查油位或检查油位传感器
9		红色	车身防盗	车身防盗开启后显示
10		红色	门开警告	驾驶人侧门/乘客门未关
11		黄色	ABS	制动防抱死系统故障
12		黄色	燃油存量	请加燃油

(续)

序号	符号	颜色	名称	警告含义
13		黄色	轮胎压力监控	轮胎气压过低/过高
14		黄色	风窗清洗液	风窗清洗液不足
15		绿色	左/右转向信号装置	车辆转向,伴有声音信号
16		蓝色	远光灯	远光灯打开
17		绿色	前雾灯	前雾灯打开
18		黄色	后雾灯	后雾灯打开
19		黄色	ESP/ASR	ESP/ASR 有故障
20		黄色	电子转向装置/电动助力控制	转向锁止装置损坏

二、警告灯的结构原理

1. 机油压力警告灯

(1) 弹簧管式机油压力警告灯　机油压力警告灯电路是由安装在发动机主油道的弹簧管式机油压力警告开关和安装在仪表板上的红色警告灯组成的,如图 6-2-1 所示。

发动机正常工作,当机油压力低于标准值时,管形弹簧向内弯曲,触点闭合,机油压力警告灯亮,以示警告;当机油压力正常时,管形弹簧产生的弹性变形增大,使触点分开,机油压力警告灯熄灭,以示机油压力正常。

(2) 膜片式机油压力警告灯　膜片式机油压力警告灯的原理如图 6-2-2 所示,当机油压力正常时,机油压力推动膜片向上弯曲,推杆将触点开关打开,机油压力警告灯熄灭;当机油压力低于标准值时,膜片在弹簧压力的作用下向下移动,从而使触点开关闭合,机油压力警告灯亮,警告驾驶人机油压力不足。

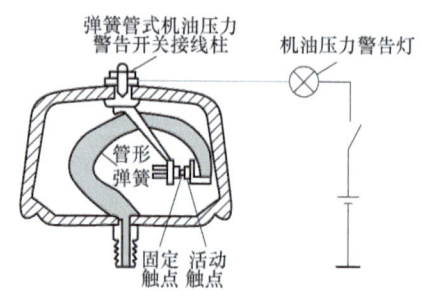

图 6-2-1　弹簧管式机油压力警告灯电路图

2. 冷却液温度警告灯

冷却液温度警告灯的作用是当冷却液温度升高至一定限度时,警告灯自动点亮,以示警告。其电路如图6-2-3所示。在传感器的密封套管内装有条形双金属片，其自由端焊有动触点，而静触点直接搭铁。当温度升高至95~98℃时，由于双金属片膨胀系数的不同，向静触点方向弯曲，一旦两触点接触，便接通警告灯电路，红色警告灯点亮。

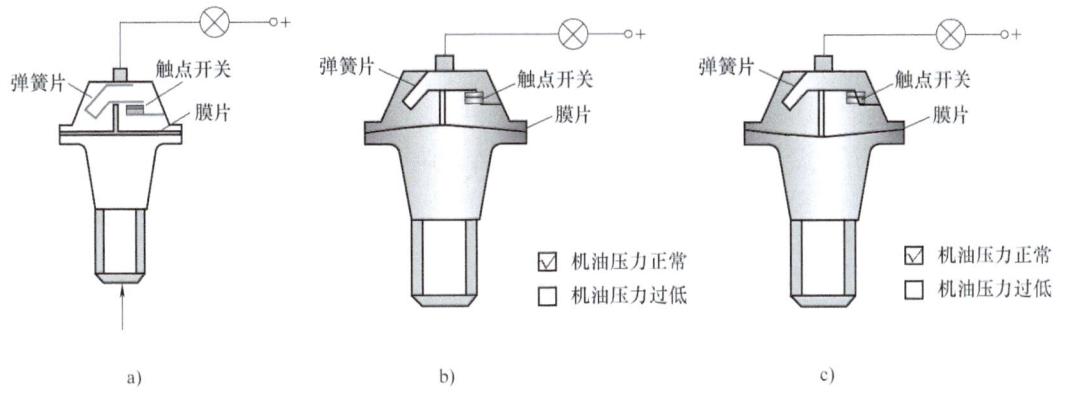

图 6-2-2　膜片式机油压力警告灯的原理

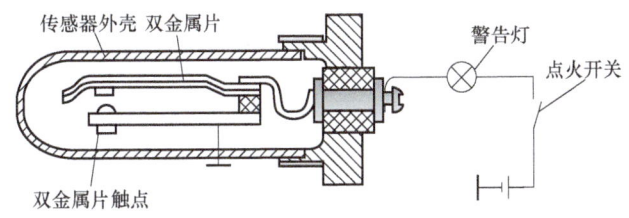

图 6-2-3　冷却液温度警告灯电路

3. 燃油量警告灯

当油箱内燃油减少到规定值以下时，仪表板上的燃油量警告灯点亮，提醒驾驶人注意。图6-2-4所示为其控制电路，其警告灯开关为热敏电阻式，装在油箱内。当油箱内燃油量多时，负温度系数的热敏电阻浸在燃油中，散热快，温度低，电阻值大，因此电路中几乎没有电流，燃油量警告灯暗；当燃油减少到规定值以下时，热敏电阻元件露出油面，此时，热敏电阻温度升高，电阻值减小，电路中电流增大，燃油量警告灯亮，提醒驾驶人注意加油。

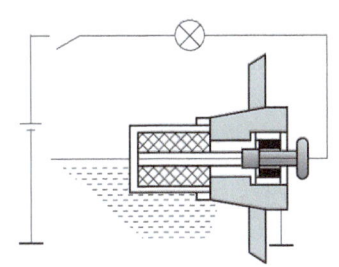

图 6-2-4　燃油量警告灯控制电路

4. 制动液不足警告灯

制动液不足警告灯的作用是当制动液液面过低时，发出警告信号，以提醒驾驶人注意。制动液不足警告装置由警告灯开关和制动液不足警告灯组成。警告灯开关安装在制动总泵的制动液罐内。此警告灯开关适用于冷却液、风窗玻璃清洗液等液面过低警告灯的控制电路，它们的区别仅在于警告灯开关的安装位置不同。

制动液不足警告灯电路如图6-2-5所示。当制动液充足时，浮子的位置较高，此时永久磁铁高于舌簧开关的位置，舌簧开关处于断开状态，制动液不足警告灯不亮；当浮子随着制动液液面下降到规定值时,永久磁铁便接近舌簧开关,使舌簧开关触点闭合,制动液不足警告灯电路导通,制动液不足警告灯亮。

5. 制动灯电路故障警告灯

由于制动灯对于行车安全极为重要,而驾驶人在开车过程中,又很难发现制动灯有故障,所以在一些车辆中,设置了制动灯电路故障警告灯。其电路如图 6-2-6 所示。在正常情况下,踩下制动踏板,制动灯开关接通,电流经左、右两电磁线圈到制动灯。此时两线圈所产生的磁场相互抵消,舌簧开关的触点继续处于常开状态,制动灯电路故障警告灯不亮;当左、右两个制动灯有一个灯泡坏了,或者电路有断路的情况,则有故障一侧的电磁线圈将不产生磁场,而另一侧的电磁线圈产生磁场,舌簧开关中的触点将闭合,制动灯电路故障警告灯亮,提醒驾驶人制动灯电路有故障。

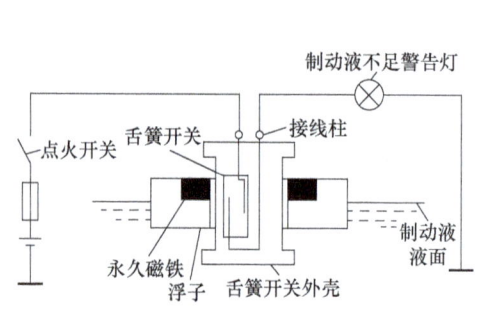

图 6-2-5 制动液不足警告灯电路

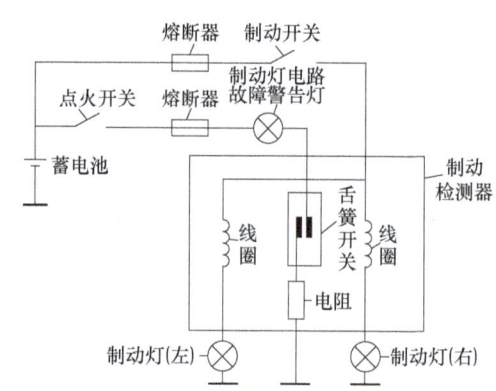

图 6-2-6 制动灯电路故障警告灯电路

警告系统的检修

一、作业准备

警告系统的作业准备如下:

丰田卡罗拉轿车一辆、万用表、常用维修工具,车辆防护用的车辆挡块、地板垫、座椅套、转向盘套等。

二、操作步骤

1. 车辆防护

1)安装车辆挡块。

2)安装尾气收集管。

3)打开车门,安装地板垫、座椅套、转向盘套。

4)进入车内,将点火开关旋至"ON"位置,打开主驾驶人侧电动车窗。

5)确认灯光、音响、空调等用电设备处于关闭状态,将点火开关旋至"OFF"档。

6)确认变速杆置于 P 位,拉紧驻车制动器手柄。

7）拉动发动机舱盖释放杆，关闭车门。

8）打开发动机舱盖，安装护裙。

2. 仪表系统故障诊断

1）打开点火开关，检查仪表板灯光及指示灯显示情况。

2）打开灯光开关，检查仪表板上警告灯的工作情况。

3）仪表板上警告灯若全部不工作，检查仪表板熔丝；若部分不工作，应优先检查与其相关的系统有无故障。

4）根据故障现象，确认故障的具体部位。

3. 仪表系统的拆卸

1）关闭点火开关，关闭所有用电设备，断开蓄电池负极。

2）拆下仪表板紧固螺钉盖罩，如图 6-2-7 所示。

3）拆下仪表板两侧的 2 个紧固螺钉，如图 6-2-8 所示。

图 6-2-7 拆下仪表板紧固螺钉盖罩

图 6-2-8 拆下仪表板两侧的 2 个紧固螺钉

4）取出仪表板总成（图 6-2-9），从仪表板后部将仪表板连接线插接器拆下（图 6-2-10）。

图 6-2-9 取出仪表板总成

图 6-2-10 拆下仪表板连接线插接器

4. 仪表板组件的更换

1）用螺钉旋具拆下仪表板总成紧固螺钉。

2）拆下仪表板总成上下外壳卡箍。

3）分解仪表板总成。

4）检查具体的损坏部件，予以更换。

5）现在仪表板电路多为 LED 灯泡，在更换时多为更换整个总成。如果需要更换单独的 LED 灯泡，需使用专用工具操作，若没有相关指导，请勿拆卸更换。

5. 仪表系统的组装

1）组装仪表板总成。

2）将车上仪表板总成插接器安装于仪表板总成上。

3）扣死仪表板插接器卡箍，检测插接器是否插接牢固。

4）安装仪表板护罩。

6. 试车

1）打开点火开关，观察仪表板指示灯是否点亮。

2）打开灯光组合开关，观察仪表板有无灯光指示灯显示。打开转向灯开关，观察仪表板上有无转向灯指示信号显示。

3）打开其他相关警告灯开关或触发相关警告灯信号开关，如驻车制动警告灯、安全带警告灯，观察警告灯是否点亮。

4）起动发动机，触发其他警告灯点亮信号，观察其他警告灯是否点亮。

7. 检查验收

1）取下座椅套、转向盘套、地板垫。

2）卸下尾气收集管。

3）取下车辆挡块。

4）整理工具材料。

5）清点工具、设备和防护用品，整理擦拭工具和设备。

根据实际情况，填写任务工单。

警告系统的检修		任务工单		班级：	
				姓名：	
1. 车辆信息的记录					
品牌		整车型号		生产年月	
发动机型号		发动机排量		行驶里程	
车辆识别代号					
2. 警告灯的检修					
检修的项目		记录	判定		维修措施
			异常□ 正常□		维修□ 调整□ 更换□
3. 汽车仪表板警告灯故障诊断与排除					
故障现象					
故障范围					
检测流程					
故障点确认					
维修措施			维修□ 调整□ 更换□		
4. 查阅维修手册					
序号	部件名称		章节及页码		规格（米制）
1			第 章 页		
2			第 章 页		
3			第 章 页		

警告系统的检修		实习日期：		
姓名：	班级：	学号：		教师签名：
自评：□熟练 □不熟练	互评：□熟练 □不熟练	师评：□合格 □不合格		
日期：	日期：	日期：		

【评分细则】

序号	评分项	得分条件	分值	评分要求	自评	互评	师评
1	安全/7S/态度	□1. 能进行工位 7S 操作 □2. 能进行设备和工具安全检查 □3. 能进行车辆安全防护操作 □4. 能进行工具清洁、校准、存放操作 □5. 能进行三不落地操作	15	未完成 1 项扣 3 分，扣分不得超过 15 分	□熟练 □不熟练	□熟练 □不熟练	□合格 □不合格
2	专业技能能力	作业 1　仪表板警告灯检查 □1. 能正确地检查冷却液温度警告灯是否正常 □2. 能正确地检查机油压力警告灯是否正常 □3. 能正确地检查燃油量警告灯是否正常 □4. 能正确地检查制动液不足警告灯是否正常 □5. 能正确地检查制动灯电路故障警告灯是否正常 作业 2　简易故障诊断与排除 □1. 能正确判断故障现象 □2. 能正确判断故障范围 □3. 能规范检测流程 □4. 能正确分析并检测出故障点 □5. 能正确分析故障点并判定维修措施 作业 3　完成仪表板的拆卸与组装 □1. 能正确拆卸仪表板组件 □2. 能正确更换仪表板组件 □3. 能正确完成仪表系统的组装	50	未完成 1 项扣 3 分	□熟练 □不熟练	□熟练 □不熟练	□合格 □不合格
3	工具及设备的使用能力	□1. 能正确地使用维修工具 □2. 能正确地使用万用表	10	未完成 1 项扣 3 分	□熟练 □不熟练	□熟练 □不熟练	□合格 □不合格

（续）

序号	评分项	得分条件	分值	评分要求	自评	互评	师评
4	资料、信息查询能力	□1. 能正确地使用维修手册查询资料 □2. 能正确地记录查询资料的章节及页码 □3. 能正确地记录所需维修信息	10	未完成1项扣3分	□熟练 □不熟练	□熟练 □不熟练	□合格 □不合格
5	数据判断和分析能力	□能判断仪表板警告灯是否正常	10	未完成1项扣3分	□熟练 □不熟练	□熟练 □不熟练	□合格 □不合格
6	表单填写和报告撰写能力	□1. 字迹清晰 □2. 语句通顺 □3. 无错别字 □4. 无涂改 □5. 无抄袭	5	未完成1项扣1分，扣分不得超过5分	□熟练 □不熟练	□熟练 □不熟练	□合格 □不合格

总分：

知识总结

汽车警告装置主要用来保证行车安全，常用的警告灯有机油压力警告装置、冷却液温度警告装置、燃油量警告装置、制动液不足警告灯、制动灯电路故障警告装置等。警告灯电路是由警告灯开关（传感器）和警告灯等组成的。

知识巩固

一、判断题

1. 当充电指示灯亮时，说明蓄电池正在充电。（　　）
2. 机油压力传感器在机油压力越高时，所通过的平均电流就越大。（　　）
3. 在汽车润滑系统中，除了装备有机油压力表外，还装备有机油压力警告灯。（　　）

二、选择题

1. 燃油量警告开关采用的是（　　）。

   A. 膜片式　　　　B. 触点式　　　　C. 热敏电阻式　　　D. 舌簧开关式

2. 汽车仪表与警告系统受（　　）开关控制。

   A. 点火　　　　　B. 危险　　　　　C. 起动　　　　　　D. 空调

3. 在一个正常的冷却液温度警告系统中，冷却液温度传感器和冷却液温度警告灯是（　　）联的，如果拔下冷却液温度传感器的导线并搭铁，则冷却液温度警告灯（　　）。

   A. 并　不亮　　　B. 并　亮　　　　C. 串　不亮　　　　D. 串　亮

4. 发动机运转时机油压力警告灯总是点亮，但经检测机油压力符合规定。技师甲说："可能是警告开关存在短路引起的"；技师乙说："可能是由于警告灯与警告开关之间的电路发生搭铁引起的",上述说法（　　）。

A. 甲正确　　　　B. 乙正确　　　　C. 两人都正确　　　D. 两人均不正确

5. 燃油量警告灯所使用的电阻，在油面降低时，露出油面因而失去燃油的冷却，而发热，其电阻阻值减小致使电流增大，是反方向变化的器件，所以其为（　　）。

A. 正温度系数热敏电阻　　　　　　B. 普通电阻

C. 负温度系数热敏电阻

6. 下列关于警告灯说法正确的是（　　）。

A. 接通点火开关，安全带未系时，安全带指示灯点亮

B. 驻车制动松开时，驻车制动指示灯点亮

C. 充电指示灯亮为蓄电池处于充电状态

D. 当点火开关置于 ON 位置时，仪表板上的警告灯熄灭

项目七
辅助电气设备检修

> 🡆 【项目概述】
>
> 通过本项目的学习,掌握电动刮水器及风窗清洁装置的作用、组成及工作原理,掌握中央门锁控制系统的构造与检修,掌握电动后视镜、电动座椅的构造与检修,掌握电动车窗的作用、组成及控制电路分析,掌握安全气囊的作用、组成及工作原理,熟悉安全气囊系统的维修注意事项,掌握安全气囊系统的故障码读取和清除。

 任务一　风窗清洁装置检修

任务引入

一辆迈腾 B8 轿车车主反映：前风窗电动刮水器不工作。需要你对电动刮水器电路进行检测，确定故障部位并进行修理。

任务目标

知识目标	技能目标	素养目标
1. 了解风窗清洁装置的组成和功用 2. 了解风窗清洁装置的工作原理 3. 掌握风窗清洁装置的使用及系统控制原理 4. 掌握迈腾 B8 车型风窗清洁装置的系统组成及工作过程	1. 能正确识读迈腾 B8 车型风窗清洁装置电路 2. 能完成迈腾 B8 车型前风窗刮水系统功能失效故障排除工作	1. 能在工作过程中与小组其他成员合作、交流，养成团队合作意识，锻炼沟通能力 2. 养成 7S 工作习惯 3. 养成服从管理、规范作业的工作习惯

知识链接

一、刮水器

1. 刮水器的作用

风窗刮水器的作用是用来清除风窗玻璃上的雨水、雪或尘土，以保证驾驶人的良好视野。

2. 刮水器的组成

刮水器在车上的位置如图 7-1-1 所示。

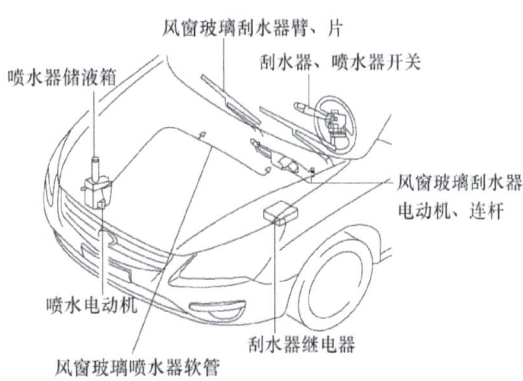

图 7-1-1　刮水器在车上的位置

汽车的电动刮水器一般由直流电动机、蜗轮箱、曲柄、连杆、摆杆、摆臂和刮水器片等组成。电动机一般和蜗轮箱结合成一体，组成刮水器电动机总成。曲柄、连杆和摆杆等杆件

121

可以把蜗轮的旋转运动转变为摆臂的往复摆动,使摆臂上的刮水器片实现刮水动作。电动刮水器的结构如图 7-1-2 所示。

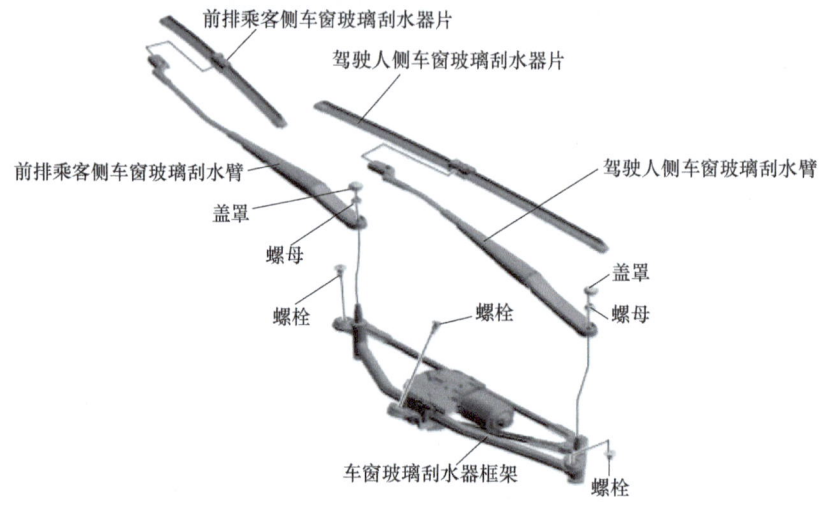

图 7-1-2 电动刮水器的结构

3. 刮水器电动机

刮水器电动机一般有绕线式和永磁式两种。绕线式刮水器电动机的磁极绕有励磁绕组,通电流时产生磁场,而永磁式刮水器电动机的磁极用永久磁铁制成。

永磁式电动机的结构如图 7-1-3 所示,其主要由永久磁铁、电枢、电刷、蜗轮、蜗杆等组成,通电时电枢转动,经蜗轮和输出齿轮及输出轴后,把动力传给输出臂。

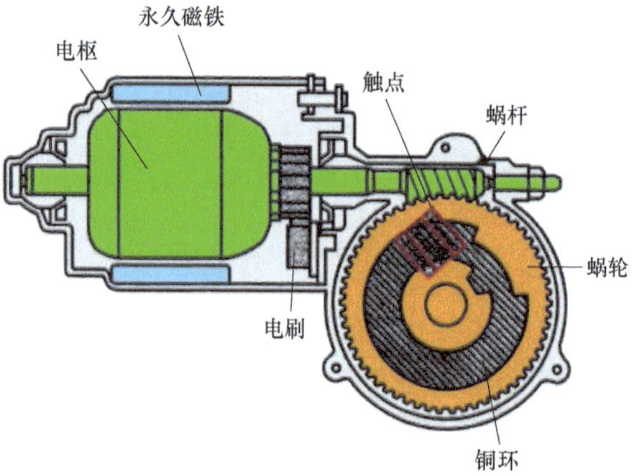

图 7-1-3 永磁式电动机的结构

二、风窗清洁装置电路

风窗清洁装置电路如图 7-1-4 所示,它由车载网络控制单元 J519、刮水器电动机控制单元 J400、前照灯清洁装置泵 V11、车窗玻璃洗涤泵 V5、雨量和光照识别传感器 G397、车窗玻璃清洗液液位传感器 G33、刮水器开关 E22、转向柱控制单元 J527 等部件组成。

当驾驶人操作刮水器开关至低速档时,刮水器开关将信号传递至转向柱控制单元 J527,J527 通过 CAN 总线将信号传递至车载网络控制单元 J519,J519 通过 LIN 总线将控制信号发送至刮水器电动机控制单元 J400,J400 内部集成了刮水器电动机,J400 根据控制信号起动刮水器电动机,电动机带动刮水器片,刮动前风窗玻璃。

当驾驶人操作刮水器开关至高速档时,控制路线与低速档一致,只是 J519 控制信号不同,从而 J400 控制刮水器电动机工作电流发生改变,高速档刮水器电动机通电电流大,速度快,低速档刮水器电动机通电电流小,速度慢。

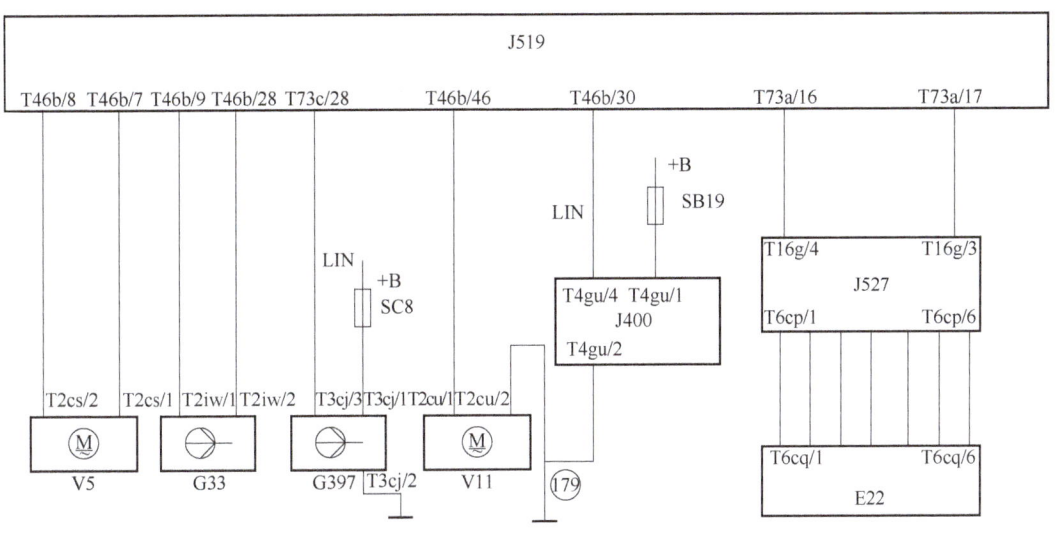

图 7-1-4 风窗清洁装置电路

当驾驶人操作刮水器开关至间歇档时，雨量和光照识别传感器 G397 感受车外雨量大小，G397 通过 LIN 总线将雨量信息传递至 J519，J519 将刮水器电动机工作控制信号发送至刮水器电动机控制单元 J400，J400 控制电动机工作，此时间歇时间与当前雨量相关，雨量越大，间歇时间越短。

雨量和光照识别传感器 G397 安装在风窗玻璃上，如图 7-1-5 所示。

三、风窗洗涤器

为了及时消除风窗玻璃上的尘土和污物，使驾驶人具有良好的视线，在汽车上还装有风窗洗涤器。图 7-1-6 所示为汽车风窗洗涤器的组成示意图，它由储液罐、洗涤泵（直流电动机与泵）、输液软管与喷嘴等组成。储液罐由塑料制成，其内装有清洗液。清洗液一般由水与适量的添加剂组成。添加剂有助于清洗液清洁或降低凝固点，如在水中加入 5% 的氯化钠（食盐）可提高清洗液的润湿与清洁能力。在寒冷地区，为了防止清洗液冻结，可在水中加入 50% 的甲醇或异丙基乙醇。

图 7-1-5 雨量和光照识别传感器 G397 安装位置

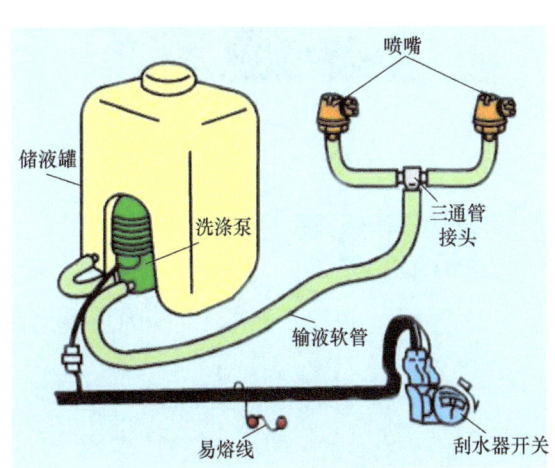

图 7-1-6 汽车风窗洗涤器的组成示意图

洗涤泵由一只微型永磁直流电动机和离心泵组成。该电动机是封闭式、短时定额工作的高速电动机。当风窗玻璃上有灰尘或污物时，先开动洗涤泵，将清洗液以一定的压力经喷嘴喷到刮水器片的上部，湿润玻璃。然后再开动刮水器，将风窗玻璃上的灰尘或污物刮掉。

应注意洗涤泵连续工作的时间不得超过 5s，使用间歇时间不得少于 10s。无清洗液时，不要开动洗涤泵。

迈腾 B8 风窗洗涤器的工作过程：当驾驶人操作刮水器开关至洗涤档位时，刮水器开关将信号输送至车载网络控制单元 J519，J519 直接控制车窗玻璃洗涤泵 V5 工作，洗涤泵通过管路将清洗液喷到玻璃上，同时 J519 控制刮水器电动机刮水一次。车窗玻璃清洗液液位传感器 G33 用来检测清洗液储液罐内清洗液液位。

四、前照灯清洁装置

汽车在夜晚或光线较暗的条件下行驶时，雨水和尘埃会降低前照灯的照明度，使驾驶人的视线受到严重影响，这对于行驶安全来说，存在较大的隐患。前照灯清洁装置就是在前照灯的下方设有一出水口，随时可以清洗前照灯的灰尘及污垢。越来越多的车型安装了此装置。

前照灯清洗液与前风窗玻璃清洗液共用一个储液罐，必须在前照灯打开的情况下，前照灯清洁装置才工作。

前照灯清洁装置如图 7-1-7 所示，可以安装在汽车保险杠上，也可以使用可伸缩的延伸喷嘴支架，使其隐藏在保险杠内，不用时隐藏起来，使用时再打开。其工作过程：当前照灯打开、前风窗清洁装置启用时，前照灯清洁装置开始工作。清洗装置先将前照灯清洗喷头从保险杠中伸出来（打开出水孔），然后，水在压力的作用下喷向前照灯，完成清洗去污。喷射完成后，喷头自动回缩。

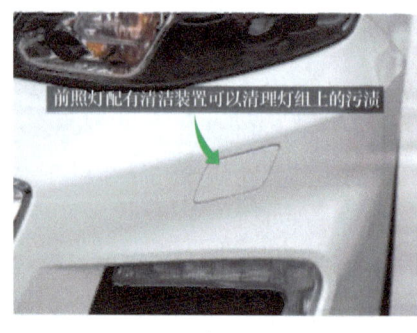 

a) b)

图 7-1-7 前照灯清洁装置

前风窗清洁装置故障排除

一、作业准备

1. 实训器材

整车、万用表、故障诊断仪、示波器、万用表、车辆挡块、翼子板布、三件套等教学用具、常用维修工具和维修手册等。

2. 准备工作

1）将实训车辆停放在检测区域。

2）检查实训室通风系统设备工作是否正常。

3）准备故障诊断仪、示波器、万用表、车辆挡块、翼子板布、三件套等教学用具。

技术要求与注意事项：正确使用工具、设备进行检测，拔插线束插接器时，需要关闭点火开关；拔插控制单元插接器时，不仅需要关闭点火开关，还需要断开蓄电池负极。

二、操作步骤

以迈腾 B8 车型为例，介绍前风窗清洁装置功能失效故障排除的步骤。

1）打开点火开关，前照灯应急点亮，操作刮水器开关 E22（图 7-1-8），刮水器无动作、车窗玻璃洗涤泵 V5 无动作。

2）使用故障诊断仪读取 E22 数据流。

① 使用诊断仪访问转向柱控制单元 J527，选择"数据流"，选择子菜单"前刮水，前冲洗"，见表 7-1-1。

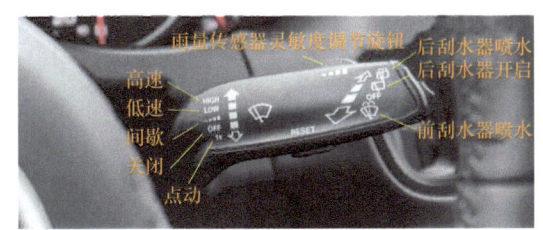

图 7-1-8 操作刮水器开关 E22

表 7-1-1 转向柱控制单元 J527 数据流

前刮水，前冲洗

序号	数据项	值
1	风窗玻璃刮水器	未激活
2	风窗玻璃刮水器，间歇阶段	第 1 级
3	风窗玻璃洗涤器系统	未激活

② 操作 E22，观察诊断仪数据变化。

③ 各项数据变化如下：

"风窗玻璃刮水器"的数据随 E22 在关闭、点动、间歇、低速档、高速档时分别显示未激活、刮水器声响、间歇性操作、第 1 级、第 2 级。

"风窗玻璃刮水器，间歇阶段"的数据随 E22 上雨量传感器灵敏度调节旋钮的位置分别显示第 1 级、第 2 级、第 3 级、第 4 级。

"风窗玻璃洗涤器系统"的数据随 E22 在非喷水档（关闭）时显示"未激活"，在喷水档时显示"激活"。

④ 说明刮水器开关 E22 正常。

3）执行刮水器电动机控制单元 J400 动作测试。使用诊断仪访问车载网络控制单元

J519，选择"动作测试"，选择子菜单"前风窗玻璃刮水器"（图 7-1-9），设置"起动参数"，第 1 级或第 2 级，单击"开始"，观察到刮水器片无动作，说明刮水器电动机控制单元 J400 及相关电路存在故障。

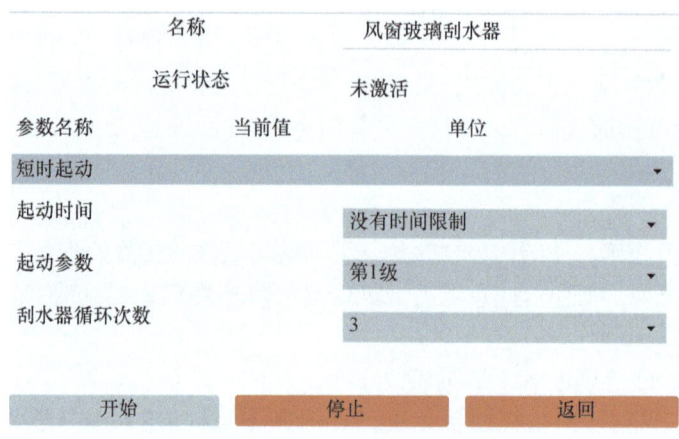

图 7-1-9　前风窗玻璃刮水器动作测试

4）J400 供电检测。使用万用表电压档检测 J400/T4gu/1 与 J400/T4gu/2 间的电压，如图 7-1-10 所示，检测结果为 12.55V，说明 J400 供电正常。

5）J400 LIN 总线检测。使用示波器检测 J400/T4gu/4 的波形，测得波形如图 7-1-11 所示；说明 J400 LIN 总线存在故障。

拔下 J400 线束插头，再次检测 J400/T4gu/4 的波形，测得波形如图 7-1-12 所示；波形正常，说明 J519 LIN 信号输出及 J519/T46b/30 至 J400/T4gu/4 间电路正常，故障在刮水器电动机控制单元 J400 内部。

图 7-1-10　测试 J400 供电情况

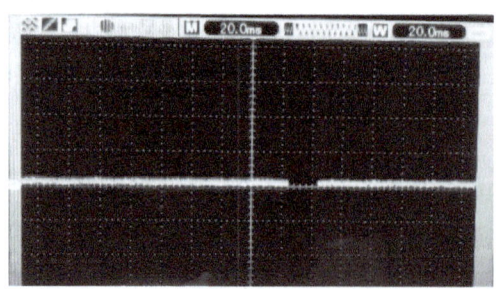

图 7-1-11　J400 电路 T4gu/4 的波形（一）

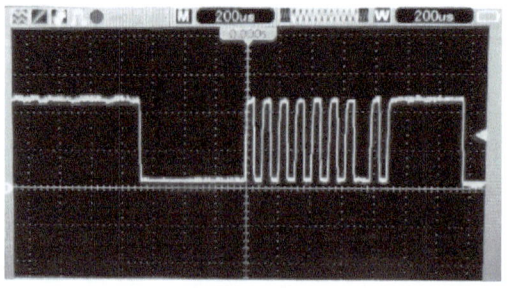

图 7-1-12　J400 端/T4gu/4 的波形（二）

6）实施维修。更换刮水器电动机控制单元 J400。

7）修复后进行功能测试。观察前照灯应急点亮消失，刮水器喷水功能正常，操作刮水器开关 E22，刮水器各档位恢复正常，前风窗清洁装置功能恢复，故障排除。

根据实际情况，填写任务工单。

前风窗清洁装置故障排除	工作任务单	班级：
		姓名：

1. 车辆信息的记录

品牌	大众迈腾	整车型号		生产年月	
发动机型号		发动机排量		行驶里程	
车辆识别代号					

2. 风窗清洁装置的就车检查

作业项目	检查结果与数据	判定
打开点火开关		正常□ 异常□
操作刮水器开关 E22		正常□ 异常□

3. 风窗清洁装置系统诊断

作业项目	记录	作业项目	记录
使用故障诊断仪读取刮水器开关 E22 数据流	已执行□ 未执行□	使用诊断仪访问转向柱控制单元 J527，选择"数据流"，选择子菜单"前刮水，前冲洗"	已执行□ 未执行□
操作刮水器开关 E22，观察诊断仪数据变化	已执行□ 未执行□		已执行□ 未执行□
故障码清除	已执行□ 未执行□		

4. 风窗清洁装置测试、修复与调试

作业项目	记录	判定	作业项目	记录	判定
拆卸蓄电池负极，执行刮水器电动机控制单元 J400 动作测试		正常□ 异常□	J400 供电检测		正常□ 异常□
J400 LIN 总线检测		正常□ 异常□	检查线束连接		正常□ 异常□
更换刮水器电动机控制单元 J400		正常□ 异常□	修复后功能测试		正常□ 异常□

5. 查阅维修手册

序号	部件名称	章节及页码	规格（米制）
1		第 章 页	

任务评价

前风窗清洁装置故障排除		实习日期：	
姓名：	班级：	学号：	教师签名：
自评：☐熟练 ☐不熟练	互评：☐熟练 ☐不熟练	师评：☐合格 ☐不合格	
日期：	日期：	日期：	

【评分细则】

序号	评分项	得分条件	分值	评分要求	自评	互评	师评
1	安全/7S/态度	☐1. 能进行工位 7S 操作 ☐2. 能进行设备和工具安全检查 ☐3. 能进行车辆安全防护操作 ☐4. 能进行工具清洁、校准、存放操作 ☐5. 能进行三不落地操作	15	未完成 1 项扣 3 分，扣分不得超过 15 分	☐熟练 ☐不熟练	☐熟练 ☐不熟练	☐合格 ☐不合格
2	专业技能能力	作业 1 ☐1. 能正确地检查风窗清洁装置 ☐2. 能正确地检查风窗清洁装置控制电路 ☐3. 能正确地测量 J400 供电电压 ☐4. 能正确地检查线束插接器 作业 2 ☐1. 能正确地拆卸蓄电池负极，执行刮水器电动机控制单元 J400 动作测试 ☐2. 能正确地拆卸更换刮水器电动机控制单元 J400 ☐3. 能正确修复后进行功能测试 ☐4. 能正确地拆卸蓄电池负极电缆 作业 3 ☐1. 能正确地读取故障码 ☐2. 能正确地判断故障 ☐3. 能正确地清除故障码	50	未完成 1 项扣 3 分，扣分不得超过 50 分	☐熟练 ☐不熟练	☐熟练 ☐不熟练	☐合格 ☐不合格
3	工具及设备的使用能力	☐1. 能正确地使用维修工具 ☐2. 能正确地选用万用表 ☐3. 能正确地使用诊断仪器	10	未完成 1 项扣 3 分	☐熟练 ☐不熟练	☐熟练 ☐不熟练	☐合格 ☐不合格

（续）

序号	评分项	得分条件	分值	评分要求	自评	互评	师评
4	资料、信息查询能力	□1. 能正确地识读维修手册并查询资料 □2. 能正确地使用用户手册查询资料 □3. 能正确记录所查询资料的章节及页码 □4. 能正确记录所需维修信息	10	未完成1项扣2分	□熟练 □不熟练	□熟练 □不熟练	□合格 □不合格
5	数据判断和分析能力	□1. 能判断插接器是否正常 □2. 能判断风窗清洁装置是否正常 □3. 能判断刮水器电动机是否能正常使用	10	未完成1项扣3分，扣分不得超过10分	□熟练 □不熟练	□熟练 □不熟练	□合格 □不合格
6	表单填写和报告撰写能力	□1. 字迹清晰 □2. 语句通顺 □3. 无错别字 □4. 无涂改 □5. 无抄袭	5	未完成1项扣1分，扣分不得超过5分	□熟练 □不熟练	□熟练 □不熟练	□合格 □不合格

总分：

知识总结

1. 风窗刮水器的作用是用来清除风窗玻璃上的雨水、雪或尘土，以保证驾驶人的良好视野。

2. 汽车的电动刮水器一般由直流电动机、蜗轮箱、曲柄、连杆、摆杆、摆臂和刮水器片等组成。电动机一般和蜗轮箱结合成一体，组成刮水器电动机总成。

3. 刮水器电动机一般有绕线式和永磁式两种。绕线式刮水器电动机的磁极绕有励磁绕组，通电流时产生磁场，而永磁式刮水器电动机的磁极用永久磁铁制成。

4. 永磁式电动机主要由外壳、永久磁铁、电枢、电刷、蜗轮、蜗杆等组成。

5. 风窗洗涤器由储液罐、洗涤泵（直流电动机与泵）、输液软管与喷嘴等组成。

6. 前照灯清洁装置就是在前照灯的下方设有一出水口，随时可以清洗前照灯的灰尘及污垢。

7. 前照灯清洗液与前风窗玻璃清洗液共用一个储液罐，必须在前照灯打开的情况下，前照灯清洁装置才工作。

知识巩固

一、判断题

1. 刮水器电动机一般有绕线式和永磁式两种。（ ）

2. 汽车的电动刮水器一般由交流电动机、蜗轮箱、曲柄、连杆、摆杆、摆臂和刮水器片等组成。（ ）

3. 前照灯清洗液与前风窗玻璃清洗液共用一个储液罐，必须在前照灯关闭的情况下，前照灯清洁装置才工作。（　　）
4. 绕线式电动机体积小、质量小、结构简单，使用广泛。（　　）
5. 添加剂有助于清洗液清洁或降低凝固点，如在水中加入5%的氯化钠（食盐）可提高清洗液的润湿与清洁能力。（　　）
6. 刮水器电动机失效会导致刮水器的高、低速档正常工作，间歇档不工作。（　　）
7. 晴天清除风窗玻璃上的灰尘时，应先接通刮水器，再接通洗涤器。（　　）
8. 无清洗液时不得开动洗涤泵。（　　）

二、选择题

1. 对于刮水器来说，下列说法（　　）是错误的。
   A. 刮水器应该有高、低速档　　　　B. 刮水器应该有间歇档
   C. 刮水器应该能自动回位　　　　　D. 所有的刮水器应都能自动开启
2. 为防止清洗液冻结，可在洗涤器储液罐中加入（　　）。
   A. 清洗液　　　B. 纯净水　　　C. 热水　　　D. 硬水
3. 在刮水器电动机总成中装有过载保护器的目的是（　　）。
   A. 保护电动机不被烧坏　　　　　　B. 在刮水器阻滞时切断电路
   C. 刮水器片被冻住时，断开电动机　D. 以上都正确
4. 风窗洗涤器主要由储液罐、洗涤泵、输液软管和（　　）组成。
   A. 电动机　　　　　　　　　　　　B. 曲柄
   C. 喷嘴　　　　　　　　　　　　　D. 以上都不对
5. 切断开关后，能使电动刮水器回到初始位置的是（　　）装置。
   A. 变速　　　B. 间歇　　　C. 自动复位　　　D. 洗涤
6. 汽车在大雨天行驶时，刮水器应工作在（　　）。
   A. 高速档　　　B. 间歇档　　　C. 瞬时档　　　D. 低速档
7. 电动刮水器由（　　）组成。
   A. 双速直流电动机　　　　　　　　B. 蜗轮蜗杆及归零组件
   C. 传动及刮水组件　　　　　　　　D. 以上都是
8. 一般情况下，刮水器速度比正常慢的故障原因是（　　）。
   A. 机械故障　　　　　　　　　　　B. 接触电阻变大
   C. 刮水器不复位　　　　　　　　　D. 以上都不是

任务二　中央门锁控制系统检修

任务引入

李师傅有辆迈腾 B8 轿车，准备驾驶车辆出去办事，但是发现驾驶人侧车门打不开。请问：李师傅这辆车导致门锁不正常的原因是什么？怎么样解决这个问题？你将通过本任务的学习，为李师傅排忧解难。

知识目标	技能目标	素养目标
1. 了解中央门锁控制系统的主要功能 2. 掌握中央门锁控制系统的组成及工作原理 3. 掌握迈腾B8车型中央门锁控制系统的组成及工作过程	1. 能正确识读中央门锁控制系统电路 2. 能按照维修规范对中央门锁控制系统进行检修	1. 能在工作过程中与小组其他成员合作、交流，养成团队合作意识，锻炼沟通能力 2. 养成7S工作习惯 3. 养成服从管理、规范作业的工作习惯

一、中央门锁控制系统的主要功能

1. 内外开启与内外锁止功能

在车内开启和锁止车门时，由门锁控制开关来完成；在车外开启和锁止车门时，由钥匙转动控制开关来完成，或者由遥控钥匙控制完成。

2. 中央控制锁止功能

操纵门锁总开关，即可使所有门锁或行李舱锁同时锁止。在装配车速感应式门锁控制器和车身电控单元控制式中央门锁控制系统的轿车上，当车速传感器信号检测车速达到10~20km/h时，所有门锁与行李舱锁自动锁止，防止发生意外和行李舱内物品丢失。

3. 后车门安全锁止功能

中央门锁控制系统设置后车门安全锁止功能的目的是防止车内儿童擅自打开车门。只有当中央门锁控制系统处于"开锁"状态时，后车门安全锁闩才能退出，如图7-2-1所示。有的轿车上，当后车门安全锁闩拨到锁止位置时，在车内用内拉手不能开门，而在车外用外拉手才能打开车门。

4. 防驾驶人侧车门误锁功能

在装配中央门锁控制系统的汽车上，当驾驶人侧车门关上后，内部锁止开关处于锁止位置并不能将该车门锁止，目的是防止车钥匙忘

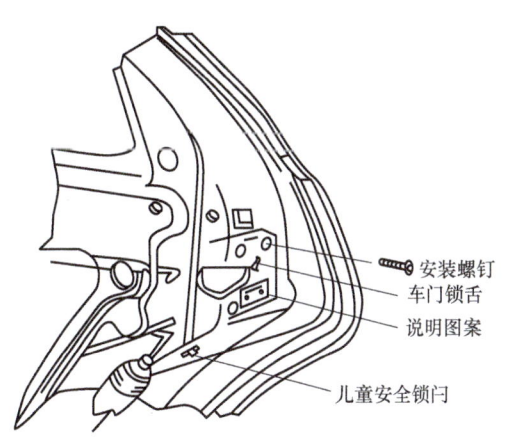

图7-2-1 后车门安全锁止装置

在车内而不能打开车门。有的汽车为了防止钥匙锁在车内，设置了钥匙开锁警报开关，安装在点火开关旁边，用其监测点火钥匙是否插进钥匙孔内。当钥匙插在钥匙孔内时，钥匙开锁警报开关电路接通发出警报信号；当钥匙离开钥匙孔时警报取消。

二、中央门锁控制系统的组成

迈腾B8车型中央门锁控制系统（以驾驶人侧为例）主要由驾驶人侧车门内上锁按钮

E308（图 7-2-2）、车门门锁闭锁单元（图 7-2-3，含门锁电动机 V56、门锁 Safe 功能电动机 V161、车门接触开关 F2、锁芯中的接触开关 F241、门锁 Safe 功能指示 F243）、驾驶人侧车门控制单元 J386（图 7-2-4）等组成。

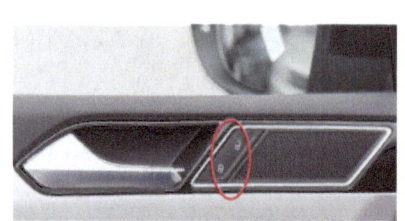

图 7-2-2　驾驶人侧车门内上锁按钮 E308

图 7-2-3　车门门锁闭锁单元

整车共装备了 4 个车门控制单元，即驾驶人侧车门控制单元 J386、前排乘客侧车门控制单元 J387、左后门车门控制单元 J388、右后门车门控制单元 J389，如图 7-2-5 所示，J386 通过舒适 CAN 总线与 J387 通信，J388 通过 LIN 总线与 J386 通信，J389 通过 LIN 总线与 J387 通信。

图 7-2-4　驾驶人侧车门控制单元 J386

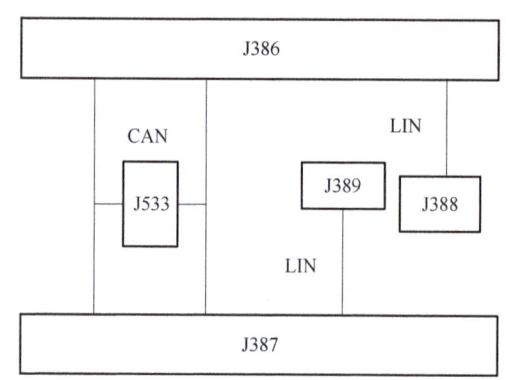

图 7-2-5　车门控制单元通信示意图

驾驶人侧中央控制门锁电路如图 7-2-6 所示。当驾驶人按压驾驶人侧车门内上锁按钮 E308 开锁键时，驾驶人侧车门控制单元 J386 接收到 E308 的开锁信号，通过舒适 CAN 总线和 LIN 总线发送车门开锁信息，各个车门控制单元接收到信息后，接通门锁电动机供电电路，电动机工作，将中控锁开启，车门可以打开。车门闭锁原理与之相同。

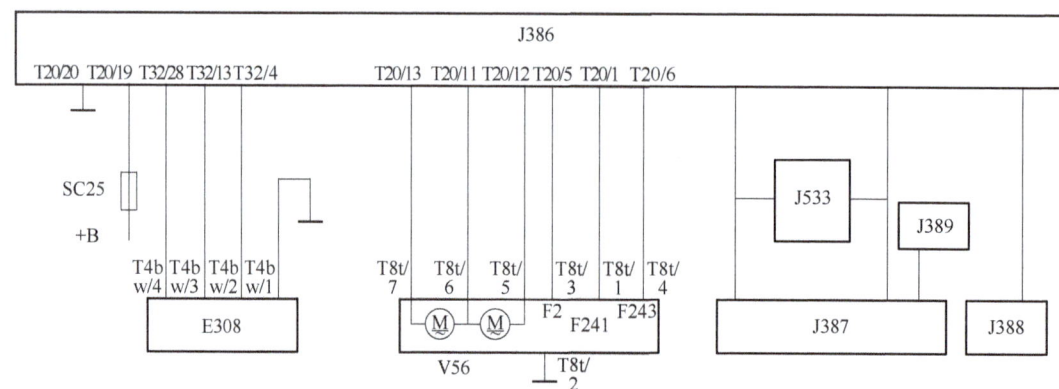

图 7-2-6　驾驶人侧中央控制门锁电路图

右前门锁失效故障排除

一、作业准备

1. 实训器材

整车、万用表、故障诊断仪、车辆挡块、翼子板布、三件套等教学用具、常用维修工具和维修手册等。

2. 准备工作

1）将实训车辆停放在检测区域。

2）检查实训室通风系统设备工作是否正常。

3）准备故障诊断仪、万用表、车辆挡块、翼子板布、三件套等教学用具。

技术要求与注意事项：正确使用工具、设备进行检测。拔插线束插接器时，需关闭点火开关；拔插控制单元插接器时，不仅需要关闭点火开关，还需要断开蓄电池负极。

二、操作步骤

以迈腾 B8 车型为例，介绍右前门锁失效故障排除的步骤。

1. 检查故障具体症状

1）使用遥控钥匙（图 7-2-7）解锁、落锁。

2）除右前门外其他车门正常，后视镜折叠正常。

3）使用车内中控按钮解锁、落锁测试（图 7-2-8）。

图 7-2-7　遥控钥匙

图 7-2-8　中控按钮

4）除右前门外其他车门解锁、落锁正常。

2. 读取故障码，执行动作测试

1）使用诊断仪访问前排乘客侧车门控制单元 J387，读取故障码，故障码如图 7-2-9 所示。

2）故障码为 B122D29，描述：中控锁锁止单元-不可信信号。

3）使用诊断仪访问前排乘客侧车门控制单元 J387，选择"动作测试"，中控锁动作测试结果如图 7-2-10 所示。

4）右前门既不能解锁，也不能落锁。

国赛专用诊断系统>一汽-大众V1.0.16.2>手动选择>52-前排乘客侧车门电子设备 问题反馈

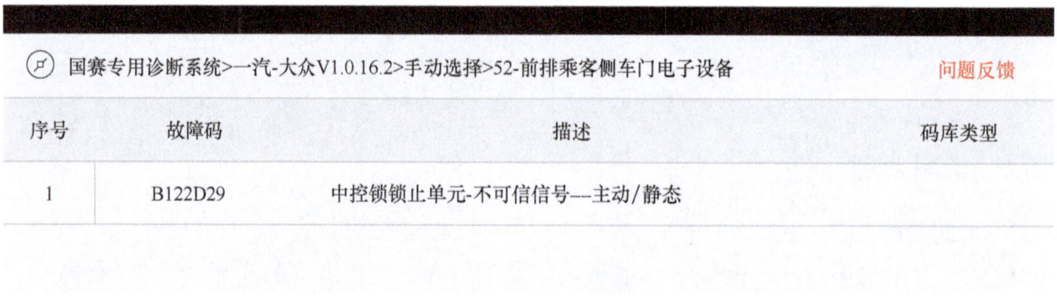

序号	故障码	描述	码库类型
1	B122D29	中控锁锁止单元-不可信信号—主动/静态	

图 7-2-9　J387 故障码

3. 在 J387 处检测门锁电动机控制

1）在 J387 处，使用示波器检测 T20a/11 端子与 T20a/13 端子间的波形。

2）使用中控按钮或遥控钥匙实现解锁、落锁动作，使用专用示波器捕捉波形，波形正常（图 7-2-11）。

国赛专用诊断系统>一汽-大众V1.0.16.2>手动选择>52-前排乘客侧车门电子设备 问题反馈

名称　中控锁

运行状态　完成

参数名称	当前值	单位
激活	短时起动	
起动时间	2秒	
起动参数	锁止车门	

开始　停止　返回

已连接

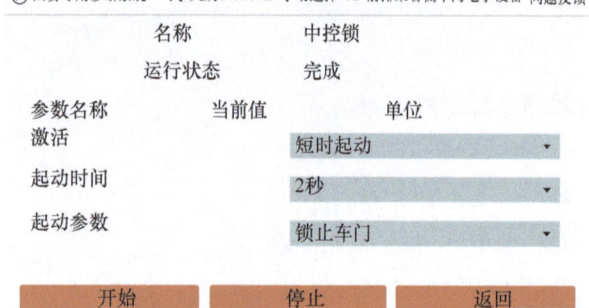

图 7-2-10　中控锁动作测试结果

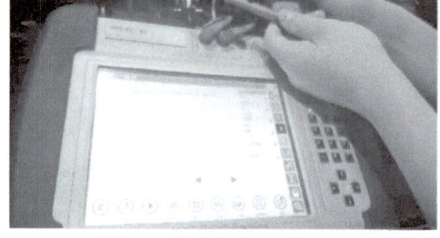

图 7-2-11　J387 控制信号波形

3）说明 J387 能正常发出控制信号。

4. 在 VX22 处检测门锁电动机控制

1）在 VX22 处，使用示波器检测门锁电动机 T8u/1 端子与 T8u/2 端子间的电压波形。

2）使用中控按钮或遥控钥匙实现解锁、落锁，捕捉波形为一条 0 的直线，如图 7-2-12 所示。

3）波形异常，首先检测 T20a/11 端子至 T8u/1 端子、T20a/13 端子至 T8u/2 端子线束是否存在故障。

5. 检测线束电阻

1）使用万用表，检测 T20a/11 端子至 T8u1 端子的电阻。

2）阻值为 0.7Ω，说明导线正常。

3）使用万用表，检测 T20a/13 端子至 T8u/2 端子的电阻。

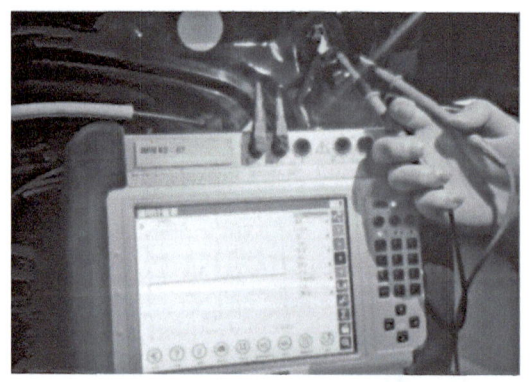

图 7-2-12　VX22 处信号波形

4）阻值为∞，说明导线断路。

6. 排查电路故障并修复线束

1）排查线束，发现门饰内 T20a/13 端子至 T8u/2 端子线束受挤压，导线断路，故障部位如图 7-2-13 所示。

2）修复断路线束，如图 7-2-14 所示。

图 7-2-13　故障部位

图 7-2-14　修复断路线束

7. 修复后进行功能测试

1）按压遥控钥匙解锁、落锁，右前门锁功能正常。

2）按压中控按钮解锁、落锁，右前门锁功能正常。

按实际情况，填写任务工单。

中央门锁控制系统的检修	工作任务单	班级：
		姓名：

1. 车辆信息的记录

品牌	迈腾 B8	整车型号		生产年月	
发动机型号		发动机排量		行驶里程	
车辆识别代号					

2. 中央门锁控制系统的就车检查

作业项目	检查结果与数据	判定
使用遥控钥匙解锁、落锁		正常□　异常□
检查各车门解锁、落锁情况		正常□　异常□
使用车内中控按钮进行解锁、落锁测试		正常□　异常□

（续）

3. 中央门锁控制系统故障诊断

作业项目	记录	作业项目	记录
使用诊断仪访问前排乘客侧车门控制单元 J387，读取故障码	已执行□ 未执行□	读取故障码，执行动作测试	已执行□ 未执行□
在 J387 处检测门锁电动机控制	已执行□ 未执行□	在 VX22 处检测门锁电动机控制	已执行□ 未执行□
故障码清除	已执行□ 未执行□		

4. 中央门锁控制系统检修

作业项目	记录	判定	作业项目	记录	判定
检测线束电阻		正常□ 异常□	排查电路故障并修复线束		正常□ 异常□
修复后功能测试		正常□ 异常□	按压遥控钥匙进行解锁、落锁，测试右前门锁功能		正常□ 异常□
按压中控按钮进行解锁、落锁，测试右前门锁功能		正常□ 异常□			

5. 查阅维修手册

序号	部件名称	章节及页码	规格（米制）
1		第　章　　页	

任务评价

中央门锁控制系统的检修		实习日期：	
姓名：	班级：	学号：	
自评：□熟练 □不熟练	互评：□熟练 □不熟练	师评：□合格 □不合格	教师签名：
日期：	日期：	日期：	

【评分细则】

序号	评分项	得分条件	分值	评分要求	自评	互评	师评
1	安全/7S/态度	□1. 能进行工位 7S 操作 □2. 能进行设备和工具安全检查 □3. 能进行车辆安全防护操作 □4. 能进行工具清洁、校准、存放操作 □5. 能进行三不落地操作	15	未完成 1 项扣 3 分，扣分不得超过 15 分	□熟练 □不熟练	□熟练 □不熟练	□合格 □不合格

（续）

序号	评分项	得分条件	分值	评分要求	自评	互评	师评
2	专业技能能力	作业1 □1. 能正确地使用遥控钥匙解锁、落锁 □2. 能正确地在J387处检测门锁电动机控制 □3. 能正确地在VX22处检测门锁电动机控制 □4. 能正确地检查线束插接器 □5. 能正确地检测线束电阻 作业2 □1. 能正确地拆卸中央门锁控制系统 □2. 能正确地拆卸门锁电动机 □3. 能正确地拆卸线束插接器 □4. 能正确地拆卸蓄电池负极电缆 作业3 □1. 能正确地读取故障码 □2. 能正确地判断故障 □3. 能正确地清除故障码	50	未完成1项扣3分，扣分不得超过50分	□熟练 □不熟练	□熟练 □不熟练	□合格 □不合格
3	工具及设备的使用能力	□1. 能正确地使用维修工具 □2. 能正确地选用万用表 □3. 能正确地使用诊断仪器	10	未完成1项扣3分	□熟练 □不熟练	□熟练 □不熟练	□合格 □不合格
4	资料、信息查询能力	□1. 能正确地识读维修手册并查询资料 □2. 能正确地使用用户手册查询资料 □3. 能正确记录所查询资料的章节及页码 □4. 能正确记录所需维修信息	10	未完成1项扣2分	□熟练 □不熟练	□熟练 □不熟练	□合格 □不合格
5	数据判断和分析能力	□1. 能判断插接器是否正常 □2. 能判断中央门锁控制系统是否正常 □3. 能判断线束是否正常 □4. 能判断门锁组件是否能正常使用	10	未完成1项扣3分，扣分不得超过10分	□熟练 □不熟练	□熟练 □不熟练	□合格 □不合格
6	表单填写和报告撰写能力	□1. 字迹清晰 □2. 语句通顺 □3. 无错别字 □4. 无涂改 □5. 无抄袭	5	未完成1项扣1分，扣分不得超过5分	□熟练 □不熟练	□熟练 □不熟练	□合格 □不合格

总分：

1. 中央门锁控制系统的主要功能：内外开启与内外锁止功能、中央控制锁止功能、后车门安全锁止功能、防驾驶人侧车门误锁功能。

2. 迈腾 B8 车型中央门锁控制系统（以驾驶人侧为例）主要由驾驶人侧车门内上锁按钮、车门门锁闭锁单元（含门锁电动机、门锁 Safe 功能电动机、车门接触开关、锁芯中的接触开关、门锁 Safe 功能指示）、驾驶人侧车门控制单元等组成。

一、判断题

1. 在装配中央门锁控制系统的汽车上，当驾驶人侧车门关上后，内部锁止开关处于锁止位置并不能将该车门锁止，目的是防止车钥匙忘在车内而不能打开车门。（　　）

2. 阻值为 0.7Ω，说明导线正常。（　　）

3. 拔插线束插接器时，不需要关闭点火开关。（　　）

4. 驾驶人锁住驾驶人侧车门时，其他几个车门能同时自动锁住。（　　）

5. 电控防盗系统可确保车门不被窃贼暴力打开。（　　）

6. 中央门锁控制系统的操作受点火开关的控制。（　　）

二、选择题

1. 中央门锁控制系统中，用于控制所有车门锁的门锁控制开关安装在（　　）。

A. 驾驶人侧门的内侧扶手上

B. 每个车门上

C. 门锁总成中

2. 门锁控制开关的作用是（　　）。

A. 在任一车门内侧实现开门和锁门动作

B. 在任一车门外侧实现开门和锁门动作

C. 在驾驶人侧车门内侧实现开门和锁门动作

3. 车内物品防盗系统，技师甲认为是靠鸣喇叭，技师乙认为是靠灯的闪烁来阻止偷车，你认为（　　）。

A. 甲正确　　　　B. 乙正确　　　　C. 甲乙都对　　　　D. 甲乙都不对

4. 用万用表检测门锁控制开关的导通规律时，使用的是万用表的（　　）。

A. 直流电压档　　B. 电流档　　C. 交流电压档　　D. 欧姆档

5. 门锁控制开关的作用是（　　）。

A. 在任意一车门内侧实现开锁和锁门动作

B. 在乘客车门内侧实现开锁和锁门动作

C. 在驾驶人侧车门内侧实现开锁和锁门动作

D. A 或 B

6. 中央门锁控制系统有车外同时开启与锁止车门的功能，它由（　　）实现。

A. 门锁开关　　　　　　　　　　B. 门控开关

C. 钥匙控制开关	D. 中央门锁控制开关

7. 汽车电路一般采用（　　）。

A. 正极和负极混合搭铁	B. 正极搭铁

C. 负极搭铁	D. 任何搭铁

任务三　电动后视镜检修

任务引入

一辆迈腾 B8 轿车车主反映：左电动后视镜上下调节异常。需要你对电动后视镜电路进行检测，确定故障部位并进行修理。

任务目标

知识目标	技能目标	素养目标
1. 了解电动后视镜的组成和功用 2. 了解电动后视镜的工作原理 3. 掌握电动后视镜的操作及系统控制原理 4. 掌握迈腾 B8 车型电动后视镜的系统组成及工作过程	1. 能正确识读迈腾 B8 车型电动后视镜控制电路 2. 能完成左前车外后视镜折叠功能失效故障的排除	1. 能在工作过程中与小组其他成员合作、交流，养成团队合作意识，锻炼沟通能力 2. 养成 7S 工作习惯 3. 养成服从管理、规范作业的工作习惯

知识链接

一、电动后视镜的结构

每个汽车电动后视镜镜片的背后都有 2 个双向永磁电动机，可操纵其上下及左右运动。通常，上下方向的倾斜运动由一个永磁电动机控制，左右方向的倾斜运动由另一个永磁电动机控制。通过改变电动机的电流方向，即可完成后视镜的位置调整。迈腾轿车电动后视镜的结构如图 7-3-1 所示。

为了使汽车能通过尽可能狭窄的路段，有的电动后视镜还带有折叠功能，由开关控制电动机工作，能使 2 个后视镜整体折叠或伸展。

有些电动后视镜带有记忆功能，驾驶人操作储存和复位开关可将后视镜的调整位置储存起来，在需要的时候即可恢复到原来调整的位置。

迈腾 B8 车型电动后视镜开关如图 7-3-2 所示。电动后视镜开关由后视镜调节开关 E43、后视镜调节转换开关 E48、后视镜加热按钮 E231 和后视镜内折开关 E263 组成。后视镜总成包括后视镜水平、垂直调节电动机，后视镜折叠展开电动机，后视镜加热丝，后视镜转向灯，后视镜照明灯。

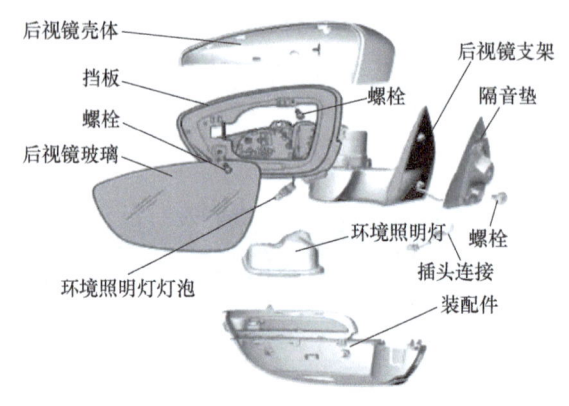

图 7-3-1 迈腾轿车电动后视镜的结构

图 7-3-2 迈腾 B8 车型电动后视镜开关

二、电动后视镜的工作原理

迈腾 B8 车型电动后视镜控制电路如图 7-3-3 所示。

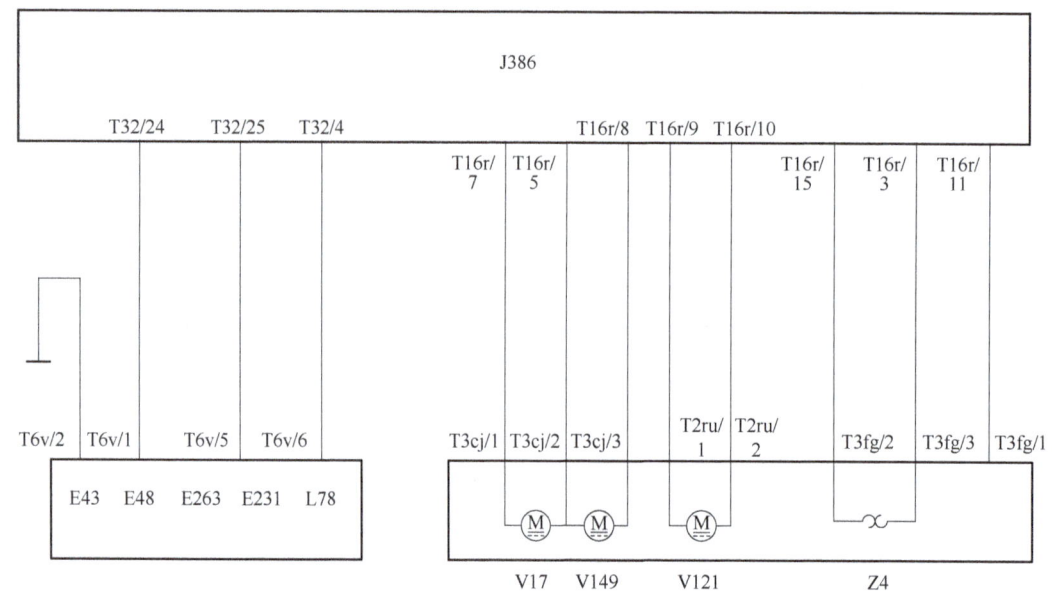

图 7-3-3 迈腾 B8 车型电动后视镜控制电路

左侧后视镜工作过程：打开点火开关，将后视镜开关选择在左侧后视镜调节位置，后视镜开关输出 2 个信号电压，控制单元 J386 接收到信号后，将信号与内部储存的数据进行比对，根据比对结果，J386 做出对左侧后视镜调节的指令，J386 直接驱动左侧后视镜里的垂直电动机或者水平电动机工作，机械机构带动后视镜向上下或者左右运动。

右侧后视镜工作过程：打开点火开关，将后视镜开关选择在右侧后视镜调节位置，后视镜开关输出 2 个信号电压，控制单元 J386 接收到信号后，将信号与内部储存的数据进行比对，根据比对结果，J386 做出对右侧后视镜调节的指令，J386 将右侧后视镜调节指令通过舒适 CAN 总线传递至前排乘客侧车门控制单元 J387，J387 直接驱动右侧后视镜里的垂直电动机或者水平电动机工作，机械机构带动后视镜向上下或者左右运动。

左前车外后视镜折叠功能失效故障排除

一、作业准备

1. 实训器材

整车、万用表、故障诊断仪、车辆挡块、翼子板布、三件套等教学用具、常用维修工具和维修手册等。

2. 准备工作

1）将实训车辆停放在检测区域。

2）检查实训室通风系统设备工作是否正常。

3）准备故障诊断仪、示波器、车辆挡块、翼子板布、三件套等教学用具。

技术要求与注意事项：在调节后视镜时，应先调节左侧后视镜位置，再调节右侧后视镜位置。正确使用工具、设备进行检测，拔插线束插接器时，需关闭点火开关；拔插控制单元插接器时，不仅需要关闭点火开关，还需要断开蓄电池负极。

二、操作步骤

以迈腾 B8 车型为例，介绍左前车外后视镜折叠功能失效故障排除的步骤。

1. 检查故障具体症状

使用遥控钥匙遥控车辆解锁、落锁，右前车外后视镜伸展、折叠正常，左前后视镜无动作，操作车外后视镜调节装置 EX11，使后视镜伸展、折叠，右前车外后视镜伸展、折叠正常，左前后视镜无动作；操作车外后视镜调节装置 EX11，验证左右后视镜镜片调节功能；左右车外后视镜镜片调节功能均正常。

2. 读取故障码，执行动作测试

1）使用诊断仪访问驾驶人侧车门控制单元 J386，选择"故障码"—"读取故障码"（图 7-3-4）。

国赛专用诊断系统>一汽-大众V1.0.16.2>手动选择>42-驾驶人侧车门电子设备			问题反馈
序号	故障码	描述	码库类型
1	B11F613	后视镜折叠电动机-断路---主动/静态	

图 7-3-4　J386 故障码

2）故障码为 B11F613，描述：后视镜折叠电动机-断路。

3）使用诊断仪访问驾驶人侧车门控制单元 J386，选择"动作测试"—"后视镜折叠"

(图7-3-5)。

  4）设置"起动时间""起动参数",单击"开始"。

  5）右前后视镜折叠、伸展正常,左前后视镜无动作。

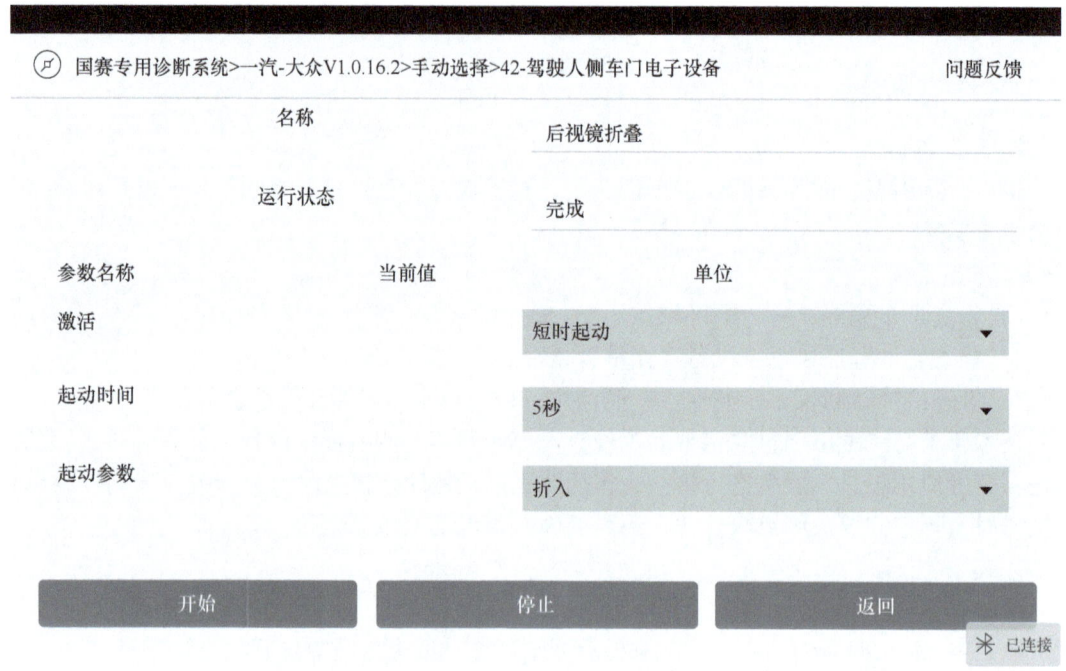

图 7-3-5 J386 后视镜折叠动作测试

3. 在 J386 处检测左前车外后视镜折叠电动机 V121 供电

1）使用万用表直流电压档,红表笔接 T16r/10 端子、黑表笔接 T16r/9 端子,操作车外后视镜调节装置 EX11 折叠、伸展后视镜,测量电压均为 12.40V,如图 7-3-6 和图 7-3-7 所示,正常。

2）说明 J386 输出正常,故障在 V121 本身及电路。

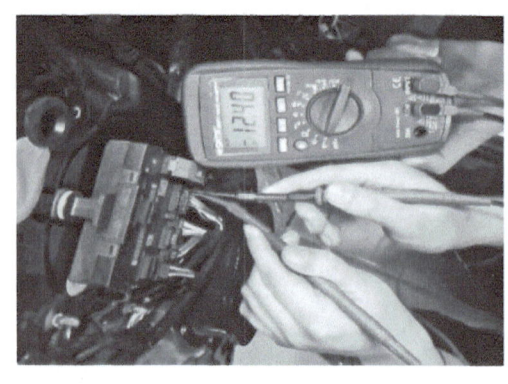
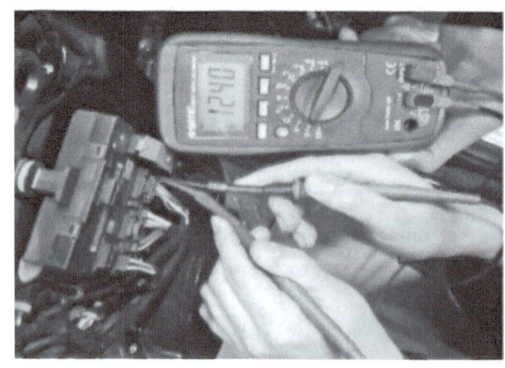

图 7-3-6 折叠电压   图 7-3-7 伸展电压

4. 在 J386 处检测 V121 电路电阻

1）如图 7-3-8 所示,使用万用表电阻档,红黑表笔分别连接 J386/T16r/9 端子和 J386/

T16r/10 端子，进行测试。

2）测得电阻值为无穷大。

3）说明 J386/T16r/9 端子至 VX4/T2ru/2 端子、J386/T16r/10 端子至 VX4/T2ru/1 端子线束存在断路或 V121 故障。

5. 排查电路故障并修复线束

1）排查线束，发现 J386/T16r/10 端子至 VX4/T2ru/1 端子导线断路。

2）修复断路线束。

6. 修复后进行功能测试

1）按压遥控钥匙进行解锁、落锁，左前车外后视镜功能正常。

2）调节 EX11，左前车外后视镜各功能均正常。

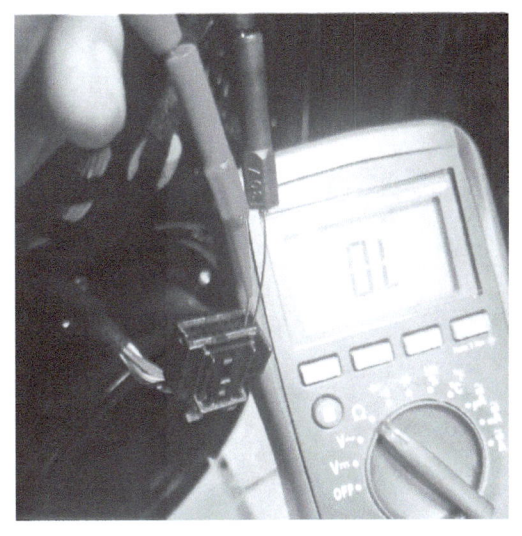

图 7-3-8　测试 V121 电路电阻

根据实际情况，填写任务工单。

电动后视镜的检修	工作任务单	班级：	
		姓名：	

1. 车辆信息的记录

品牌	迈腾 B8	整车型号		生产年月	
发动机型号		发动机排量		行驶里程	
车辆识别代号					

2. 电动后视镜的就车检查

作业项目	检查结果与数据	判定
使用遥控钥匙遥控车辆进行解锁、落锁		正常□　异常□
检查右前车外后视镜伸展、折叠情况		正常□　异常□
检查左前车外后视镜伸展、折叠情况		正常□　异常□

(续)

3. 电动后视镜系统诊断

作业项目	记录	作业项目	记录
使用诊断仪访问驾驶人侧车门控制单元 J386，选择"故障码"—"读取故障码"	已执行□ 未执行□	使用诊断仪访问驾驶人侧车门控制单元 J386，选择"动作测试"—"后视镜折叠"	已执行□ 未执行□
故障码清除	已执行□ 未执行□		

4. 检修电动后视镜

作业项目	记录	判定	作业项目	记录	判定
在 J386 处检测左前车外后视镜折叠电动机供电		正常□ 异常□	在 J386 处检测 V121 电路电阻		正常□ 异常□
排查电路故障并修复线束		正常□ 异常□	检查线束连接		
按压遥控钥匙进行解锁、落锁，验证左前车外后视镜功能		正常□ 异常□	调节 EX11，验证左前车外后视镜各功能		正常□ 异常□

5. 查阅维修手册

序号	部件名称	章节及页码	规格（米制）
1		第　章　页	

任务评价

电动后视镜的检修		实习日期：	
姓名：	班级：	学号：	
自评：□熟练 □不熟练	互评：□熟练 □不熟练	师评：□合格 □不合格	教师签名：
日期：	日期：	日期：	

【评分细则】

序号	评分项	得分条件	分值	评分要求	自评	互评	师评
1	安全/7S/态度	□1. 能进行工位 7S 操作 □2. 能进行设备和工具安全检查 □3. 能进行车辆安全防护操作 □4. 能进行工具清洁、校准、存放操作 □5. 能进行三不落地操作	15	未完成 1 项扣 3 分，扣分不得超过 15 分	□熟练 □不熟练	□熟练 □不熟练	□合格 □不合格

（续）

序号	评分项	得分条件	分值	评分要求	自评	互评	师评
2	专业技能能力	作业1 □1. 能正确地在 J386 处检测左前车外后视镜折叠电动机供电 □2. 能正确地在 J386 处检测 V121 电路电阻 □3. 能正确地测量电源输出电压 □4. 能正确地检查线束插接器 作业2 □1. 能正确地拆卸电动后视镜 □2. 能正确地调试电动后视镜 □3. 能正确地拆卸线束插接器 □4. 能正确地拆卸蓄电池负极电缆 作业3 □1. 能正确地读取故障码 □2. 能正确地判断故障 □3. 能正确地清除故障码	50	未完成1项扣3分，扣分不得超过50分	□熟练 □不熟练	□熟练 □不熟练	□合格 □不合格
3	工具及设备的使用能力	□1. 能正确地使用维修工具 □2. 能正确地选用万用表 □3. 能正确地使用诊断仪器	10	未完成1项扣3分	□熟练 □不熟练	□熟练 □不熟练	□合格 □不合格
4	资料、信息查询能力	□1. 能正确地识读维修手册并查询资料 □2. 能正确地使用用户手册查询资料 □3. 能正确记录所查询资料的章节及页码 □4. 能正确记录所需维修信息	10	未完成1项扣2分	□熟练 □不熟练	□熟练 □不熟练	□合格 □不合格
5	数据判断和分析能力	□1. 能判断插接器是否正常 □2. 能判断电动后视镜系统是否正常 □3. 能判断电动后视镜电路故障 □4. 能判断电动后视镜组件是否能正常使用	10	未完成1项扣3分，扣分不得超过10分	□熟练 □不熟练	□熟练 □不熟练	□合格 □不合格
6	表单填写和报告撰写能力	□1. 字迹清晰 □2. 语句通顺 □3. 无错别字 □4. 无涂改 □5. 无抄袭	5	未完成1项扣1分，扣分不得超过5分	□熟练 □不熟练	□熟练 □不熟练	□合格 □不合格

总分：

1. 电动后视镜上下方向的倾斜运动由一个永磁电动机控制,左右方向的倾斜运动由另一个永磁电动机控制。

2. 通过改变电动机的电流方向,即可完成后视镜的位置调整。

3. 为了使汽车能通过尽可能狭窄的路段,有的电动后视镜还带有折叠功能,由开关控制电动机工作,能使2个后视镜整体折叠或伸展。

一、判断题

1. 电动后视镜上下方向的倾斜运动由一个永磁发电机控制,左右方向的倾斜运动由另一个永磁电动机控制。   (   )

2. 通过改变电动机的电流方向,即可完成后视镜的位置调整。   (   )

3. 每个电动后视镜的镜片都由4个电动机来实现后视镜的调整。   (   )

4. 为了使汽车能通过尽可能狭窄的路段,有的电动后视镜还带有折叠功能。   (   )

5. 电动后视镜系统内一般有3个调整电机。   (   )

二、选择题

1. 电动后视镜一侧上下不能调整的原因是(   )。

   A. 电动机故障   B. 熔断器熔断
   C. 开关故障   D. 搭铁不良

2. 每个电动后视镜的后面都有(   )电动机驱动。

   A. 1个   B. 2个   C. 3个

3. 下列不属于电动后视镜常见故障现象的是(   )。

   A. 电动后视镜运动卡滞
   B. 电动后视镜镜片无法调节
   C. 电动后视镜不能动
   D. 电动后视镜开关损坏

4. 电动后视镜的电动机一般为(   )。

   A. 单向直流电动机   B. 双向交流电动机
   C. 永磁双向直流电动机   D. 永磁单向直流电动机

5. 汽车后视镜不工作,应先检查(   )。

   A. 电动机   B. 后视镜开关
   C. 熔断器   D. 导线是否短路

6. 电动后视镜有一侧不能调整,甲认为前后调整电动机损坏,乙认为搭铁不良,你认为(   )。

   A. 甲正确   B. 乙正确
   C. 两人都正确   D. 两人都不正确

任务四 电动座椅检修

任务引入

一辆迈腾 B8 轿车车主反映：驾驶人电动座椅不能前后移动调整。需要你对电动座椅电路进行检测，确定故障部位并进行修理。

任务目标

知识目标	技能目标	素养目标
1. 了解电动座椅的主要功能 2. 掌握电动座椅的组成及工作原理 3. 掌握迈腾 B8 车型电动座椅的组成及工作过程	1. 能正确识读电动座椅控制电路 2. 能按照维修规范对电动座椅进行检修	1. 能在工作过程中与小组其他成员合作、交流，养成团队合作意识，锻炼沟通能力 2. 养成 7S 工作习惯 3. 养成服从管理、规范作业的工作习惯

知识链接

一、电动座椅的组成及功用

电动座椅是指以电动机为动力，通过传动装置和执行机构来调节座椅的各种位置，使驾驶人和乘员乘坐舒适的座椅。通过座椅调节，还可以改变坐姿，减少乘员长时间乘车的疲劳。

座椅的调节正向多功能化发展，使座椅的安全性、舒适性、操作性日益提高。其种类很多，还可以有不同的组合方式。如具有 8 种调节功能的电动座椅，其动作方式有座椅的前后调节、座椅的上下调节、座位前部的上下调节、靠背的倾斜调节、侧背支撑调节、腰椎支撑调节、靠枕上下调节、靠枕前后调节。所有这些功能都必须由电动机带动传动机构来实现。

电动座椅一般由双向电动机、传动装置和座椅调节器等组成，如图 7-4-1 和图 7-4-2 所示。电动机的数量取决于电动座椅的类型，通常，两向移动的座椅装有 1 个电动机，四向移动的座椅装有 2 个电动机，最多可达 6 个电动机。大多数电动座椅使用永磁式电动机，通过开关来操纵电动机按不同方向旋转。为防止电动机过载，大多数永磁式电动机内装有断路器。

二、电动座椅传动机构的类型

为了达到更好的舒适性，电动座椅传动机构在工作时，应具有良好的平稳性，噪声要低。现代轿车电动座椅的传动机构一般有蜗轮蜗杆传动、驱动钢丝传动等类型。

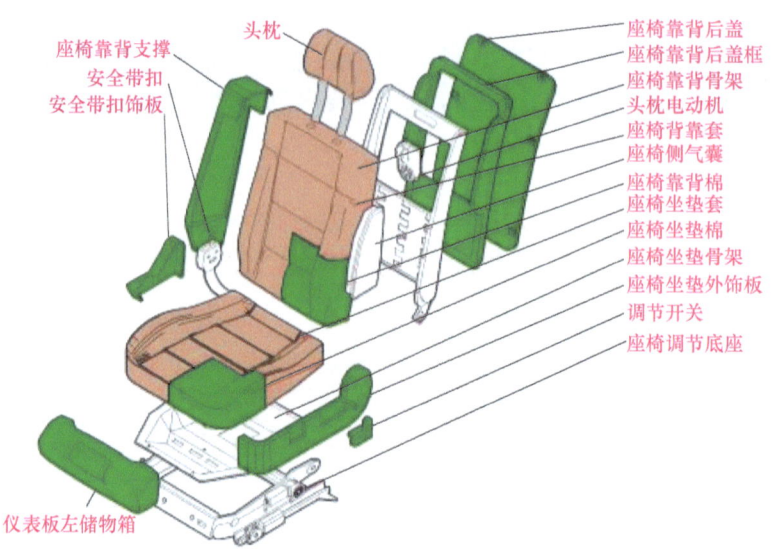

图 7-4-1　电动座椅的构造（一）

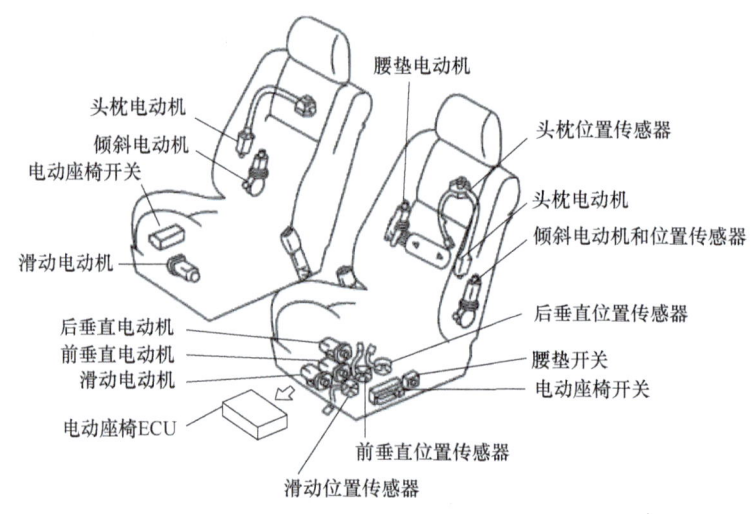

图 7-4-2　电动座椅的构造（二）

1. 蜗轮蜗杆传动方式

蜗轮蜗杆传动的部件有蜗杆轴、蜗轮、齿轴和齿条等。调整时，蜗杆轴在电动机的驱动下，带动蜗轮转动，从而将齿轴旋入或旋出，即座椅下降或上升。如果蜗轮又与齿条啮合，蜗轮转动将使齿条移动，即令座椅前移或后移。6向可调式电动座椅采用3个可以正反转的电动机来调整座椅。

2. 驱动钢丝传动方式

驱动钢丝传动方式电动座椅的机械部分由变速器、万向节、螺旋千斤顶及齿轮传动机构组成。开关接通后，电动机动力经齿轮、万向节、变速器、软轴等传至座椅调节器。当座椅调节器到达行程终点时，软轴停止运动，此时若电动机仍在运转，其动力将被橡胶万向节所吸收，以防电动机过载损坏。

座椅调节按钮设置在驾驶人方便操纵的地方，一般在驾驶人座椅的左侧面，如图7-4-3所示。有些轿车的控制部分还设有ECU，有储存记忆能力，只要按下某一个记忆按钮，即可自动将电动座椅调整到ECU储存的位置上。

三、电动座椅的工作原理

电动座椅的电动机采用永磁式结构，利用调整开关可控制电流流经电动机的方向。

迈腾B8车型左前电动座椅的控制电路如图7-4-4所示，其控制电路包括左前座椅调节操作单元EX33、驾驶人腰部支撑调节开关E176、左前侧座椅靠背调节电动机V495、左前

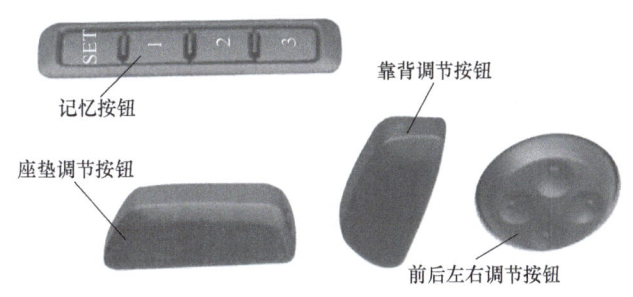

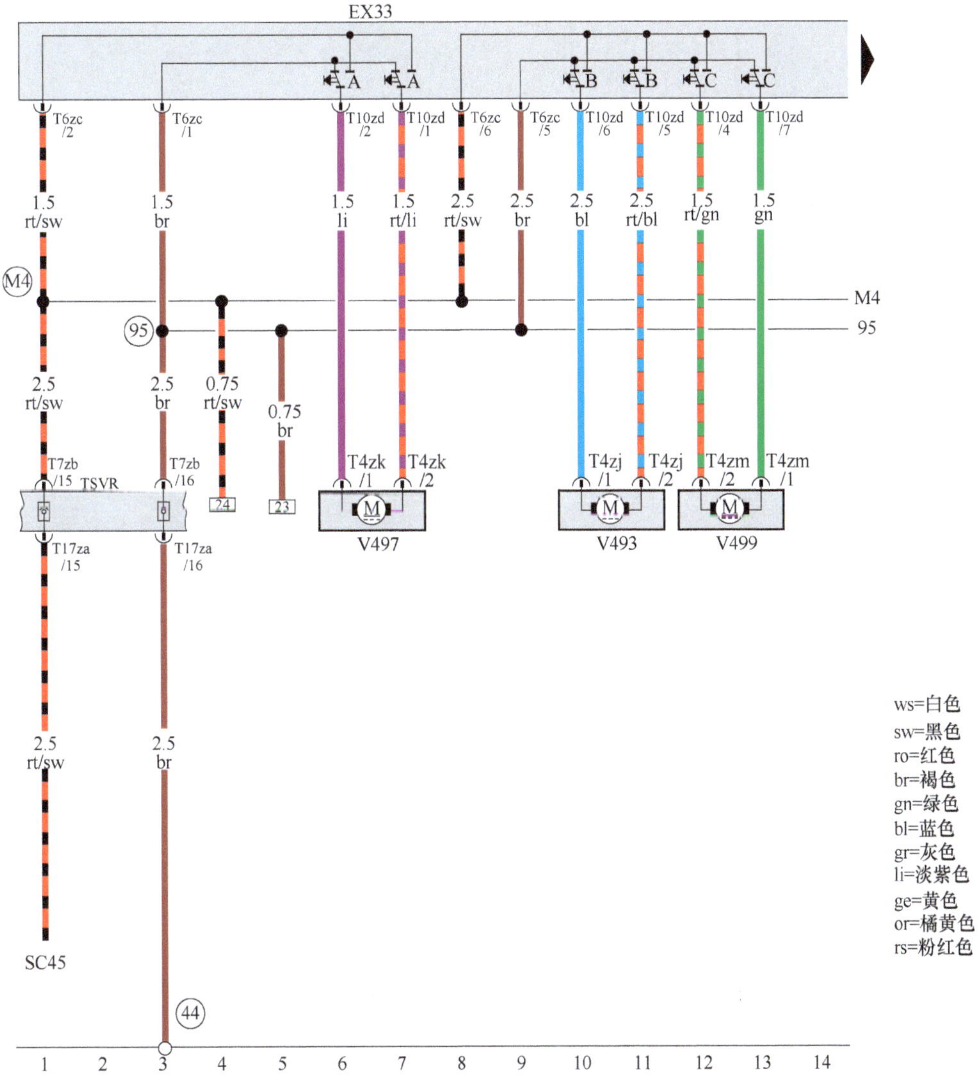

图7-4-3 座椅调节按钮（8方向调节）位置

图7-4-4 迈腾B8车型左前电动座椅的控制电路

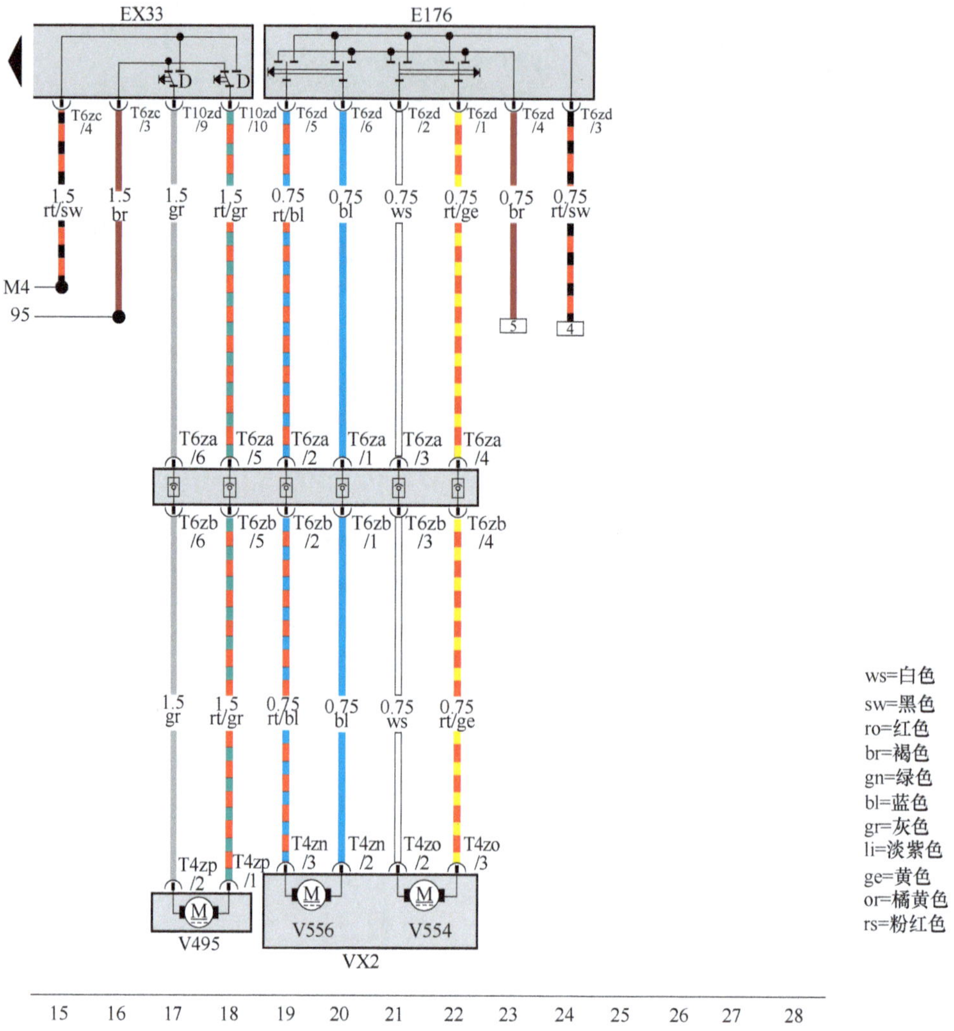

图 7-4-4 迈腾 B8 车型左前电动座椅的控制电路（续）

腰部支撑高度调节电动机 V554、左前腰部支撑前后位置调节电动机 V556、左前侧座椅纵向调节电动机 V493、左前侧座椅倾斜度调节电动机 V497、左前部座椅高度调节电动机 V499。流过电动机的电流方向决定了电动机的旋转方向，而电流的流向由调整开关决定。当驾驶人操作电动座椅开关（与操作单元集成一体）时，开关信号输送至电动座椅操作单元，操作单元控制根据驾驶人的意图，控制对应电动机的电流流向，实现电动机转动，完成座椅调整。

任务实施

左前电动座椅前后调节功能失效故障排除

一、作业准备

1. 实训器材

整车、万用表、故障诊断仪、车辆挡块、翼子板布、三件套等教学用具、常用维修工具

2. 准备工作

1）将实训车辆停放在检测区域。
2）检查实训室通风系统设备工作是否正常。
3）准备故障诊断仪、万用表、示波器、车辆挡块、翼子板布、三件套等教学用具。

技术要求与注意事项：正确使用工具、设备进行检测，拔插线束插接器时，需关闭点火开关；拔插控制单元插接器时，不仅需要关闭点火开关，还需要断开蓄电池负极。

二、操作步骤

以迈腾 B8 车型为例，介绍左前电动座椅前后调节功能失效故障排除的步骤。

1. 检查故障具体症状

打开点火开关，操作左前电动座椅调节开关，发现靠背倾斜调节正常，腰部支撑调节正常，座椅上下调节正常，座椅纵向调节时座椅没有动作。

2. 检测左前座椅纵向调节电动机 V493 供电

如图 7-4-5 所示，使用万用表直流电压档，红黑表笔分别连接 V493 T4zj/2 端子和 T4zj/1 端子，将点火开关置于 ON 位置，操作左前座椅调节单元 EX33 中座椅纵向调节按钮，读取万用表示数，前后调节时，读数均为 0，说明左前座椅纵向调节电动机 V493 供电异常。

3. 在 EX33 处，检测 V493 供电

如图 7-4-6 和图 7-4-7 所示，使用万用表直流电压档，红黑表笔分别连接 EX33 T10zd/5 端子和 T10zd/6 端子，将点火开关置于 ON 位置，

图 7-4-5　检测左前座椅纵向调节电动机 V493 供电

操作左前座椅调节单元 EX34 中座椅纵向调节按钮，读取万用表示数，显示电压为 12.6V，说明左前座椅纵向调节开关本身及供电正常，故障存在于 EX33 与 V493 间的电路。

图 7-4-6　操作 EX33 前进时电压

图 7-4-7　操作 EX33 后退时电压

4. 检测 EX33 与 V493 间的电路

使用万用表电阻档，红黑表笔分别连接 EX33 的 T10zd/6 端子、V493 的 T4zj/1 端子，

如图 7-4-8 所示，测得结果为 0.5Ω，说明电路正常，使用万用表电阻档，红黑表笔分别连接 EX33 的 T10zd/5 端子、V493 的 T4zj/2 端子，如图 7-4-9 所示，测得阻值为 ∞，说明电路断路。

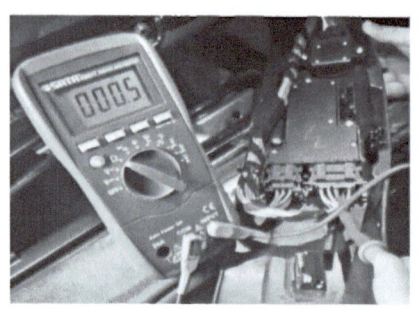 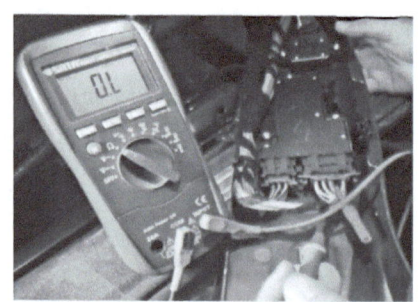

图 7-4-8　测试结果（EX33 的 T10zd/6 端子、V493 的 T4zj/1 端子）

图 7-4-9　测试结果（EX33 的 T10zd/5 端子、V493 的 T4zj/2 端子）

5. 排查电路故障并修复线束

破开线束，查找断路点，修复断路线束，使用万用表直流电压档，检测 V493 的 T4zj/2 端子与 T4zj/1 端子间电压，操作左前座椅调节单元 EX33 中座椅纵向调节按钮，测得结果如图 7-4-10 和图 7-4-11 所示，电压正常，电路故障恢复。

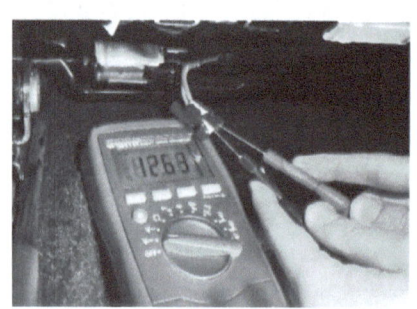 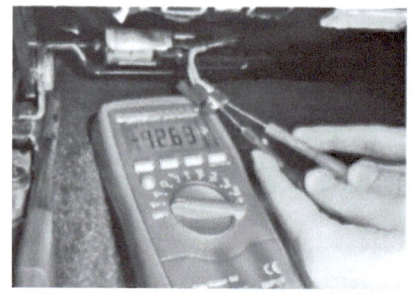

图 7-4-10　操作 EX33 前进时

图 7-4-11　操作 EX33 后退时

6. 修复后功能测试

打开点火开关，操作左前电动座椅调节开关，各功能均正常。

根据实际情况，填写任务工单。

电动座椅的检修		工作任务单		班级：	
				姓名：	
1. 车辆信息的记录					
品牌	丰田卡罗拉	整车型号		生产年月	
发动机型号		发动机排量		行驶里程	
车辆识别代号					

(续)

2. 电动座椅的就车检查

作业项目	检查结果与数据	判定
打开点火开关，操作左前电动座椅调节开关		正常□ 异常□
检测左前座椅纵向调节电动机V493供电		正常□ 异常□
检测 EX33 与V493间的电路		正常□ 异常□
		正常□ 异常□

3. 电动座椅系统诊断

作业项目	记录	作业项目	记录
故障码读取	已执行□ 否□	将点火开关转到 ON 档或 ACC 档位置	已执行□ 未执行□
故障码清除	已执行□ 否□		

4. 电动座椅组件解体

作业项目	记录	判定	作业项目	记录	判定
排查电路故障并修复线束		正常□ 异常□	检查机械传动部件		正常□ 异常□
检查线束连接		正常□ 异常□	修复后进行功能测试		正常□ 异常□

5. 查阅维修手册

序号	部件名称	章节及页码	规格（米制）
1		第 章 页	

任务评价

电动座椅的检修		实习日期：		
姓名：		班级：	学号：	
自评：□熟练 □不熟练		互评：□熟练 □不熟练	师评：□合格 □不合格	教师签名：
日期：		日期：	日期：	

【评分细则】

序号	评分项	得分条件	分值	评分要求	自评	互评	师评
1	安全/7S/态度	□1. 能进行工位 7S 操作 □2. 能进行设备和工具安全检查 □3. 能进行车辆安全防护操作 □4. 能进行工具清洁、校准、存放操作 □5. 能进行三不落地操作	15	未完成 1 项扣 3 分，扣分不得超过 15 分	□熟练 □不熟练	□熟练 □不熟练	□合格 □不合格

153

（续）

序号	评分项	得分条件	分值	评分要求	自评	互评	师评
2	专业技能能力	作业1 ☐1. 能正确地检查电动座椅机械传动装置 ☐2. 能正确地检查电动座椅控制电路 ☐3. 能正确地测量电源输出电压 ☐4. 能正确地检查电动座椅线束插接器 作业2 ☐1. 能正确地拆卸电动座椅组件 ☐2. 能正确地拆卸座椅电动机 ☐3. 能正确地拆卸电动座椅插接器 ☐4. 能正确地拆卸蓄电池负极电缆 作业3 ☐1. 能正确地读取故障码 ☐2. 能正确地判断故障 ☐3. 能正确地清除故障码	50	未完成1项扣3分，扣分不得超过50分	☐熟练 ☐不熟练	☐熟练 ☐不熟练	☐合格 ☐不合格
3	工具及设备的使用能力	☐1. 能正确地使用维修工具 ☐2. 能正确地选用万用表 ☐3. 能正确地使用诊断仪器	10	未完成1项扣3分	☐熟练 ☐不熟练	☐熟练 ☐不熟练	☐合格 ☐不合格
4	资料、信息查询能力	☐1. 能正确地识读维修手册并查询资料 ☐2. 能正确地使用用户手册查询资料 ☐3. 能正确记录所查询资料的章节及页码 ☐4. 能正确记录所需维修信息	10	未完成1项扣2分	☐熟练 ☐不熟练	☐熟练 ☐不熟练	☐合格 ☐不合格
5	数据判断和分析能力	☐1. 能判断插接器是否正常 ☐2. 能判断电动座椅是否正常 ☐3. 能判断电动座椅系统是否正常 ☐4. 能判断电动座椅组件是否能正常使用	10	未完成1项扣3分，扣分不得超过10分	☐熟练 ☐不熟练	☐熟练 ☐不熟练	☐合格 ☐不合格
6	表单填写和报告撰写能力	☐1. 字迹清晰 ☐2. 语句通顺 ☐3. 无错别字 ☐4. 无涂改 ☐5. 无抄袭	5	未完成1项扣1分，扣分不得超过5分	☐熟练 ☐不熟练	☐熟练 ☐不熟练	☐合格 ☐不合格

总分：

知识总结

1. 通过座椅调节，还可以改变坐姿，减少乘员长时间乘车的疲劳。
2. 具有8种调节功能的电动座椅，其动作方式有座椅的前后调节、座椅的上下调节、座位前部的上下调节、靠背的倾斜调节、侧背支撑调节、腰椎支撑调节、靠枕上下调节、靠枕前后调节。
3. 电动座椅一般由双向电动机、传动装置和座椅调节器等组成。
4. 现代轿车电动座椅的传动机构一般有蜗轮蜗杆传动、驱动钢丝传动等类型。
5. 电动座椅的电动机采用永磁式结构，利用调整开关可控制电流流经电动机的方向。

一、判断题

1. 一般一个电动机可以完成电动座椅两个方向的调整。（   ）
2. 电动座椅一般由单向电动机、传动装置和座椅调节器等组成。（   ）
3. 蜗轮蜗杆传动的部件有蜗杆轴、蜗轮、齿轴和齿条。（   ）
4. 座椅调节按钮设置在驾驶人方便操纵的地方，一般在驾驶人座椅的左侧面。（   ）
5. 电动座椅的电动机采用励磁式结构，利用调整开关可控制电流流经电动机的方向。（   ）
6. 电动座椅通过座椅调节开关来完成不同的调节功能。（   ）
7. 电动座椅系统能从6个方向电动调整座椅，用一台可逆的、永磁式三电枢的电动机。（   ）
8. 电动座椅的调整功能越多，需要的电动机数量越多。（   ）

二、选择题

1. 通过控制开关来改变流经电动机内部的（   ），可以实现座椅调整方向的改变。
   A. 电压大小   B. 电流大小   C. 电压方向   D. 电流方向
2. （   ）调整机构可以实现座椅的上升与下降。
   A. 倾斜   B. 高度   C. 前后   D. 立体
3. 装4个双向电动机的座椅最多可以调整（   ）方向。
   A. 8个   B. 5个   C. 4个   D. 6个
4. 电动座椅在任何方向均不能移动，最不可能的原因是（   ）。
   A. 电源断路   B. 开关断路
   C. 电动机断路   D. 电动机过载保护器断开

任务五　电动车窗检修

任务引入

一辆迈腾B8轿车车主反映：驾驶人侧（左前）电动车窗玻璃不能升降，其他电动车窗工作正常。需要你对电动车窗电路进行检测，确定故障部位并进行修理。

知识目标	技能目标	素养目标
1. 了解电动车窗的主要功能 2. 掌握电动车窗的组成及工作原理 3. 掌握迈腾 B8 车型电动车窗系统的组成及工作过程	1. 能够识读电动车窗控制电路 2. 能按照维修规范对电动车窗进行检修	1. 能在工作过程中与小组其他成员合作、交流，养成团队合作意识，锻炼沟通能力 2. 养成 7S 工作习惯 3. 养成服从管理、规范作业的工作习惯

一、电动车窗的作用

电动车窗是指以动力使车窗玻璃自动升降的车窗。驾驶人或乘员操纵开关，接通车窗玻璃升降器电动机的电路，电动机产生的动力通过一系列的机械传动，使车窗玻璃按需求进行升降。电动车窗由于其操作简便、可靠，在现代汽车上得到了广泛的应用。

二、电动车窗的组成与分类

电动车窗控制系统主要由车窗、车窗玻璃升降器（含电动机）、控制开关（主控开关、分控开关）等组成，主要零部件在车上的位置如图 7-5-1 所示。

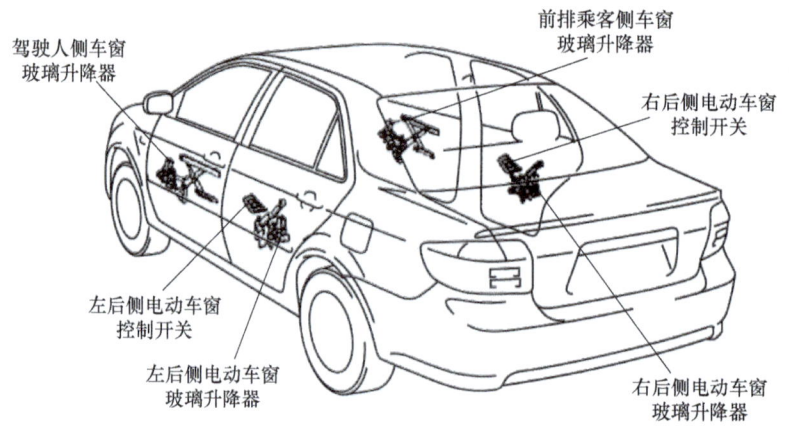

图 7-5-1　电动车窗部件在车上的位置

1. 车窗玻璃升降器

车窗玻璃升降器常见的有交叉传动臂式和钢丝滚筒式两种，分别如图 7-5-2 和图 7-5-3 所示。

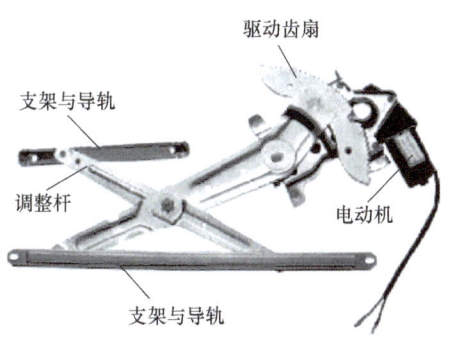

图 7-5-2 交叉传动臂式车窗玻璃升降器

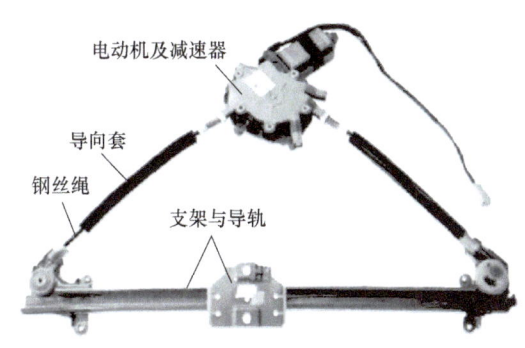

图 7-5-3 钢丝滚筒式车窗玻璃升降器

每个车窗玻璃升降器安装有一个电动机。电动车窗控制系统采用双向转动的直流电动机，分为双向永磁式或双绕组式两种，车窗玻璃升降器电动机实物如图 7-5-4 所示。

双向永磁式电动机不直接搭铁，电动机的搭铁受开关或控制单元控制，通过改变电动机的电流方向可以改变电动机的转向，从而实现车窗玻璃的升或降；双绕组式电动机一端直接搭铁，电动机有两组励磁绕组，通过接通不同的励磁绕组，使电动机的转向不同，实现车窗玻璃的升或降。

2. 控制开关

控制开关的作用是控制电动机的电流方向。控制开关（图 7-5-5）一般有两套：一套为主控开关（总开关），装在驾驶人侧车门的内侧，用于驾驶人操纵每个车窗玻璃的升降；另一套为分控开关，分别安装在每个车门的中部或车门把手上，用于乘员操控车窗玻璃。

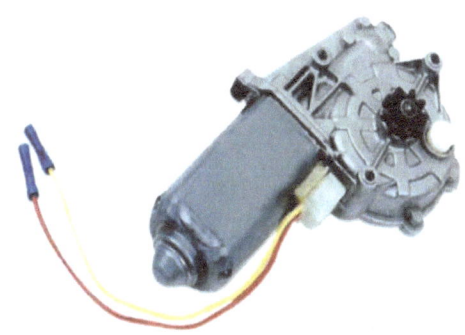

图 7-5-4 车窗玻璃升降器电动机实物

图 7-5-5 电动车窗控制开关（驾驶人侧）

3. 迈腾 B8 电动车窗的控制电路及工作原理

迈腾 B8 车型驾驶人侧电动车窗的控制电路如图 7-5-6 所示，整体系统中包括车载网络控制单元 J519、数据总线诊断接口 J533、车门控制单元（J386、J387、J388、J389）、玻璃升降器电动机（左前玻璃升降器电动机 V14）、玻璃升降器开关（驾驶人侧玻璃升降器开关 E512）。

以在驾驶人侧操作前排乘客侧车窗玻璃升降器为例，介绍系统工作过程：当驾驶人操作驾驶人侧玻璃升降器开关 E512 上的前排乘客侧玻璃升降器按钮时，开关将信号输送至驾驶人侧车门控制单元 J386，J386 通过舒适 CAN 总线将信号输送至前排乘客侧车门控制单元 J387，J387 控制前排乘客侧玻璃升降器电动机工作，玻璃开始升降。

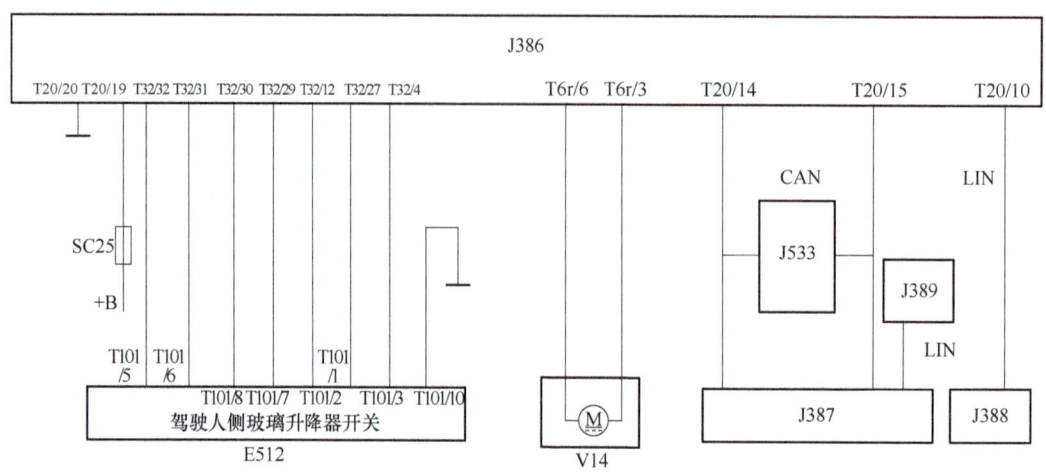

图 7-5-6 迈腾 B8 车型驾驶人侧电动车窗的控制电路

乘客操作车门玻璃升降（以前排乘客为例）：当乘客操作前排乘客侧玻璃升降器按钮时，前排乘客侧车门控制单元 J387 接收信号后，J387 控制前排乘客侧玻璃升降器电动机工作，玻璃开始升降。

左前电动车窗玻璃升降功能失效故障排除

一、作业准备

1. 实训器材

整车、万用表、故障诊断仪、车辆挡块、翼子板布、三件套等教学用具、常用维修工具和维修手册等。

2. 准备工作

1）将实训车辆停放在检测区域。
2）检查实训室通风系统设备工作是否正常。
3）准备故障诊断仪、示波器、车辆挡块、翼子板布、三件套等教学用具。

技术要求与注意事项：正确使用工具、设备进行检测，拔插线束插接器时，需关闭点火开关；拔插控制单元插接器时，不仅需要关闭点火开关，还需要断开蓄电池负极。

二、操作步骤

以迈腾 B8 车型为例，介绍左前电动车窗玻璃升降功能失效故障排除的步骤。

1. 检查故障具体症状

打开点火开关，操作驾驶人侧车窗玻璃升降器开关 E512，驾驶人侧车窗玻璃无法降下，其他车门均正常。

2. 读取故障码，执行动作测试

使用故障诊断仪访问驾驶人侧车门控制单元 J386，选择"故障码"，读取故障码，系统内无相关故障码，使用故障诊断仪访问驾驶人侧车门控制单元 J386，选择"动作测试"—"前车窗玻璃升降器，驾驶人侧"，设置"起动时间""起动参数"，单击"开始"，动作测试结果如图 7-5-7 所示，驾驶人侧车窗玻璃升降正常，说明驾驶人侧车窗玻璃升降器电动机及相关电路正常。

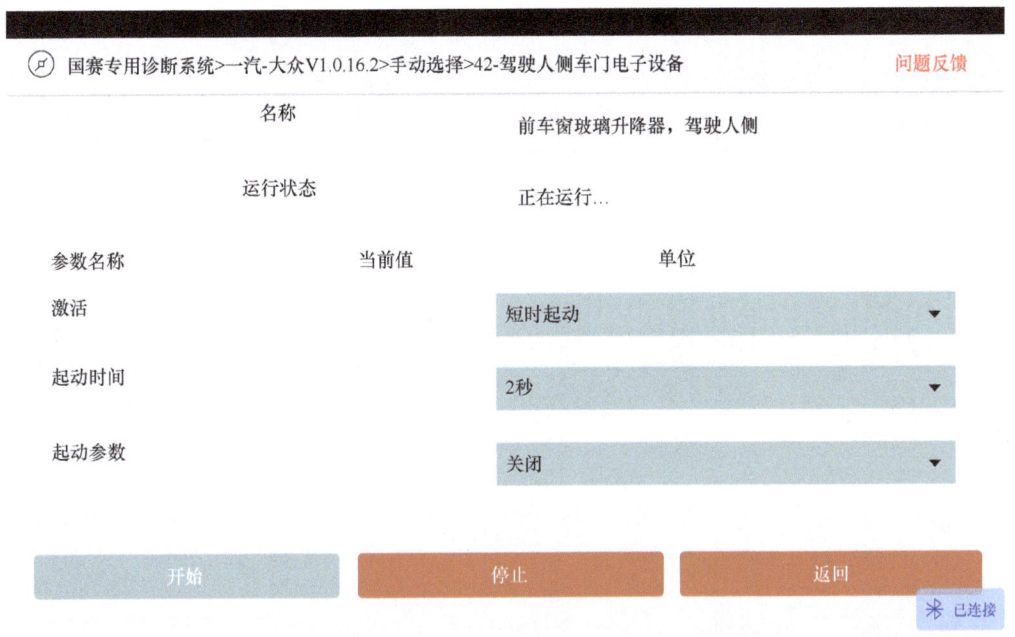

图 7-5-7　前车窗升降器/驾驶人侧动作测试结果

3. 读取驾驶人侧玻璃升降器开关 E512 数据流

使用诊断仪访问驾驶人侧车门控制单元 J386，选择"数据流"—"前车窗玻璃升降器按钮，驾驶人侧"，数据流如图 7-5-8 所示，显示"前车窗玻璃升降器按钮，驾驶人侧"数值不可信，说明驾驶人侧车窗玻璃升降器按钮存在故障。

前车窗玻璃升降器按钮，驾驶人侧

序号	数据项	值	单位	参考范围
1	前车窗玻璃升降器按钮，驾驶员侧	不可信		~

图 7-5-8　前车窗玻璃升降器按钮/驾驶人侧数据流

4. 检测驾驶人侧玻璃升降器开关信号

使用示波器检测驾驶人侧玻璃升降器开关 E512 T101/5 端子波形，打开点火开关，分别获取不操作按键、点动升、一键升、点动降、一键降 5 种状态的波形，分别如图 7-5-9~图 7-5-13 所示，除图 7-5-8 波形正常外，其他波形幅值均比标准波形幅值低，判断 E512 的 T101/5 端子与 J386 的 T32/32 端子间存在电阻。

5. 电路检测

使用万用表电阻档，检测 E512 的 T101/5 端子与 J386 的 T32/32 端子间电阻，如图 7-5-14 所示，测得阻值为 29.9Ω，说明 E512 的 T101/5 端子与 J386 的 T32/32 端子间虚接。

6. 排查电路故障并修复线束

排查插头与线束，发现由于 E512 处 T101/5 端子线束侧插头锈蚀导致连接电阻增大，修复线束。

7. 修复后进行功能测试

打开点火开关，操作驾驶人侧玻璃升降器开关 E512，驾驶人侧车窗玻璃升降功能恢复，故障排除。

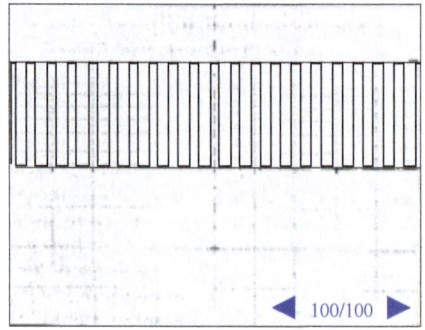

图 7-5-9　不操作按键波形

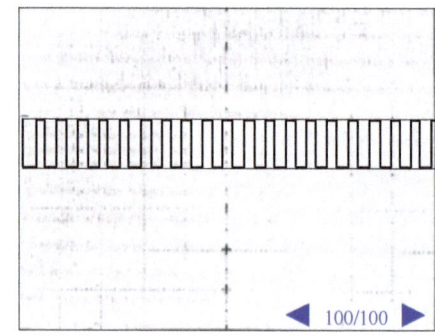

图 7-5-10　点动升波形

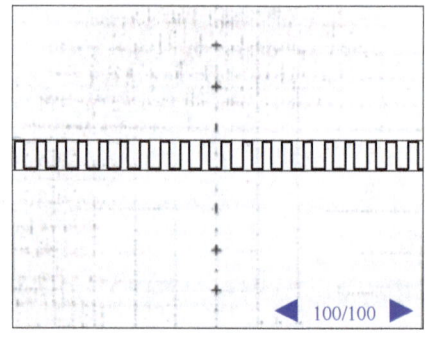

图 7-5-11　一键升波形

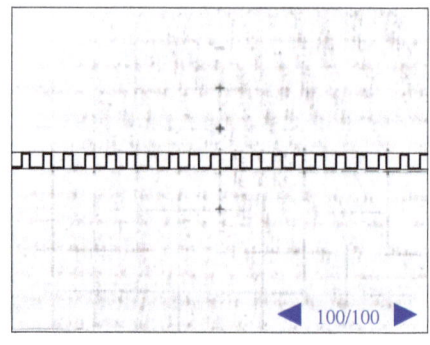

图 7-5-12　点动降波形

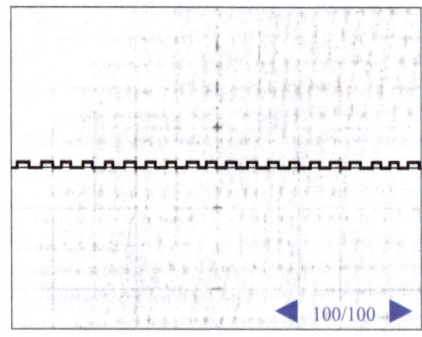

图 7-5-13　一键降波形

图 7-5-14　T101/5 端子与 J386 的 T32/32 端子间电阻测量

根据实际情况，填写任务工单。

电动车窗的检修	工作任务单	班级：
		姓名：

1. 车辆信息的记录

品牌	迈腾 B8	整车型号		生产年月	
发动机型号		发动机排量		行驶里程	
车辆识别代号					

2. 电动车窗的就车检查

作业项目	检查结果与数据	判定
将实训车辆停放在检测区域		正常□ 异常□
检查实训室通风系统设备工作是否正常		正常□ 异常□
打开点火开关，操作驾驶人侧玻璃升降器开关 E512		正常□ 异常□

3. 电动车窗系统诊断

作业项目	记录	作业项目	记录
使用故障诊断仪访问驾驶人侧车门控制单元 J386，选择"故障码"，读取故障码	已执行□ 未执行□	使用故障诊断仪访问驾驶人侧车门控制单元 J386，选择"动作测试"—"前车窗玻璃升降器，驾驶人侧"，设置"起动时间""起动参数"，单击"开始"	已执行□ 未执行□
读取驾驶人侧玻璃升降器开关 E512 数据流	已执行□ 未执行□	检测驾驶人侧玻璃升降器开关信号	已执行□ 未执行□
故障码清除	已执行□ 未执行□		

4. 电动车窗检查

作业项目	记录	判定	作业项目	记录	判定
拆卸电动车窗组件		正常□ 异常□	使用万用表电阻档，检测 E512 的 T101/5 端子与 J386 的 T32/32 端子间电阻		正常□ 异常□
排查电路故障并修复线束		正常□ 异常□	修复后执行功能测试		正常□ 异常□

5. 查阅维修手册

序号	部件名称	章节及页码	规格（米制）
1		第　章　　　页	

电动车窗的检修				实习日期：			
姓名：			班级：		学号：		
自评：☐熟练 ☐不熟练			互评：☐熟练 ☐不熟练		师评：☐合格 ☐不合格		教师签名：
日期：			日期：		日期：		
【评分细则】							
序号	评分项	得分条件		分值	评分要求	自评	互评	师评

序号	评分项	得分条件	分值	评分要求	自评	互评	师评
1	安全/7S/态度	☐1. 能进行工位7S操作 ☐2. 能进行设备和工具安全检查 ☐3. 能进行车辆安全防护操作 ☐4. 能进行工具清洁、校准、存放操作 ☐5. 能进行三不落地操作	15	未完成1项扣3分，扣分不得超过15分	☐熟练 ☐不熟练	☐熟练 ☐不熟练	☐合格 ☐不合格
2	专业技能能力	作业1 ☐1. 能正确地检查电动车窗 ☐2. 能正确地检查电动车窗控制电路 ☐3. 能正确地测量电源输出电压 ☐4. 能正确地检查电动车窗线束插接器 作业2 ☐1. 能正确地拆卸电动车窗组件 ☐2. 能正确地拆卸玻璃升降机构 ☐3. 能正确地拆卸线束插接器 ☐4. 能正确地拆卸蓄电池负极电缆 作业3 ☐1. 能正确地读取故障码 ☐2. 能正确地判断故障 ☐3. 能正确地清除故障码	50	未完成1项扣3分，扣分不得超过50分	☐熟练 ☐不熟练	☐熟练 ☐不熟练	☐合格 ☐不合格
3	工具及设备的使用能力	☐1. 能正确地使用维修工具 ☐2. 能正确地选用万用表 ☐3. 能正确地使用诊断仪器	10	未完成1项扣3分	☐熟练 ☐不熟练	☐熟练 ☐不熟练	☐合格 ☐不合格
4	资料、信息查询能力	☐1. 能正确地识读维修手册并查询资料 ☐2. 能正确地使用用户手册查询资料	10	未完成1项扣2分	☐熟练 ☐不熟练	☐熟练 ☐不熟练	☐合格 ☐不合格

（续）

序号	评分项	得分条件	分值	评分要求	自评	互评	师评
4	资料、信息查询能力	□3. 能正确记录所查询资料的章节及页码 □4. 能正确记录所需维修信息	10	未完成1项扣2分	□熟练 □不熟练	□熟练 □不熟练	□合格 □不合格
5	数据判断和分析能力	□1. 能判断插接器是否正常 □2. 能判断电动车窗是否正常 □3. 能判断电动车窗系统是否正常 □4. 能判断电动车窗组件是否能正常使用	10	未完成1项扣3分，扣分不得超过10分	□熟练 □不熟练	□熟练 □不熟练	□合格 □不合格
6	表单填写和报告撰写能力	□1. 字迹清晰 □2. 语句通顺 □3. 无错别字 □4. 无涂改 □5. 无抄袭	5	未完成1项扣1分，扣分不得超过5分	□熟练 □不熟练	□熟练 □不熟练	□合格 □不合格

知识总结

1. 电动车窗是指以动力使车窗玻璃自动升降的车窗。

2. 电动车窗控制系统主要由车窗、车窗玻璃升降器（含电动机）、控制开关（主控开关、分控开关）等组成。

3. 车窗玻璃升降器常见的有交叉传动臂式和钢丝滚筒式两种。

4. 每个车窗玻璃升降器安装有一个电动机。电动车窗控制系统采用双向转动的直流电动机，分为双向永磁式或双绕组式两种。

5. 控制开关的作用是控制电动机的电流方向。

6. 主控开关（总开关）装在驾驶人侧车门的内侧，用于驾驶人操纵每个车窗玻璃的升降。

知识巩固

一、判断题

1. 电动车窗的电动机一般为单向直流电动机。（　　）
2. 电动车窗一般装有两套开关，分别为总开关和分开关，这两个开关之间的电路互相独立。（　　）
3. 电动车窗主控开关的总开关控制分开关的搭铁线。（　　）
4. 电动车窗是指以动力使车窗玻璃自动升降的车窗。（　　）
5. 永磁式电动机直接搭铁，电动机的搭铁受开关或控制单元控制。（　　）
6. 车窗玻璃升降器实际上是由手动玻璃升降器加上电动机和减速器构成的。（　　）
7. 电动车窗由车窗、车窗玻璃升降器、电动机开关等装置组成。（　　）

8. 电动车窗玻璃的升降主要是利用电动机的正转和反转实现的。（　　）

9. 电动车窗的主开关搭铁失效会导致所有车窗玻璃均不能动作。（　　）

10. 电动车窗由于其操作简便、可靠，在现代汽车上得到了广泛的应用。（　　）

二、选择题

1. 电动车窗的右前窗不工作，甲说可能是由于车窗玻璃升降器电动机未搭铁引起的，乙说是开关故障，你认为（　　）。

　　A. 只有甲正确　　　　　　　　　　B. 只有乙正确
　　C. 甲乙都正确　　　　　　　　　　D. 甲乙都不正确

2. 电动车窗的控制，甲认为，主开关能对系统进行集中控制；乙认为，锁止开关可对驾驶人侧车窗进行控制，你认为（　　）。

　　A. 甲对　　　　　　　　　　　　　B. 乙对
　　C. 甲乙都对　　　　　　　　　　　D. 甲乙都不对

3. 电动车窗中的玻璃升降器电动机一般为（　　）。

　　A. 单向直流电动机　　　　　　　　B. 双向交流电动机
　　C. 永磁双向直流电动机　　　　　　D. 串励式直流电动机

4. 检查电动车窗左后玻璃升降器电动机时，用蓄电池的正负极分别接电动机插接器端子后，电动机转动，互换正负极和端子的连接后，电动机反转，说明（　　）。

　　A. 电动机状况良好　　　　　　　　B. 不能判断电动机的好坏
　　C. 电动机损坏　　　　　　　　　　D. B 或 C

5. 某汽车电动车窗玻璃出现都不能上升或下降故障时，可能原因有（　　）。

　　A. 开关损坏或控制电路出故障
　　B. 总开关上的安全开关出故障
　　C. 熔丝熔断或搭铁不良
　　D. 电动机故障

6. 引起车辆某一扇车窗不能工作的可能原因是（　　）。

　　A. 电路短路　　　　　　　　　　　B. 主开关短路
　　C. 车门开关断路　　　　　　　　　D. 主熔断丝熔断

7. 如果在开启车窗玻璃时，某个车窗玻璃不能升降，可能是（　　）故障。

　　A. 熔断器断路　　　　　　　　　　B. 电源电压过低
　　C. 电源开关故障　　　　　　　　　D. 电动机损坏

 任务六　安全气囊检修

任务引入

　　一辆丰田卡罗拉轿车在行驶过程中，安全气囊（SRS）灯突然点亮，到维修站后，维修人员对安全气囊进行了全面的检测，诊断出故障原因和故障部位，并排除了故障，恢复了安全气囊的正常功能。

知识目标	技能目标	素养目标
1. 了解安全气囊的作用 2. 掌握安全气囊的组成、主要部件的作用及工作原理	1. 能正确地使用工具和仪器 2. 能规范地检查安全气囊 3. 能规范地更换安全气囊部件	1. 能在工作过程中与小组其他成员合作、交流，养成团队合作意识，锻炼沟通能力 2. 养成7S工作习惯 3. 养成服从管理、规范作业的工作习惯

气囊（Air bag）是一种起缓冲作用的装置。SRS（Supplemental Restraint System）是"辅助约束系统"的英文缩写，通常称为安全气囊。安全气囊属于被动安全系统。

一、安全气囊的作用

安全气囊的作用是在车辆发生碰撞后迅速在乘员和车内部件之间打开一个充满气体的气囊，让乘员扑在气囊上，通过气囊的排气节流吸收乘员的动能，使乘员在车内发生猛烈的碰撞时得以缓冲，以达到保护乘员的目的，如图7-6-1所示。

二、安全气囊的分类

安全气囊已成为现代汽车上的常规装备，且普遍采用电子控制式安全气囊。各种车型安全气囊的安装位置、安装数目等有所差异。

1）按安全气囊的安装位置分为正面安全气囊和侧面安全气囊。
2）按安全气囊的安装数目分为单安全气囊、双安全气囊和多安全气囊。

有的车型还装备了安全带预张紧器，如图7-6-2所示。

图 7-6-1　安全气囊示意图

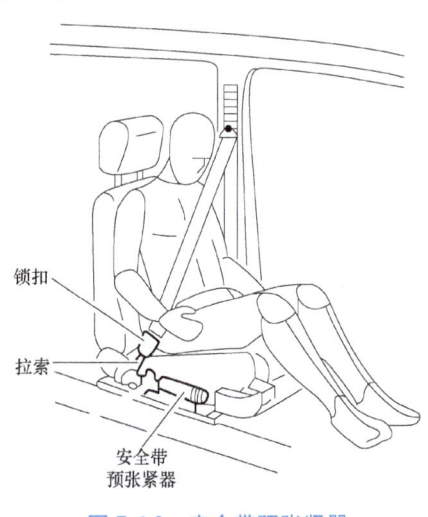

图 7-6-2　安全带预张紧器

安全气囊主要部件包括碰撞传感器、安全气囊 ECU、气囊组件和安全气囊警告灯，如图 7-6-3 所示。

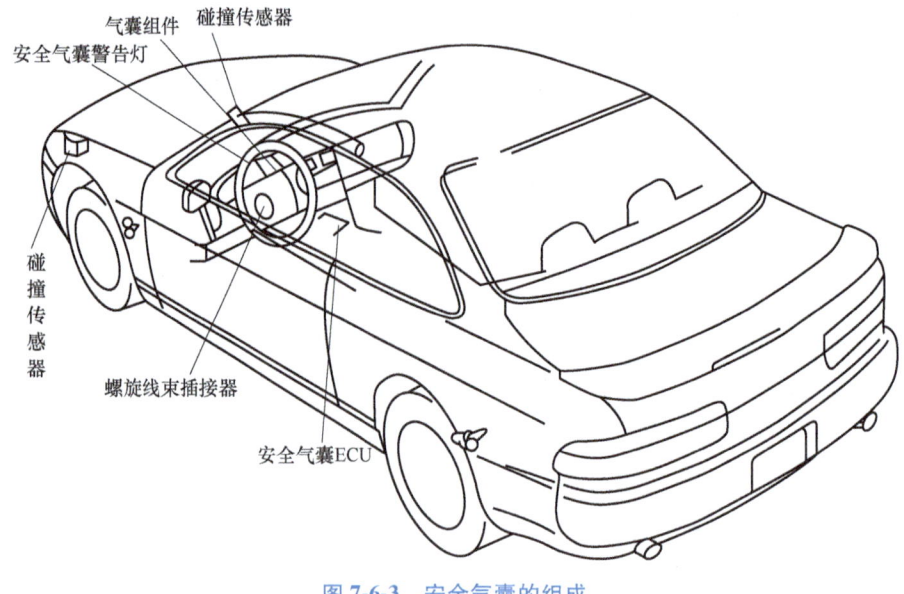

图 7-6-3　安全气囊的组成

三、安全气囊的组成

1. 传感器

安全气囊采用的传感器包括碰撞传感器（前碰撞传感器、中央碰撞传感器）和安全传感器。其作用是用来检测车辆碰撞强度，以作为安全气囊 ECU 计算安全气囊是否动作的参数。

前碰撞传感器一般安装在车辆前翼子板上，用于检测车辆碰撞强度，机械式前碰撞传感器示意图如图 7-6-4 所示。

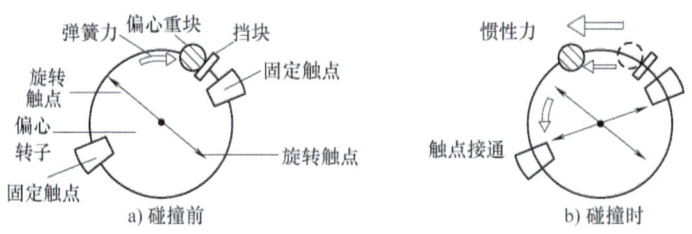

图 7-6-4　机械式前碰撞传感器示意图

中央碰撞传感器安装在中控台上或安全气囊 ECU 内，用于检测车辆碰撞强度，电子式中央碰撞传感器示意图如图 7-6-5 所示。

安全传感器置于安全气囊 ECU 内，为保险传感器，用来防止气囊组件误点火。安全传感器通常采用机械式和汞开关式，当车辆发生正面碰撞时，其触点接通，如图 7-6-6 所示。

安全气囊传感方式（传感器设置）有多点传感式和单点传感式。

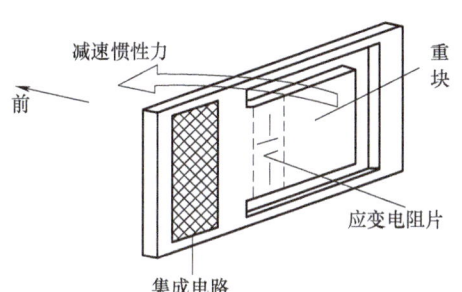

图 7-6-5　电子式中央碰撞传感器示意图

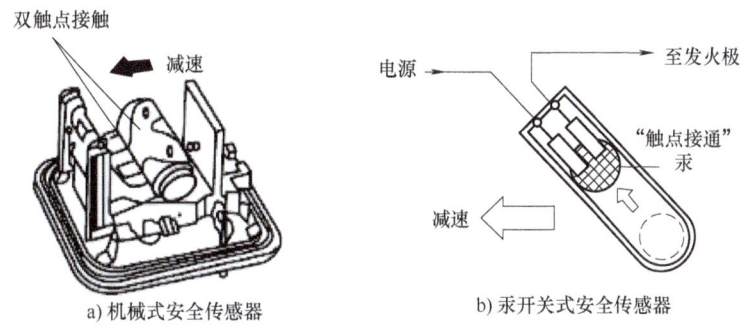

图 7-6-6　安全传感器

多点传感式安全气囊共有 3 个传感器，前左右侧翼子板各有一个碰撞传感器，安全气囊 ECU 内有一个中央碰撞传感器，两个前碰撞传感器中只要有一个闭合，安全气囊 ECU 就会根据传感器送来的信号进行处理和判断，符合安全气囊打开条件时，ECU 会发出点火信号使气囊充气膨开。

单点传感式安全气囊采用单个电子式传感器，并且传感器与安全气囊 ECU 内点火控制模块、诊断模块集成在一起。由于安全气囊点火控制算法越来越完善，单点传感式安全气囊正逐步取代多点传感式安全气囊。

2. 气囊组件

气囊组件由气体生成器、点火器、气囊、固定板和盖板等组成，如图 7-6-7 所示。

1）气体生成器由上盖、下盖、充气剂（片状叠氮化钠）和金属滤网等组成，如图 7-6-8 所示。

2）点火器安装在气体生成器内部中央位置。点火器包括点火剂（引爆炸药和引药）和引出导线等，如图 7-6-9 所示。

3）气囊多采用尼龙布涂氯丁橡胶或有机硅制成，涂层起密封和引燃的作用。

4）气囊组件通过固定板与车上部件连接。

5）盖板上面模制有缝隙，以便气囊充气时能冲破盖板而膨开。

3. 安全带预张紧器

当车辆发生强烈碰撞时，安全带预张紧器将快速起动，迅速收紧安全带，延长乘员向前冲的时间，使气囊的作用更有效。

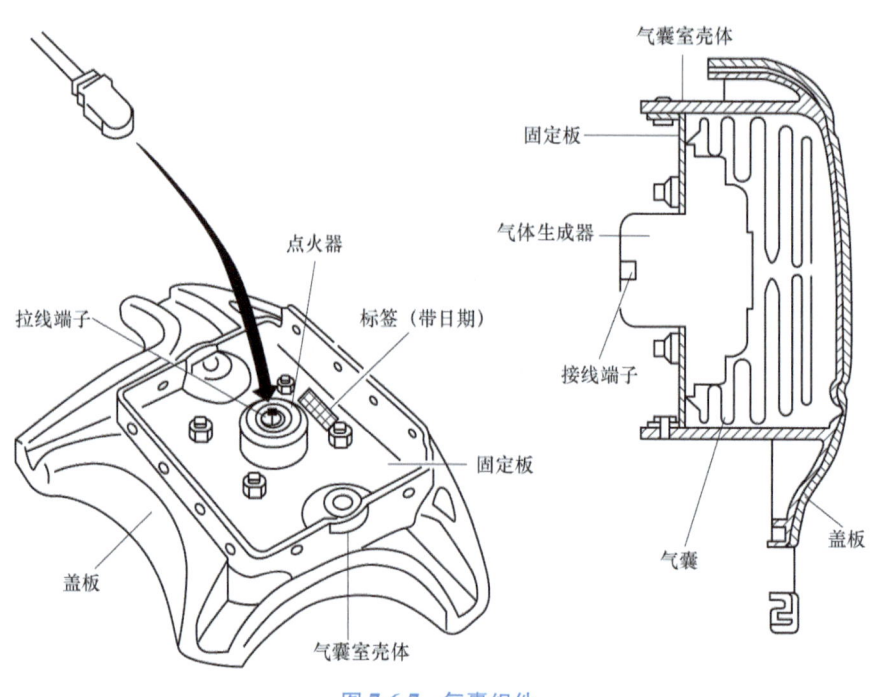

图 7-6-7　气囊组件

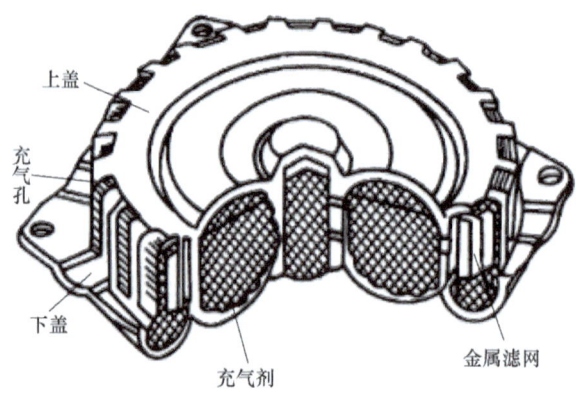

图 7-6-8　气体生成器的结构

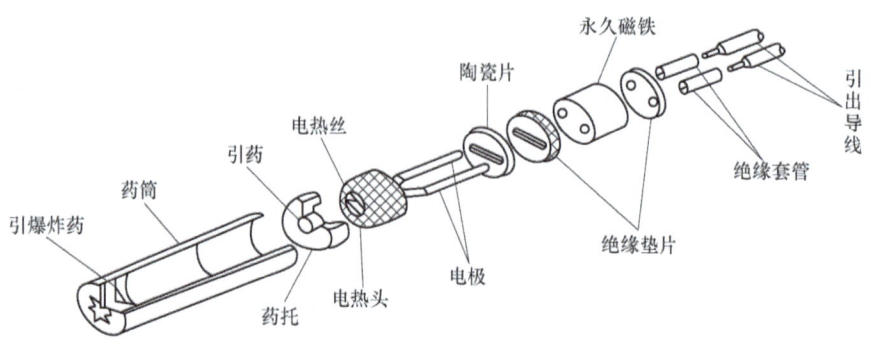

图 7-6-9　点火器的结构

4. 插接器与保险机构

为了保证安全气囊系统可靠工作，有的插接器采用特殊机构，如防止气囊误爆机构、电路连接诊断机构、线束插接器双重锁定机构、插接器端子双重锁定机构等保险机构。安全气囊系统插接器示意图如图 7-6-10 所示。

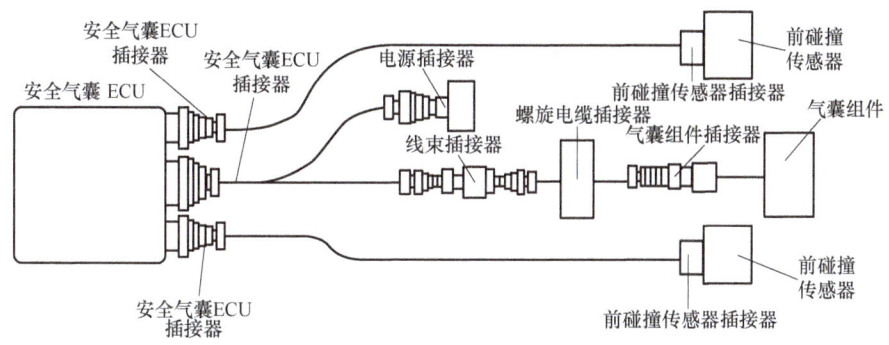

图 7-6-10　安全气囊系统插接器示意图

四、安全气囊的工作原理及维护

当汽车受到前方一定角度内（前方±30°，时速>30km）的高速碰撞时，安全传感器和中央碰撞传感器同时检测到车速的突然变化信号，并将信号在 0.01s 内迅速传递给安全气囊 ECU。ECU 在经过分析确认碰撞强度超过其规定值时，立即引爆安全气囊内的发火极，使其发生爆炸，该过程大约经过 0.05s。发火极引爆后，气体生成器中的固态充气剂迅速汽化，大量氮气立即吹胀气囊，并冲开转向盘上的盖子而完全展开，安全气囊的工作原理如图 7-6-11 所示。

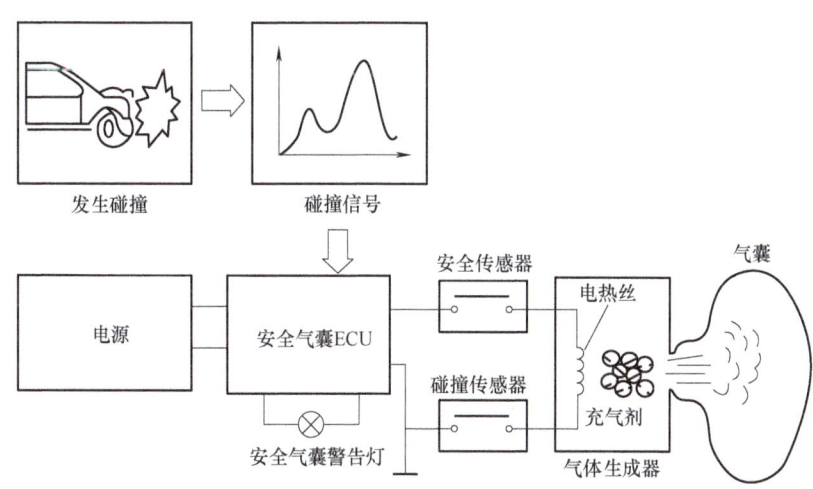

图 7-6-11　安全气囊的工作原理

在乘员压向气囊的同时，气囊内部氮气就会因受压而从气囊上的小孔排出，从而减缓撞击力。其工作过程如图 7-6-12 所示。下面介绍安全气囊的相关维护内容。

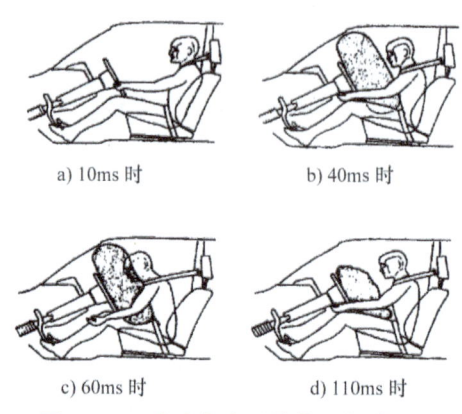

图 7-6-12　安全气囊系统的工作过程图

1. 引爆后修复

在碰撞之后，正面安全气囊被引爆的情况下，要更换的部件如图 7-6-13 所示。

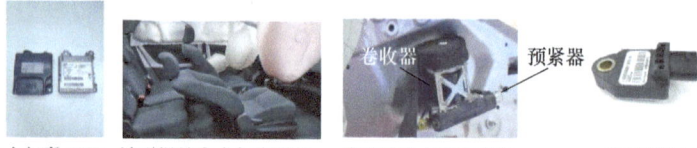

图 7-6-13　要更换的安全气囊部件

2. 安全气囊控制单元的更换

1）内装碰撞传感器的安全气囊 ECU 事故引爆后必须更换，因为其碰撞传感器已失效且无法修复。

2）必须更换相同型号的安全气囊 ECU。

3）内装碰撞传感器安全气囊 ECU 安装时应小心，不可摔打、摇晃或落到硬的板块上，注意其安装方向不能装错（图 7-6-14）。

3. 安全气囊操作注意事项

1）安全气囊组件的检查与更换作业需由专业技术人员承担。

2）只能换用新的与原车零部件编号相同的正宗配件，点火器有失效期，要遵守配件上注明的使用期限。

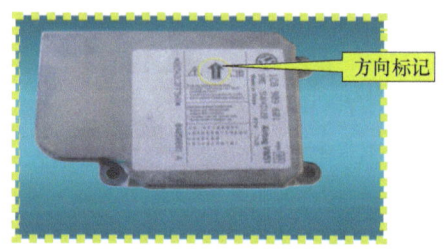

图 7-6-14　内装碰撞传感器方向标记

3）安装前要对气囊组件进行认真检查，有凹坑、裂缝等缺陷的不得装用。

4）对安全气囊系统的任何作业均应先断开蓄电池电缆，等待 30s 以上，待控制块中的电容器完全放电后再进行操作，以免造成气囊误爆。

5）摘下线束插接器后一定要接上短路插接器。

6）对安全气囊系统的电气测试要等到系统安装好后方可进行，禁止使用万用表以及其他有电源的仪器检测点火器，以免造成气囊的误爆。

7）不得擅自改动安全气囊系统的电路和元件；除原设计的线束外，严禁将其他线束接到安全气囊系统线束上。

丰田汽车安全气囊系统诊断

一、作业准备

1. 实训器材

整车、万用表、故障诊断仪、车辆挡块、翼子板布、三件套等教学用具、常用维修工具和维修手册等。

2. 准备工作

1）将实训车辆停放在检测区域。

2）检查实训室通风系统设备工作是否正常。

3）准备故障诊断仪、示波器、车辆挡块、翼子板布、三件套等教学用具。

二、操作步骤

1. 故障码读取

1）将点火开关转到 ON 档或 ACC 档位置，等待 20s 以上。

2）用跨接线将故障诊断插接器（TDCL）的 TC、E1 两端子短接，如图 7-6-15 所示。

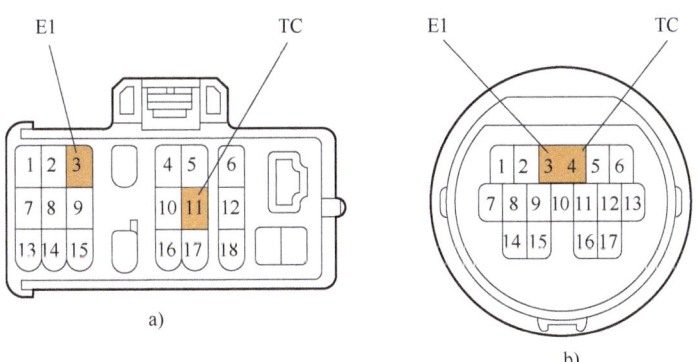

图 7-6-15 故障诊断插接器的 TC、E1 端子

3）根据仪表板上的安全气囊警告灯闪烁情况读取故障码，故障码的闪烁规律如图 7-6-16 所示。

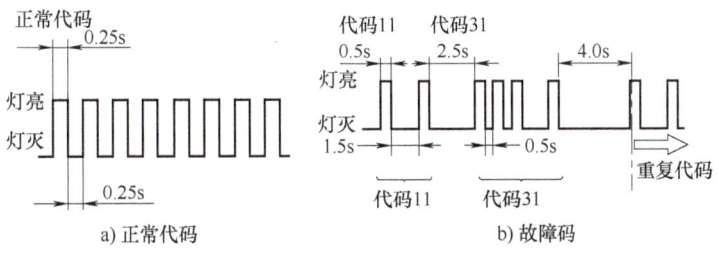

图 7-6-16 故障码的闪烁规律

2. 清除故障码

安全气囊警告灯只有在存储器中的故障码全部清除后，才能恢复正常显示。读取故障码时，若安全气囊警告灯显示有故障码，说明安全气囊发生过故障，但是无法显示故障是发生在现在还是过去。因此，每当排除故障后，必须清除故障码，并在清除故障码之后，再次读取故障码，确认故障码已全部清除。

安全气囊故障码的清除方法与其他电控系统故障码的清除方法有所不同。当故障码11~31代表的故障被排除并清除故障码后，安全气囊ECU将故障码41存入存储器中，使安全气囊警告灯一直亮，直到故障码41清除后，安全气囊警告灯才恢复正常显示。因此，清除安全气囊故障码需要分两步进行。第一步清除故障码41以外的故障码，第二步清除故障码41。

根据实际情况，填写任务工单。

安全气囊的检修		工作任务单		班级：
				姓名：

1. 车辆信息的记录

品牌	丰田	整车型号		生产年月	
发动机型号		发动机排量		行驶里程	
车辆识别代号					

2. 安全气囊的就车检查

作业项目	检查结果与数据	判定
安全气囊警告灯		正常□ 异常□
发电机输出电压		正常□ 异常□
安全气囊碰撞传感器		正常□ 异常□
气囊组件		正常□ 异常□

3. 安全气囊系统诊断

	作业项目	记录
故障码读取	将点火开关转到ON档或ACC档位置	已执行□ 未执行□
	用跨接线将故障诊断插接器的TC、E1两端子短接	已执行□ 未执行□
	根据仪表板上的安全气囊指示灯闪烁情况读取故障码	已执行□ 未执行□
故障码清除		已执行□ 未执行□

(续)

4. 安全气囊系统解体

作业项目	记录	判定	作业项目	记录	判定
拆卸蓄电池负极		正常□ 异常□	取下安全气囊		正常□ 异常□
拆卸转向盘上喇叭按垫		正常□ 异常□	检查安全气囊碰撞传感器		正常□ 异常□
拔下安全气囊连接插头		正常□ 异常□	检查线束连接情况		正常□ 异常□

5. 查阅维修手册

序号	部件名称	章节及页码	规格（米制）
1		第　章　　页	

任务评价

安全气囊的检修		实习日期：	
姓名：	班级：	学号：	
自评：□熟练　□不熟练	互评：□熟练　□不熟练	师评：□合格　□不合格	教师签名：
日期：	日期：	日期：	

【评分细则】

序号	评分项	得分条件	分值	评分要求	自评	互评	师评
1	安全/7S/态度	□1. 能进行工位 7S 操作 □2. 能进行设备和工具安全检查 □3. 能进行车辆安全防护操作 □4. 能进行工具清洁、校准、存放操作 □5. 能进行三不落地操作	15	未完成 1 项扣 3 分，扣分不得超过 15 分	□熟练 □不熟练	□熟练 □不熟练	□合格 □不合格
2	专业技能能力	作业 1 □1. 能正确地检查安全气囊警告灯 □2. 能正确地检查安全气囊控制电路 □3. 能正确地测量电源输出电压 □4. 能正确地检查安全气囊线束插接器 □5. 能正确地检测安全气囊传感器	50	未完成 1 项扣 3 分，扣分不得超过 50 分	□熟练 □不熟练	□熟练 □不熟练	□合格 □不合格

（续）

序号	评分项	得分条件	分值	评分要求	自评	互评	师评
2	专业技能能力	作业2 □1. 能正确地拆卸气囊组件 □2. 能正确地拆卸安全气囊 □3. 能正确地拆卸安全气囊插接器 □4. 能正确地拆卸蓄电池负极电缆 作业3 □1. 能正确地读取故障码 □2. 能正确地判断故障 □3. 能正确地清除故障码	50	未完成1项扣3分，扣分不得超过50分	□熟练 □不熟练	□熟练 □不熟练	□合格 □不合格
3	工具及设备的使用能力	□1. 能正确地使用维修工具 □2. 能正确地选用万用表 □3. 能正确地使用诊断仪器	10	未完成1项扣3分	□熟练 □不熟练	□熟练 □不熟练	□合格 □不合格
4	资料、信息查询能力	□1. 能正确地识读维修手册并查询资料 □2. 能正确地使用用户手册查询资料 □3. 能正确记录所查询资料的章节及页码 □4. 能正确记录所需维修信息	10	未完成1项扣2分	□熟练 □不熟练	□熟练 □不熟练	□合格 □不合格
5	数据判断和分析能力	□1. 能判断插接器是否正常 □2. 能判断气囊传感器是否正常 □3. 能判断安全气囊系统是否正常 □4. 能判断气囊组件是否能正常使用	10	未完成1项扣3分，扣分不得超过10分	□熟练 □不熟练	□熟练 □不熟练	□合格 □不合格
6	表单填写和报告撰写能力	□1. 字迹清晰 □2. 语句通顺 □3. 无错别字 □4. 无涂改 □5. 无抄袭	5	未完成1项扣1分，扣分不得超过5分	□熟练 □不熟练	□熟练 □不熟练	□合格 □不合格

总分：

1. 气囊（Airbag）是一种起缓冲作用的装置。SRS（Supplemental Restraint System）是"辅助约束系统"的英文缩写，通常称为安全气囊。安全气囊属于被动安全系统。

2. 安全气囊已成为现代汽车上的常规装备，且普遍采用电子控制式安全气囊。

3. 安全气囊采用的传感器包括碰撞传感器（前碰撞传感器、中央碰撞传感器）和安全传感器。

4. 气囊组件由气体生成器、点火器、气囊、固定板和盖板等组成。

5. 气体生成器由上盖、下盖、充气剂（片状叠氮化钠）和金属滤网等组成。

6. 点火器安装在气体生成器内部中央位置。点火器包括点火剂（引爆炸药和引药）和引出导线等。

7. 当汽车受到前方一定角度内（前方±30°，时速>30km）的高速碰撞时，安全传感器和中央碰撞传感器同时检测到车速的突然变化信号，并将信号在 0.01s 内迅速传递给安全气囊 ECU。

一、判断题

1. 使安全气囊工作的电源只有汽车蓄电池。（　　）
2. 只要碰撞传感器检测到汽车发生碰撞，安全气囊就一定会引爆。（　　）
3. 安全气囊只要没有因汽车发生碰撞而爆开，便可一直使用。（　　）
4. 前排乘客侧安全气囊一般比驾驶人侧安全气囊大。（　　）
5. 废弃的气囊组件和中央碰撞传感器总成属于废弃物。（　　）
6. 安全气囊的英文缩写为 ABS。（　　）
7. 碰撞传感器相当于一只控制开关。（　　）
8. 螺旋线束装在转向盘与转向柱之间。（　　）
9. 几乎所有的安全气囊线束都装在绿色的波纹管内，以便区别。（　　）
10. 安全气囊系统防止气囊误爆机构的作用是防止静电或误通电造成误炸。（　　）

二、选择题

1. 安全气囊也称辅助约束系统，其英文缩写是（　　）。
   A. ECU 　　　　　　　　　　B. SRS
   C. IPC 　　　　　　　　　　D. VTEC

2. 下列说法不正确的是（　　）。
   A. 保护驾驶人的安全气囊装在转向盘内
   B. 只要发生碰撞安全气囊就能胀开
   C. 安全气囊引爆后必须全套更换
   D. 安全气囊 ECU 可以判断碰撞是否发生，从而确定是否引爆安全气囊

3. 安全气囊的线束为了和其他线束区别一般做成（　　）。
   A. 红色 　　　　　　　　　　B. 黄色
   C. 蓝色 　　　　　　　　　　D. 绿色

4. 安全气囊的气体发生器是利用（　　）反应产生氮气充入气囊。
   A. 化学 　　　　　　　　　　B. 物理
   C. 复合 　　　　　　　　　　D. 热效

5. 对安全气囊的任何作业必须等拆下蓄电池（　　）s 后进行。
A. 20　　　　　　B. 25　　　　　　C. 30　　　　　　D. 15
6. 下列不属于对安全气囊系统要求的是（　　）。
A. 柔软性好　　　B. 灵敏度高　　　C. 可靠性高　　　D. 有防误爆功能
7. 在汽车没有发生碰撞的情况下，安全气囊的使用年限为（　　）。
A. 5~6 年　　　　B. 15~20 年　　　C. 7~15 年　　　D. 9~10 年

项目八

空调系统检修

> 🟢 【项目概述】
>
> 通过本项目的学习,掌握汽车空调系统的基本组成和作用,掌握汽车空调系统各组成部分的工作原理,会检修暖风系统,掌握空调控制系统,会检修热泵系统。

任务一　制冷系统检修

 **任务引入**

随着汽车的不断发展，汽车空调成了汽车不可或缺的部分，相信大家都喜欢驾驶时汽车空调带来的凉爽感觉。汽车空调制冷系统是怎么工作的呢？

 **任务目标**

知识目标	技能目标	素养目标
1. 了解汽车空调系统 2. 掌握汽车空调制冷系统的组成 3. 掌握汽车空调制冷循环工作过程	1. 能够正确识别空调制冷系统的各组成部件 2. 能够正确分析汽车空调制冷循环工作过程 3. 能够掌握压缩机的拆装与检修	1. 能在工作过程中与小组其他成员合作、交流，养成团队合作意识，锻炼沟通能力 2. 养成7S工作习惯 3. 养成服从管理、规范作业的工作习惯 4. 培养观察能力

 **知识链接**

一、汽车空调的作用

汽车空调是普通空调技术在汽车上的应用。它通过对车内、车外空气的过滤、净化、加热、冷却和除湿等过程，调节车内温度、湿度、车内空气流速，同时过滤、净化车内空气，保证车内环境的舒适性。

（1）调节车内温度　汽车空调在冬季利用其采暖装置升高车内的温度，中小型汽车一般以发动机冷却液作为暖气的热源；在夏季，车内降温由制冷装置完成。

（2）调节车内湿度　普通汽车空调一般不具备这种功能，只有采用冷暖一体化的空调，才能对车内的湿度进行适量调节。它通过制冷装置冷却从而去除空气中的水分，再由取暖装置升温，以降低空气的相对湿度。目前，在多数汽车上还没有安装加湿装置，只能通过打开车窗或通风设施，靠车外的新风来调节车内湿度。

（3）调节车内空气流速　空气的流速和方向对人体舒适性的影响很大。在夏季，较大的气流速度，有利于人体散热降温；但过大的风速直接吹到人体上，也会使人感到不舒服，最舒适的气流速度一般为0.25m/s左右。在冬季，风速太大会影响人体保温，因而冬季采暖时气流速度应尽量小一些，一般为0.15~0.20m/s。根据人体生理特点，头部对冷比较敏感，脚部对热比较敏感，因此，在布置空调出风口时，应采取上冷下暖的方式，即让冷风吹到乘员头部，暖风吹到乘员脚部。

（4）过滤、净化车内空气　由于车内空间小，乘员密度大，车内极易出现缺氧和二氧化碳浓度过高的情况；汽车发动机废气中的一氧化碳和道路上的粉尘、野外的花粉都容易进入车内，造成车内空气污浊，影响乘员的身体健康，因此必须要求汽车空调具有补充车外新鲜空气、过滤和净化车内空气的功能。一般汽车空调装置上都设有进风门、排风门、空气过滤装置和空气净化装置。

二、汽车空调系统在汽车上的位置

汽车空调系统在汽车上的位置。如图 8-1-1 所示。

图 8-1-1　汽车空调系统在汽车上的位置

三、空调制冷系统的基本组成

汽车空调系统主要由制冷系统、暖风系统、通风系统、空气净化系统、空调控制系统组成。

汽车空调制冷系统一般由压缩机、冷凝器、储液干燥器、膨胀阀、蒸发器、鼓风机等几部分组成。

压缩机是空调制冷系统的心脏，它是使制冷剂 R134a 在系统内循环的动力源。压缩机的动力，大部分来自汽车发动机。

冷凝器的作用是将压缩机排出的高温高压制冷剂蒸气进行冷却，并使其凝结为液体，凝结时所放出的热量被排至大气中。它经常被安装在车头，与散热器一起，被来自车头前方的凉风散热。

储液干燥器实际上是一个储存制冷剂及吸收制冷剂水分、杂质的装置。

蒸发器的作用与冷凝器正好相反，它是制冷剂由液态变成气态（即蒸发）吸收热量的场所。车内湿热空气通过蒸发器时，蒸发器内液态雾状制冷剂吸收流经蒸发器的湿热空气热量蒸发而使空气冷却，湿气凝结成露水沿导流管排出车外，冷干空气经鼓风机的作用循环于车内，最终实现了汽车空调制冷的效果。

膨胀阀的作用是降低进入蒸发器内制冷剂的压力，控制进入蒸发器内制冷剂的流量。

四、空调制冷系统的工作原理

汽车空调制冷系统的工作原理如图 8-1-2 所示，制冷循环由压缩、冷凝（放热）、膨胀

（节流）和蒸发（吸热）4个过程组成。

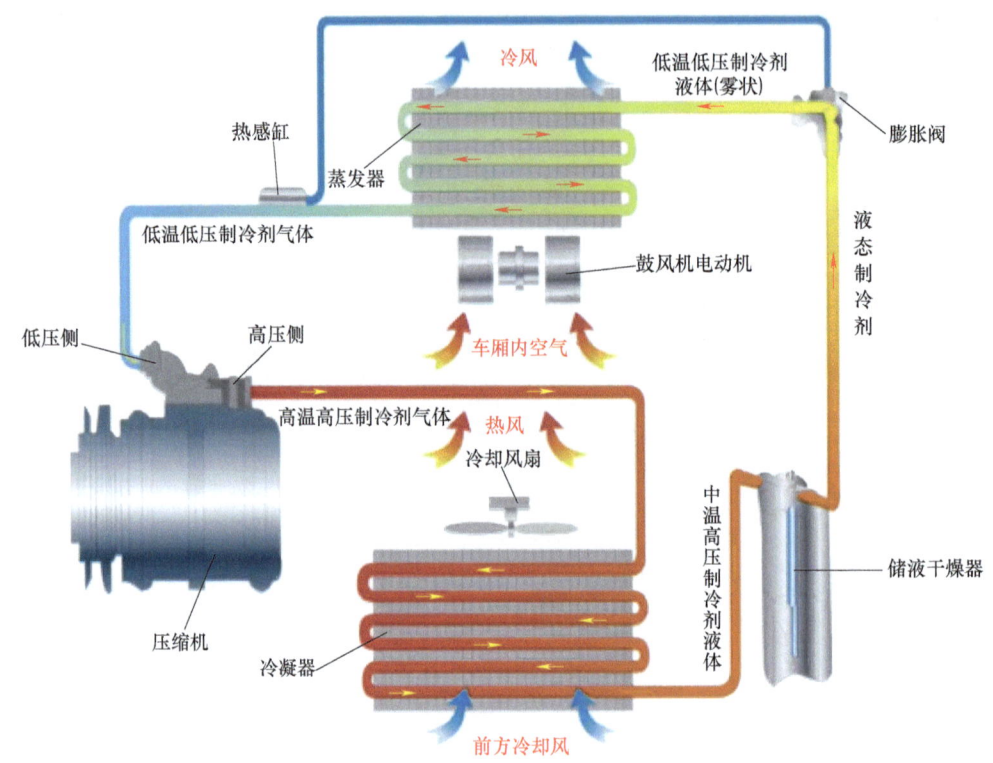

图 8-1-2　汽车空调制冷系统的工作原理

1. 压缩过程

压缩机吸入蒸发器出口处的低温低压制冷剂气体，把它压缩成高温高压制冷剂气体，然后送入冷凝器。此过程的主要作用是压缩增压，以便气体易于液化。在压缩过程中，制冷剂状态不发生变化，而温度和压力不断升高，形成过热气体。

2. 冷凝（放热）过程

高温高压的过热制冷剂气体进入冷凝器与空气进行热交换。由于压力及温度的降低，制冷剂气体冷凝成液体，并放出大量的热。此过程作用是放热、冷凝。冷凝过程的特点是制冷剂的状态发生变化，由气态逐渐向液态转变。冷凝后的制冷剂液体是中温高压液体。制冷剂液体的过冷度越大，在蒸发过程中其蒸发吸热的能力也就越大，制冷效果越好。

3. 膨胀（节流）过程

中温高压制冷剂液体经膨胀阀节流降温降压，以雾状（细小液滴）排出膨胀阀。该过程的作用是使制冷剂由中温高压液体，迅速地变成低温低压液体，以利于吸热、控制制冷能力以及维持制冷系统正常运行。

4. 蒸发（吸热）过程

经膨胀阀降温降压后的雾状制冷剂液体进入蒸发器，因此时制冷剂沸点远低于蒸发器内温度，所以制冷剂液体在蒸发器内蒸发、沸腾成气体，在蒸发过程中大量吸收周围空气的热量，被降温的冷空气通过鼓风机吹入车内，从而降低车内温度。而后低温低压制冷剂气体流出蒸发器等待压缩机再次吸入。吸热过程的特点是制冷剂状态由液态变化到气态，此时压力不变，即在定压过程中进行这一状态的变化。

上述过程周而复始地进行，便可使汽车内温度达到并维持在设定的状态。

五、空调制冷系统的主要部件

1. 压缩机

压缩机由汽车发动机或专用发动机驱动，其功能是吸入低温低压的制冷剂蒸气，并将其压缩到所需压力后送往冷凝器，其结构如图 8-1-3 所示，其主要由压缩机和电磁离合器组成。

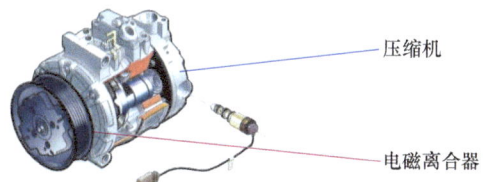

图 8-1-3　汽车空调压缩机的结构

目前，正式应用在汽车空调上的压缩机有很多种类，常见的有斜盘式压缩机、旋转叶片式压缩机、涡旋式压缩机等几种类型。

（1）斜盘式压缩机　斜盘式压缩机和摆盘式压缩机同属于轴向往复活塞式压缩机。它们之间的不同是摆盘式压缩机的活塞运动属单向作用式，而斜盘式压缩机的活塞运动属双向作用式。所以有时又把它们分别称作单向斜盘式压缩机和双向斜盘式压缩机。

斜盘式压缩机比较容易实现小型化和轻量化，而且可以实现高转速工作。斜盘式压缩机的结构紧凑、效率高、性能可靠，在实现了可变排量控制之后，目前更广泛应用于汽车空调。斜盘式压缩机的结构如图 8-1-4 所示。

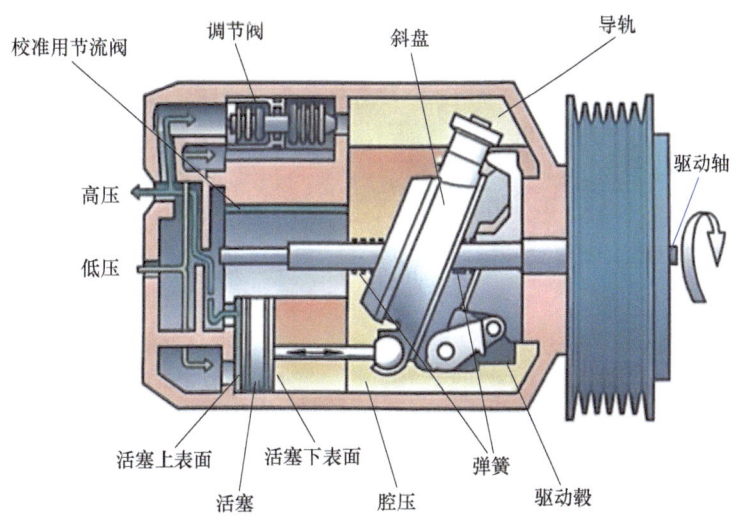

图 8-1-4　斜盘式压缩机的结构

(2) 旋转叶片式压缩机 旋转叶片式压缩机的气缸形状有圆形和椭圆形两种。在圆形气缸中，转子的主轴与气缸的圆心有一个偏心距，使转子紧贴在气缸内表面的吸、排气孔之间。在椭圆形气缸中，转子的主轴和椭圆中心重合。

图 8-1-5 所示为旋转叶片式压缩机的结构，转子上的叶片将气缸分成几个空间，当主轴带动转子旋转一圈时，这些空间的容积不断发生变化，气态制冷剂在这些空间内也发生体积和温度上的变化。旋转叶片式压缩机没有吸气阀，因为叶片能完成吸入和压缩制冷剂的任务。如果有两个叶片，则主轴旋转一圈有两次排气行程。叶片越多，压缩机的排气波动就越小。作为第三代压缩机，由于旋转叶片式压缩机的体积和质量可以做到很小，易于在狭小的发动机舱内进行布置，加之噪声和振动小以及容积效率高等优点，在汽车空调系统中也得到了一定的应用。但是旋转叶片式压缩机对加工精度要求很高，制造成本及维修成本都较高。

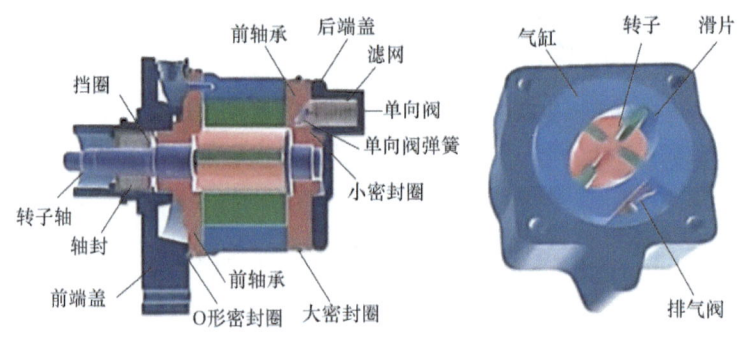

图 8-1-5 旋转叶片式压缩机的结构

(3) 涡旋式压缩机 涡旋式压缩机可称为第四代压缩机，其结构如图 8-1-6 所示，其主要由驱动机构总成、涡旋体总成、排气阀组、离合器总成、前端盖、万向推力轴承、缸体等组成。

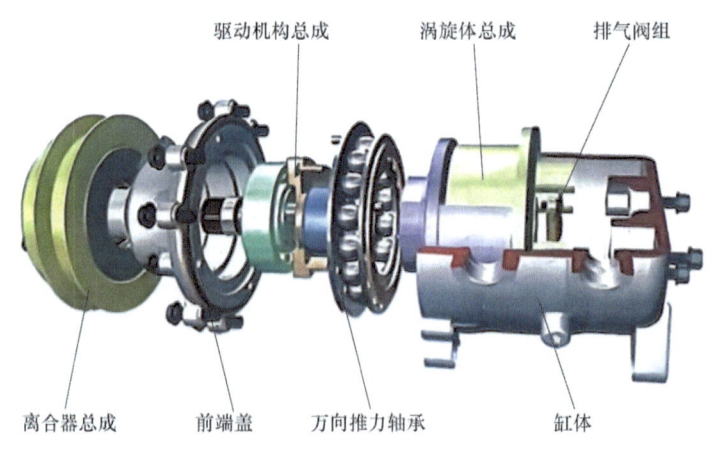

图 8-1-6 漩涡式压缩机的结构

涡旋式压缩机具有很多优点，如压缩机体积小、质量小，驱动涡轮运动的偏心轴可以高速旋转。由于没有了吸气阀和排气阀，涡旋式压缩机运转可靠，而且容易实现变转速运动和变排量技术。其多个压缩腔同时工作，相邻压缩腔之间的气体压差小，气体泄漏量少，容积效率高。涡旋式压缩机以其结构紧凑、高效节能、微振低噪及工作可靠性等优点，在小型制冷领域得到越来越广泛的应用，也因此成为汽车压缩机技术发展的主要方向之一。

2. 电磁离合器

电磁离合器由带有轴承的带轮、弹簧片和电磁线圈等部件构成。弹簧片的毂固定在压缩机驱动轴上，带轮装在压缩机壳体上的轴输出端，并可转动。电磁线圈与压缩机壳体刚性连接在一起。弹簧片和带轮之间有一个间隙"A"。发动机通过多楔传动带来驱动带轮（箭头所示），在压缩机关闭时带轮在空转，如图8-1-7所示。如果接通了压缩机开关，那么电磁线圈中就有电流流过，于是就产生了一个磁场。该磁场将弹簧片拉靠到旋转着的带轮上（这时间隙"A"就不存在了），于是就在带轮和压缩机的驱动轴之间建立起了力的传递关系。这时压缩机就开始工作了，只要电磁线圈中的电流不中断，压缩机就一直在工作。电磁线圈电流中断后，弹簧力就将弹簧片从带轮上拉开，这时带轮又开始自由转动（不与压缩机轴一同转动了）。

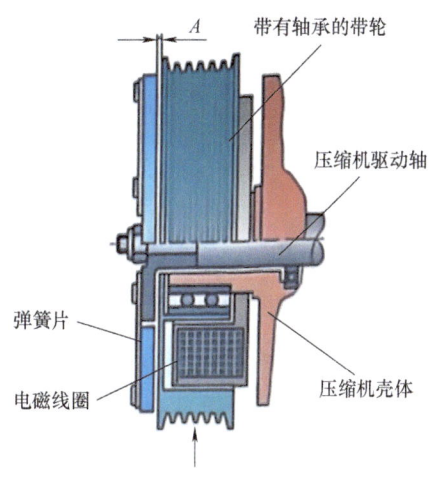

图8-1-7 压缩机电磁离合器的结构

3. 冷凝器

空调系统冷凝器是一种由管子与铝散热片组合起来的热交换设备。冷凝器由迂回的蛇形管构成，该管与薄金属片刚性连接在一起，这样就可获得较大的散热面积和更好的热传递效果。冷凝器一般都安装在散热器的前方，这样可以提高冷凝器的效率，如图8-1-8所示。

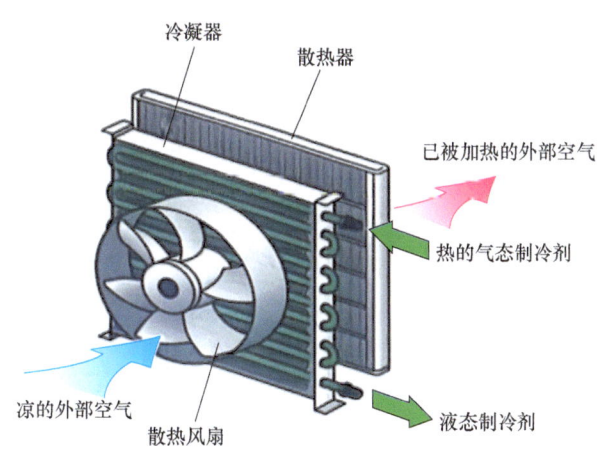

图8-1-8 冷凝器的安装位置

冷凝器的作用是将压缩机排出的高温高压制冷剂蒸气进行冷却，并使其凝结为液体，凝结时所放出的热量被排至大气中。在接通空调装置后，冷凝器由冷却风扇来冷却，以保证制冷回路的正常工作。冷凝器内的热交换通过空气冷却的方式来完成。这种冷却是由行车产生的风和冷却风扇（根据结构形式可能还有辅助风扇）来实现的。在大多数情况下，接通空调的同时冷却风扇就开始工作了。冷凝器脏污会减少空气通过量，这会影响制冷能力以及发动机的冷却效果。

183

4. 储液干燥器和气液分离器

（1）储液干燥器　制冷剂储液干燥器是制冷剂的储存罐，其结构如图 8-1-9 所示。从压缩机来的液态制冷剂从侧面进入制冷剂储液干燥器，在这里汇集并流过储液干燥器，再经立管以不间断、无气泡液流状态流向膨胀阀。在不同的工作条件下（例如蒸发器和冷凝器上的热负荷、压缩机的转速不同等），制冷循环管路中流动的制冷剂量也是不同的。

为了补偿制冷剂量的波动，就在循环管路上安装了制冷剂储液干燥器。在安装时进入制冷剂回路中的水蒸气由储液干燥器经化学反应清除。根据结构形式的不同，它可以吸收 6～12g 水，吸水量取决于温度，温度越低，吸水量就越多。同时，压缩机磨屑、安装时的污物等也会在储液干燥器沉淀下来。

> **提示：** 只要打开了制冷回路，就必须要更换制冷剂储液罐。制冷剂储液罐在安装前应尽可能地保持封闭状态，这样就可使储液干燥器从周围空气中所吸收的水蒸气尽可能少。

（2）气液分离器　气液分离器是里面装有干燥剂且把气液制冷剂分离开的容器，是与孔管式节流装置配套的装置，装在蒸发器出口与压缩机进气管之间，其结构如图 8-1-10 所示。

系统工作时，制冷剂进入容器中，液态部分沉入容器底部，气态部分从顶部被吸回压缩机中。容器底部有小孔，允许少量液态制冷剂与润滑油进入压缩机，因量小所以不会产生液击，润滑油则保证了压缩机的润滑与冷却需要。此容器做得较大，因为要容纳较多的气态制冷剂。它要与孔管式节流装置配套使用，所以此系统无膨胀阀，且已具有过滤干燥功能，也不必有储液干燥器。

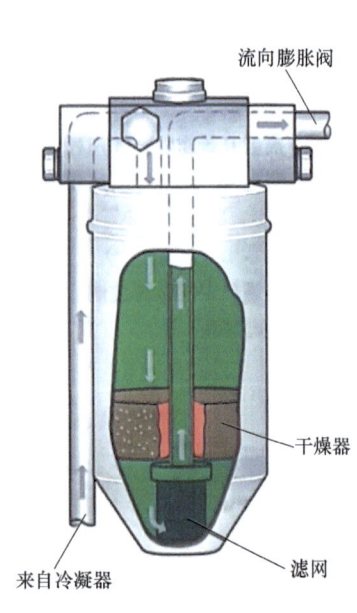

图 8-1-9　储液干燥器的结构

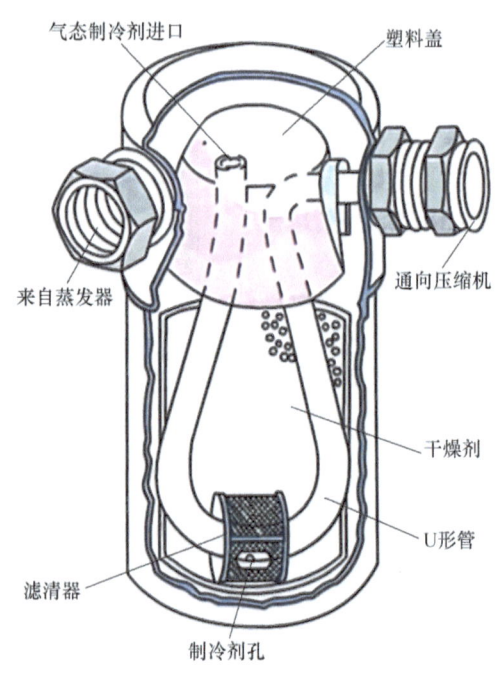

图 8-1-10　气液分离器的结构

5. 膨胀节流装置

（1）膨胀阀　膨胀阀可根据蒸发器出口处制冷剂蒸气的温度，来调节去往蒸发器的制冷剂量，其结构如图 8-1-11 所示。为了保证蒸发器内有一个均匀稳定的"低温气候"，蒸发器内只进入达到此目的所必需的制冷剂量。

如果从蒸发器中出来的制冷剂的温度上升，恒温器内的制冷剂就开始膨胀，球阀处流往蒸发器的制冷剂流量就增大了；如果从蒸发器中出来的制冷剂的温度下降，恒温器内的制冷剂体积将减小，球阀处流往蒸发器的制冷剂流量就减少了。

（2）孔管式节流装置　孔管式节流装置是一种阻尼元件，其外观为一管形件。制冷剂由进口经滤清器过滤，再经节流孔降低高压制冷剂液体压力，最后经滤清器流入蒸发器。图 8-1-12 所示为孔管式节流装置。

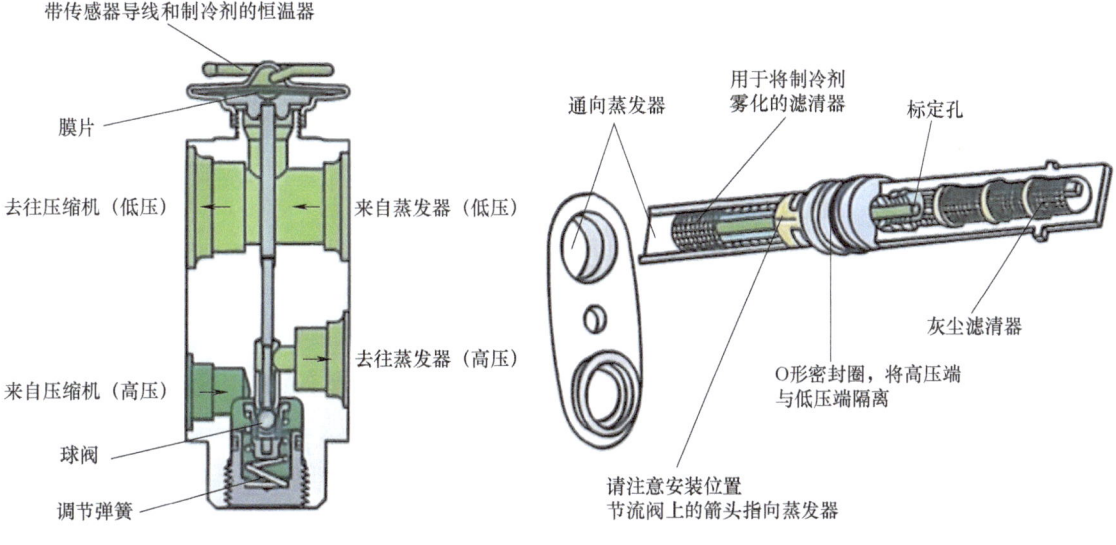

图 8-1-11　膨胀阀的结构　　　　图 8-1-12　孔管式节流装置

由于制冷剂经过此装置时只能节流而不能对制冷剂的流量进行调节，所以当蒸发器的温度降到一定值后，可由恒温器来对离合器进行通断的控制，从而调节制冷剂的流量。也有用防霜压力开关对离合器通断进行控制的，这种孔管静态节流与离合器通断控制相结合的形式称为孔管节流系统（CCOT 系统）。这种制冷系统即节能，又可靠，被通用、福特、丰田、大众等汽车公司普遍采用。

6. 蒸发器

蒸发器是根据热交换器原理来工作的，它安装在暖风装置内，结构如图 8-1-13 所示。当空调接通时，经过冷的蒸发器片的空气就被"夺走"了热量。于是这些空气就被制冷、干燥并清洁。

当制冷剂在蒸发器中沸腾时，温度会降至冰点以下。制冷剂蒸发所需要的热量是从其周围获取的，此处就是从流经蒸发器的空气中获取的。

冷却空气中的水分在低于水露点温度处会聚集在一起，也就是说冷凝了，于是产生了冷凝水。于是空气就被"脱水"了（变干燥了），这就可明显改变车内的温度和空气质量。

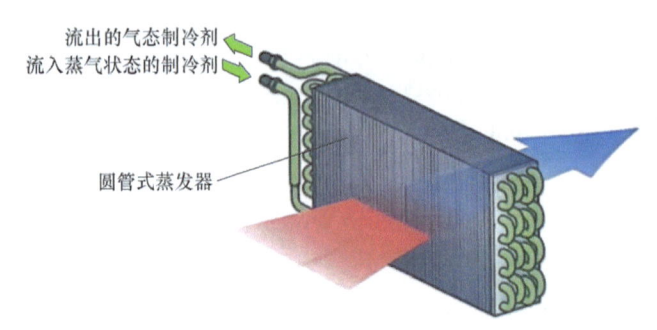

图 8-1-13　蒸发器的结构

除了水分要聚集到蒸发器上以外，空气中的悬浮物也会聚集到蒸发器上，因此，蒸发器还可以"净化"空气。

> 提示：如果空调在车辆停驻时使用，车下可能出现一摊水（冷凝水），这并不是有故障。

7. 制冷管路

制冷管路分为高压管路和低压管路。其作用是保证制冷剂的流动，同时可在管路制作压力检测接口，以便检查空调系统的压力。

8. 制冷剂和冷冻机油

（1）制冷剂　制冷剂是空调制冷系统中，用于转换热量并且循环流动的液体，如图 8-1-14 所示。汽车空调常用的制冷剂为 R134a。以前的汽车使用的制冷剂为 R12，它会破坏臭氧层，已淘汰。制冷剂不可混用，R134a 制冷剂具有以下特性。

1）物理性：无色、无味、无毒、不燃烧、不爆炸，常温下为气体。
2）传热性：比热容大、传热性好。
3）相容性：与润滑油有相容性，与水不相容，空调系统中不能混有水分，否则，水在系统中结冰会堵塞管道。
4）分子直径小：易泄漏，要求密封性高。
5）吸水性和水溶解性高。

图 8-1-14　制冷剂

（2）冷冻机油　冷冻机油是空调系统的专用润滑油，它能保证压缩机正常运转、工作可靠，并能延长其使用寿命。它具有以下作用。

1）润滑作用：润滑空调压缩机、系统中其他阀门等。
2）密封作用：对压缩机、阀门、管道接头等部位进行密封。
3）冷却作用：对压缩机进行冷却，避免高温。
4）降噪作用：降低压缩机的噪声。

由于空调制冷系统压力、温度变化较大，对冷冻机油有以下要求。

1）凝固点要低，这样不易凝固堵塞管道。
2）具有一定的黏度，受温度影响小，可减小运动阻力。

3）与制冷剂的溶解性要好，便于使冷冻机油在系统中流动。

4）闪点温度要高，这样具有较高的热稳定性。

5）不含水分，因为水在系统中易结冰堵塞管道。

(3) 制冷剂和冷冻机油的使用注意事项

1）制冷剂储存钢瓶应避免振动撞击，防止受潮腐蚀。

2）制冷剂应远离热源：压力升高会使钢瓶炸裂。

3）制冷剂应避免接触皮肤：在皮肤上它会吸收大量热，易使手冻伤。

4）不可随意改变牌号，否则可能会使压缩机损坏。

5）由于其吸湿能力强，加注操作应迅速，避免水蒸气进入系统。

6）不使用变质冷冻机油，这样可避免压缩机损坏。

7）按规定量加注，制冷剂、冷冻机油不同的车型加注量不同，应查阅维修手册，若加注量太多也会降低制冷效果。

8）排放制冷剂时要缓慢进行，可避免排出冷冻机油。

制冷系统的检修

一、作业准备

1. 实训器材

汽修维修组合棘轮套筒扳手、百分表、磁性表座、歧管压力表、车辆挡块、翼子板布、三件套等教学用具、常用维修工具和维修手册等。

2. 工作准备

1）将实训车辆停放在检测区域。

2）检查实训室通风系统设备工作是否正常。

3）准备套筒扳手、百分表、歧管压力表、车辆挡块、翼子板布、三件套等教学用具。

将实训车辆、实训工具、实训场地准备好，穿好工装劳保鞋。

二、操作步骤

1. 空调压缩机的拆装

(1) 空调压缩机的拆卸

1）拆下蓄电池正极线。

2）拆下压缩机电磁离合器连接导线。

3）旋松连接压缩机的高压或低压管道的螺母，排放制冷剂（有条件时应采用回收装置回收制冷剂）。

4）拆卸高、低压管道，并封闭管口，防止灰尘、水蒸气或其他异物进入系统。

5）拆卸压缩机紧固螺栓。

6）拆下压缩机。

7）排出压缩机内的冷冻机油，用量筒测量油量，并检查冷冻机油是否变色，冷冻机油内是否有杂质。

（2）空调压缩机的安装

安装空调压缩机时按照与拆卸相反的顺序进行，并应注意以下几点：

1）安装压缩机时，必须使电磁离合器带轮、发动机带轮的带槽对称面处在同一平面内。

2）以规定力矩拧紧紧固螺栓。

3）冷凝器与风扇之间应保持一定间隙，一般不少于20mm，压缩机及其托架和软管之间的间隙为15mm。

4）应更换高、低压管密封垫圈，检查发动机供油系统及冷却系统，防止渗漏。

2. 空调压缩机的检修

（1）电磁离合器的检修

1）检查压盘是否变色、剥落或损伤。如果有损坏，应更换离合器装置。

2）用手转动传动带，检查带轮轴承的间隙和阻力，如果出现噪声或间隙过大、阻力过大，则应更换离合器。

3）用百分表测量带轮与压盘之间的间隙，将百分表归零，然后给电磁离合器施加蓄电池电压。在施加电压时，测量压盘的位移。如果间隙不在规定的范围内（间隙为0.35～0.6mm），需要使用调整垫片进行调整。调整垫片有多种厚度可供选择，如0.1mm、0.3mm和0.5mm等。

4）测量带轮与压盘之间的间隙，可以使用塞尺来测量，之后选择不同的垫片，来增大或减小间隙。

5）测量励磁线圈的电阻，如果电阻值不符合技术要求，则更换励磁线圈。温度在20℃时，电阻值为4～5Ω。

（2）压缩机的检修

1）压缩机卡死检修。压缩机卡死的原因通常是由于润滑不良或没有冷冻机油引起的故障。冷冻机油因制冷剂泄漏而将其带出泄完，或者蒸发器的溢流管、POA阀的溢油阀、CCOT系统的油气分离器的油孔堵塞出现故障，都会使压缩机得不到足够的冷冻机油而卡死。

如果发现离合器打滑或V带打滑，一般都是压缩机卡死所致。这时应立即将压缩机离合器电源关掉。检查系统是否有泄漏。若不是，则可能是油路问题，这时可查溢油管是否被压扁或扭折。若不是，则应是蒸发器压力控制装置上的放油阀堵塞所致，这时便需要修理放油阀。

为此，要将系统内的制冷剂放完，更换溢油阀，并清洗上述各阀，将系统重新安装后，再抽真空、检漏、注补充油和充注制冷剂。在重新起动前先用手转动一下压缩机，让内部各润滑面布满润滑油膜后，再进行起动，否则，容易将压缩机拉伤而报废。

2）压缩机泄漏检修。泄漏也是压缩机的常见故障。一般轴封有很微量的泄漏，每年的泄漏量小于14.2g是正常的。这不会影响制冷系统的运行性能。但是如果泄漏量超过此量，便将会影响空调性能，这时必须进行检修。

3）压缩机噪声过大检修。空调系统的噪声源主要来自压缩机和蒸发器风扇，但是噪声过大主要是由于压缩机运行不正常所致。噪声过大的主要原因如下。

① 尖叫声：尖叫声主要是由离合器吸合时打滑引起，或者由于V带过松和磨光而打滑所引起。它们是噪声过大的最主要来源。

② 振动：压缩机的振动以及轴的振动也是噪声过大的来源之一。首先要检查其支承是否发生断裂，紧固螺栓是否松动。引起压缩机振动的原因还有V带张力过紧和带轮轴线不平行。

当发现压缩机轴封处有泄油痕时，便应检查压缩机的油位是否正常，若油位过低，会造成压缩机润滑不良，也会发出过大的噪声。

根据实际情况，填写任务工单。

制冷系统的检修	任务工单	班级：
		姓名：

1. 车辆信息记录

品牌		整车型号		生产日期	
发动机型号		发动机排量		行驶里程	
制冷剂型号		压缩机油型号		制冷剂加注量	
车辆识别代号					

2. 汽车空调制冷系统就车检查

作业项目	记录	判定
检查空调开启是否正常		正常□ 异常□
检查压缩机工作情况		正常□ 异常□
检测出风口最低温度		正常□ 异常□

3. 压缩机的拆卸

作业项目	记录	作业项目	记录
拆下蓄电池正极线	已执行□ 未执行□	拆卸高低压管，做好密封	已执行□ 未执行□
拆下压缩机电磁离合器连接导线	已执行□ 未执行□	拆卸压缩机紧固螺栓	已执行□ 未执行□
旋松高低压管道螺母	已执行□ 未执行□	拆下压缩机	已执行□ 未执行□
回收制冷剂	已执行□ 未执行□	排出冷冻机油，测量观察	已执行□ 未执行□

(续)

4. 空调压缩机的检修

作业项目	记录	判定
电磁离合器检修		正常□ 异常□
压缩机泄漏检修		正常□ 异常□
压缩机噪声过大检修		正常□ 异常□

5. 查阅维修手册

序号	部件名称	章节及页码
1		第　章　页

任务评价

制冷系统的检修		实训日期：	
姓名：	班级：	学号：	教师签字：
自评：□熟练 □不熟练	互评：□熟练 □不熟练	师评：□合格 □不合格	
日期：	日期：	日期：	

【评分细则】

序号	评分项	得分条件	分值	评分要求	自评	互评	师评
1	安全/7S/态度	□1. 能进行工位7S操作 □2. 能进行设备和工具安全检查 □3. 能进行车辆安全防护操作 □4. 能进行工具清洁、校准、存放操作 □5. 能进行三不落地操作	15	未完成1项扣3分，扣分不得超过15分	□熟练 □不熟练	□熟练 □不熟练	□合格 □不合格
2	专业技能能力	作业1 □1. 能正确回收和加注制冷剂 □2. 能正确拆装空调压缩机总成 □3. 能正确更换空调压缩机冷冻机油 □4. 能正确拆装空调管路 □5. 能正确检测管路密封性 □6. 能正确检修空调压缩机 作业2 □1. 能正确查询制冷剂加注和回收步骤 □2. 能正确查询压缩机拆装步骤 □3. 能正确查询压缩机冷冻机油的更换步骤 □4. 能正确查询空调管路拆装步骤 □5. 能正确查询结构图和位置图	50	未完成1项扣5分，扣分不得超过50分	□熟练 □不熟练	□熟练 □不熟练	□合格 □不合格

(续)

序号	评分项	得分条件	分值	评分要求	自评	互评	师评
3	工具及设备的使用能力	□1. 能正确使用维修工具 □2. 能正确使用制冷剂加注及回收机 □3. 能正确使用管路检漏堵头工具	10	未完成 1 项扣 5 分，扣分不得超过 10 分	□熟练 □不熟练	□熟练 □不熟练	□合格 □不合格
4	资料、信息查询能力	□1. 能正确使用维修手册查询资料 □2. 能在规定时间内查询所需资料 □3. 能正确记录所查询资料的章节及页码 □4. 能正确记录所需维修信息	10	未完成 1 项扣 5 分，扣分不得超过 10 分	□熟练 □不熟练	□熟练 □不熟练	□合格 □不合格
5	数据判读和分析能力	□1. 能判读管路密封性 □2. 能判读冷凝器密封性 □3. 能判读储液干燥器密封性	10	未完成 1 项扣 5 分，扣分不得超过 10 分	□熟练 □不熟练	□熟练 □不熟练	□合格 □不合格
6	表单填写和报告撰写能力	□1. 字迹清晰 □2. 语句通顺 □3. 无错别字 □4. 无涂改 □5. 无抄袭	5	未完成 1 项扣 1 分，扣分不得超过 5 分	□熟练 □不熟练	□熟练 □不熟练	□合格 □不合格

总分：

知识总结

1. 汽车安装空调系统的目的是为了调节车内空气的温度、湿度和车内空气流速，同时过滤、净化车内空气。

2. 汽车空调系统主要由制冷系统、暖风系统、通风系统、空气净化系统和空调控制系统组成。

3. 空调制冷系统由压缩机、冷凝器、储液干燥器、膨胀阀、蒸发器、冷却风扇、制冷管道和制冷剂等组成。

4. 空调压缩机把低温低压制冷剂气体（冷媒）压缩成高温高压制冷剂气体后进入冷凝器成为中温高压制冷剂液体，制冷剂通过节流装置时变成低温低压制冷剂液体，然后进入蒸发器汽化吸收车厢内的空气的热量，使进入车厢内的空气降低温度，产生制冷效果。

5. 斜盘式、旋转叶片式、涡旋式压缩机是汽车空调压缩机中常见的形式，电磁离合器承担了压缩机动力的接合与分离的工作。

6. 冷凝器和蒸发器都可以看作是热交换器，它们的工作原理相同，作用正好相反。

7. 冷凝器和蒸发器的泄漏、内部脏堵、外部折瘪、散热片变形等，都将影响汽车空调系统的正常工作。

8. 膨胀阀和孔管式节流装置是汽车空调系统的节流元件。在带有膨胀阀的制冷剂回路中，装设有储液干燥器。在带有孔管式节流装置的空调低压部分有一个收集容器，称为集液器。

知识巩固

一、判断题

1. 当空调系统制冷剂从 R12 替换为 R134a 后，原系统储液干燥器不需要替换。（　　）
2. 冷凝器的作用是将制冷剂从气体转变为液体，同时放出热量。（　　）
3. 空调制冷系统工作时，空调压缩机的进、出口无明显温差。（　　）
4. 膨胀阀一般安装在蒸发器入口处。（　　）
5. 鼓风机的作用是加速蒸发器周围的空气流动，将冷气吹入车内，以达到降温的目的。（　　）
6. 制冷剂有较高的稳定性，对金属、橡胶和润滑油无明显腐蚀。（　　）
7. 汽车空调冷冻机油容易吸收水蒸气，所以在保存中和使用后须将瓶盖密封。（　　）
8. 在汽车空调系统中，压力保护开关可以控制电磁离合器的分离或接合。（　　）
9. 制冷剂注入量越多，则制冷效果越好。（　　）
10. 允许使用一次性钢瓶对制冷剂进行回收。（　　）

二、选择题

1. 现在汽车空调设备的制冷剂主要是（　　）。
   A. R12　　　　　　B. R22　　　　　　C. R134　　　　　　D. R134a
2. 进入蒸发器中的制冷剂为（　　）。
   A. 高压气态　　　　B. 高压液态　　　　C. 低压液态　　　　D. 低压气态
3. 由压缩机压出，刚刚进入冷凝器中的制冷剂为（　　）。
   A. 高温高压气态　　　　　　　　　　B. 高温高压液态
   C. 中温高压液态　　　　　　　　　　D. 低压气态
4. 当制冷剂含有水分时会出现（　　）现象。
   A. 气阻　　　　　　B. 水堵　　　　　　C. 脏堵　　　　　　D. 冰堵
5. 制冷系统中若制冷剂加注不足，则（　　）。
   A. 视液镜看到有混浊气泡
   B. 视液镜看到有连续不断、缓慢的气泡流动
   C. 视液镜看到有连续不断快速的气泡流动
   D. 视液镜中无气泡
6. 进行压缩机动力分离与接合的组件为（　　）。
   A. 电磁容电器　　　　　　　　　　　B. 电磁离合器
   C. 液力变矩器　　　　　　　　　　　D. 单向离合器
7. （　　）的作用是把来自压缩机的高温高压制冷剂气体通过管壁和翅片将其中的热量传递给周围的空气，从而使高温高压制冷剂气体冷凝成高温中压制冷剂液体。
   A. 冷凝器　　　　　B. 蒸发器　　　　　C. 电磁离合器　　　D. 储液干燥器
8. 汽车空调压缩机由（　　）驱动。
   A. 发电机　　　　　B. 电动机　　　　　C. 起动机　　　　　D. 发动机
9. 造成空调不制冷故障的可能原因是（　　）。

A. 压缩机不工作
B. 膨胀阀连续工作时间过长
C. 制冷剂不足

10. 汽车空调储液干燥器的功用是（　　）。
A. 防止系统中水分与制冷剂发生化学作用
B. 防止节流元件处结冰和堵塞
C. 随时向系统补充制冷剂
D. 以上答案全对

任务二　暖风系统检修

在寒冷的冬季驾/乘车出行，紧凑的车内空间阻隔了外界的严寒，打开暖风系统还有暖风拂面，让人身心舒畅。但如果汽车空调供暖不足，或是暖风中夹杂着异味，就会让舒畅的心情大打折扣。而要解决这些问题，就需要了解汽车空调暖风系统的结构，才能找出问题所在。汽车空调如果要提供暖风，就必须具备热源，那么请你开动下脑筋，思考下汽车的哪些设备可以作为热源？具备热源后，又该采取什么措施来调节暖风的温度呢？

知识目标	技能目标	素养目标
1. 了解暖风系统的构造与原理 2. 了解汽车通风与空气净化系统的构造与原理	1. 能够拆卸空调暖风系统的热交换器 2. 能够掌握通风与空气净化系统更换检修的步骤与方法	1. 能在工作过程中与小组其他成员合作、交流，养成团队合作意识，锻炼沟通能力 2. 养成7S工作习惯 3. 养成服从管理、规范作业的工作习惯 4. 培养观察能力

汽车的暖风系统可以对车内的空气或从车外吸入车内的空气进行加热，提高车内的温度。汽车的暖风系统有许多类型。另外，在冬季或者初春，室内外温差较大时，车窗玻璃会结霜或起雾，影响驾驶人和乘客的视线，不利于安全行车，这时可以用暖风来除霜和除雾。

一、空调暖风系统的类型

根据所使用的热源不同，汽车空调暖风系统可分为余热式和独立燃烧式两种类型，其中，余热式暖风系统又包括水暖式和气暖式两种类型。

193

水暖式暖风系统：利用发动机冷却液的余热供暖，主要用于轿车、载货汽车及暖风要求不高的大型客车上。

气暖式暖风系统：利用发动机排放气体的余热供暖，多用于风冷式发动机。

独立燃烧式暖风系统：装有专门的燃烧机构，利用燃料燃烧产生的热能来加热空气，主要用于大型客车上。

1. 水暖式暖风系统

（1）水暖式暖风系统的工作原理　水暖式暖风系统是以发动机冷却液作为热源，将暖风风机送来的车内或车内外混合空气经过热交换器加热后，送入车室内，其工作原理如图 8-2-1 所示。

水暖式暖风系统的暖风装置主要是暖风机总成，它由加热器芯、冷却风扇、鼓风机、水泵等组成，如图 8-2-2 所示。出风口的布置一般是遵循温风吹向头部和上身、热风吹向足部和风窗玻璃的原则，通过调整出风口百叶窗方向，热风也可吹向面部。

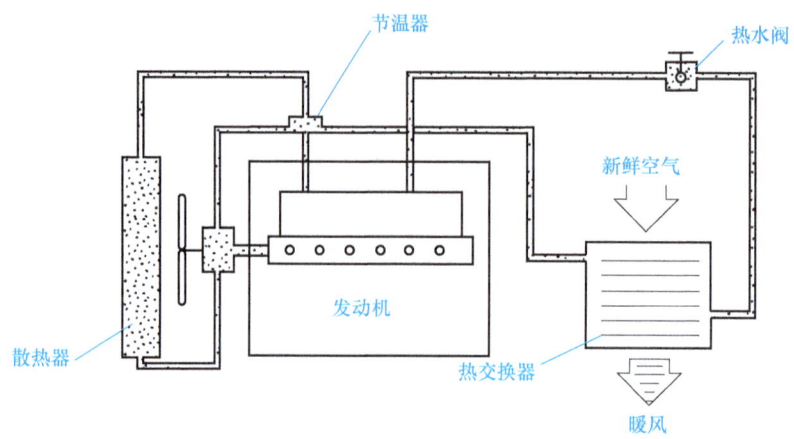

图 8-2-1　水暖式暖风系统的工作原理

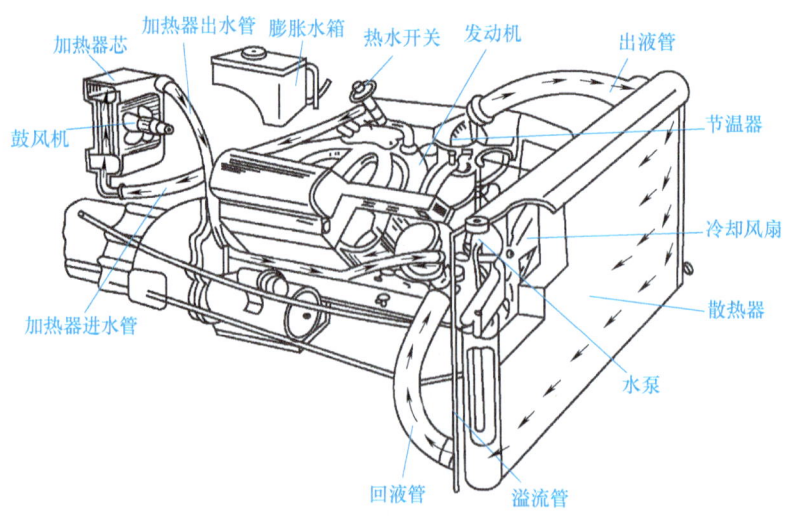

图 8-2-2　水暖式暖风系统的结构

（2）暖风装置的结构 汽车暖风的空气可来自车外空气或车外与车内的混合空气，车外空气的采风口一般在车灯罩后。水暖式内外空气混合循环的暖风装置布置形式如图 8-2-3 所示。从内部空气吸入口吸入的内部空气和从外部空气吸入口吸入的外部空气在混合室混合后，由鼓风机送入热交换器，吸收发动机冷却液热量后从各出风口吹出，用来采暖或除去雾霜。

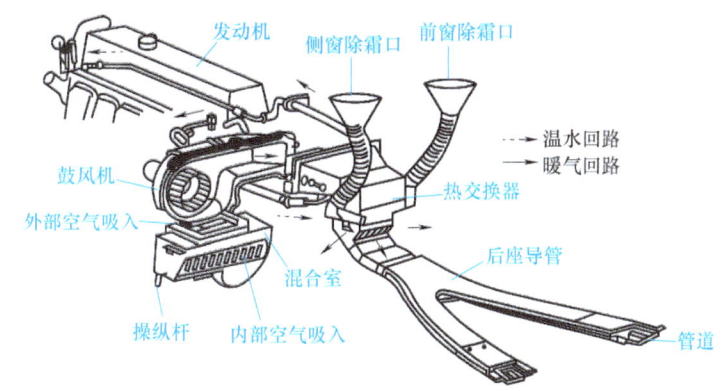

图 8-2-3 水暖式内外空气混合循环的暖风装置布置形式

2. 气暖式暖风系统

（1）热交换器式暖风装置 热交换器式暖风装置的结构如图 8-2-4 所示。工作时，通过废气阀门将汽车废气引入热交换器中，将冷空气加热后由鼓风机送入各出风口，用来采暖或除去雾霜。应用于轿车的气暖式暖风装置一般都采用该形式。

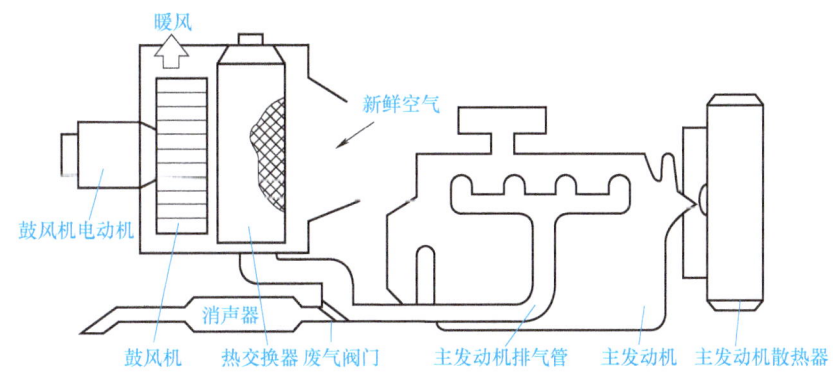

图 8-2-4 热交换器式暖风装置的结构

（2）热管式暖风装置 热管式暖风装置中的热管垂直安装在车厢地板上下，地板之上为冷凝放热段，地板之下为废气加热段，其结构如图 8-2-5 所示。

目前，在有些车型上采用了废气水暖式暖风装置，利用排气管废气加热冷却液，再使冷却液经过加热器，从而产生热量。它的结构如图 8-2-6 所示。

3. 独立燃烧式暖风系统

独立燃烧式暖风系统利用燃料（如汽油、柴油、煤油、丙烷等）在燃烧器中燃烧所产生的热量，通过介质吸收，然后释放到需要加热的空间。加热器实质上是由燃烧器和热交换器两部分组成的，独立燃烧式暖风系统加热器如图 8-2-7 所示。

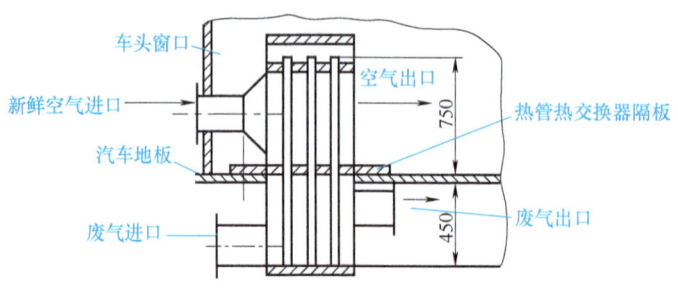

图 8-2-5 热管热交换器的结构

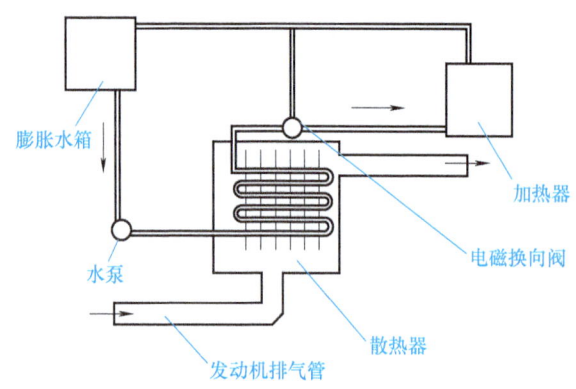

图 8-2-6 废气水暖式暖风装置的结构

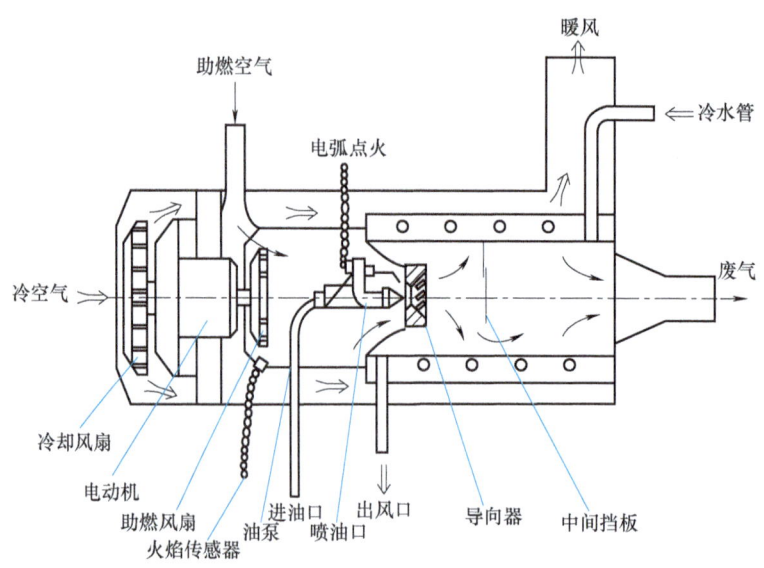

图 8-2-7 独立燃烧式暖风系统加热器

二、汽车空调通风系统

汽车空调通风系统的作用是控制空气的流通与分配，通过通风管道使空气按照一定的方式送入车内,并将车内的污浊空气排出车外,从而保证车内空气的清洁度。同时,还可以防止风窗玻璃起雾。

汽车空调通风类型有动压通风(自然通风)、强制通风和综合通风。

1. 动压通风

动压通风也称为自然通风,它是利用汽车行驶时对车身外部所产生的风压为动力,在适当的地方开设进风口和排风口,以实现车内的通风换气。一般轿车的进风口设置在风窗玻璃的下部正风压区,而排风口设置在轿车尾部负风压区,如图 8-2-8 所示。

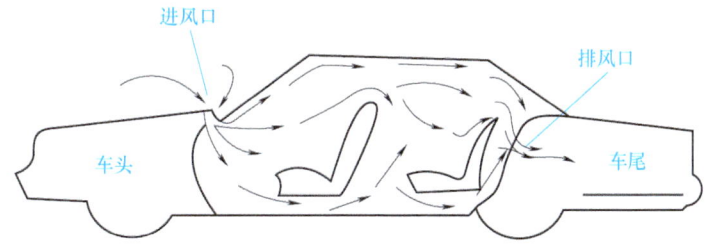

图 8-2-8 轿车的自然通风循环

2. 强制通风

强制通风是利用鼓风机强行引入一定比例的外部新鲜空气,与车内循环空气混合,再经处理(制冷、供暖、去湿等)后从不同出风口送入车内(图 8-2-9)。空调进气口都设有控制外来新鲜空气和车内循环空气比例的阀门。在开启空调的初期和最大制冷(或供暖)位置时,外来空气通道一般被关闭,空气由车内循环空气供给,以保证尽快降温(或升温)。在其他情况下,必须按比例引入外来新鲜空气,新鲜空气比例一般占 10%~35%。

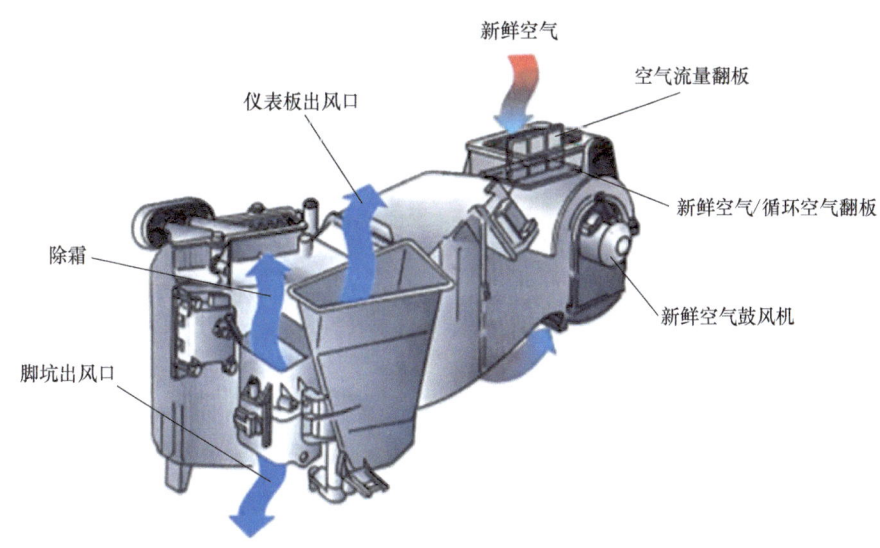

图 8-2-9 鼓风机强制通风

3. 综合通风

综合通风指动压通风和强制通风的结合,在汽车低速行驶时采用强制通风,高速行驶时采用动压通风。这样，既保证汽车在各种工况下都能保持良好的通风效果，又降低了能源消耗。

三、汽车空调空气净化系统

现如今，汽车空调空气净化系统是采用空调滤芯过滤净化空气。空调滤芯有以下几个作用。

1）能吸附空气中的煤烟、臭氧、异味、碳氧化物、SO_2 等物质，能强力和持久地吸附水分。

2）能使汽车玻璃不会蒙上水雾，使驾乘人员视线清晰，保证行车安全；能给驾驶室提供新鲜空气，避免驾乘人员吸入有害气体，保障驾驶安全；能强效杀菌除臭。

3）能保证驾驶室空气清洁而不滋生细菌，创造健康环境；能有效分隔空气中的灰尘、研磨颗粒等固体杂质；能有效拦截花粉，保证驾乘人员不会产生过敏反应而影响行车安全。

四、汽车空调配气系统

1. 车内空气分配

新鲜空气鼓风机引导新鲜空气流经灰尘与花粉滤清器后，将新鲜空气送至蒸发器。流出蒸发器后，气流在空调中首次被分流：大部分气流流经热交换器，小部分气流越过热交换器送给空调中的冷风门。两个并排的热交换器设计可以产生左右两股气流给车内通风，用于车内左右两部分的两股气流温度主要由前排座椅处的温度设置装置确定。流出热交换器后，空调和仪表板上的电动机驱动风门进一步向各个独立通风口分配气流，在此过程中，B柱通风口和后部脚部空间通风口出来的空气可以用辅助加热元件加热，车内的空气分配过程如图8-2-10所示。

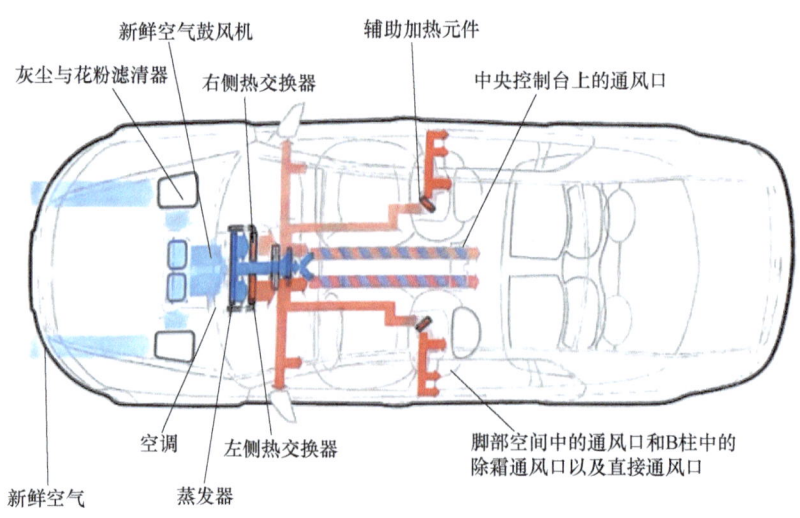

图 8-2-10　车内的空气分配过程

2. 风门控制电动机

空调上所有的风门都由控制电动机驱动，控制电动机上的电位计向 ECU 报告电动机位置，也就是相应风门的位置，由于受到空间限制以及转矩要求的不同，所以各风门可以采用不同尺寸的控制电动机。

3. 仪表板中央空气分配壳体

中央空气分配壳体直接安装在空调的暖风门后并固定在仪表板上，如图 8-2-11 所示。来自空调的空气在中央空气分配壳体中混合。根据风门位置，空气随后到达直接通风的两个中央通风口以及仪表板上侧的间接通风口。通风口温度传感器检测温度。

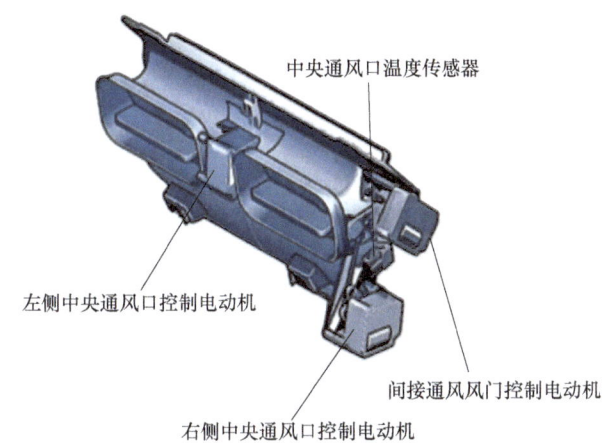

图 8-2-11　仪表板中央空气分配组件

4. 后脚部空间中分配器组件

后脚部空间中分配器组件位于前排座椅的下面，其结构如图 8-2-12 所示。在分配器壳体中，来自空调的空气通过两个风门送至后脚部空间的通风口、后侧车窗的除霜通风口和 B 柱，进行后部的直接通风。这两个风门是通过控制电动机控制一个带有导轨的门来驱动的。分配器壳体中的加热元件可以对空气进行辅助加热。加热元件之后的气流温度由温度传感器检测用以控制后脚部空间的温度。

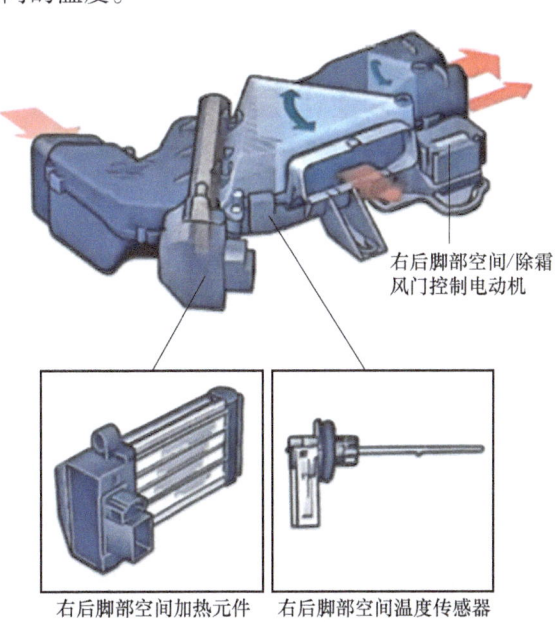

图 8-2-12　后脚部空间中分配器组件结构

5. 空气循环模式

空调系统在进行空气准备时有外部空气（新鲜空气）和内部空气（内循环空气）两种空气状态可用。所以车内设置了内循环和外循环模式。

（1）内循环模式　在按下内循环模式按键后（图 8-2-13），用于给车内制冷的空气不是从车外抽取的，而是取自车内，也就是只将车内的空气进行循环并调节温度，如图 8-2-14 所示。

图 8-2-13　内循环模式按键

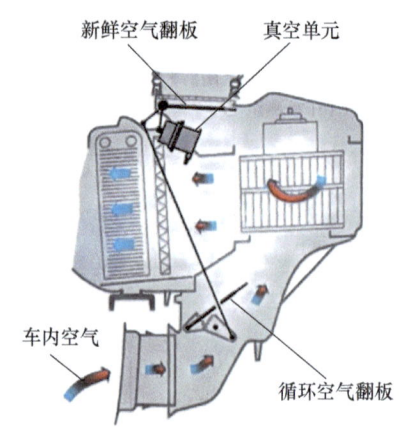

图 8-2-14　内循环空气模式下的空气调节

1）内循环模式的优点：利用内循环空气模式可以尽快将车内空气制冷，其过程就是反复使用车内的空气，于是车内空气就变得越来越凉；在暖风工况时，能很快将空气加热。

在制冷模式工作时，如果采用内循环空气模式，所需要的蒸发器功率或者驱动压缩机所需要的功率相比外循环模式可降低一半以上。除了能快速制冷/供热外，还可利用内循环空气模式来避免吸入车外空气中的有害物质（如异味花粉）。

2）内循环模式的缺点：在内循环空气模式下，没有空气交换过程，所以氧气可能会被消耗过多，因此内循环空气模式不可使用时间过长（应不超过 15min）。而且在内循环空气模式下，因车内乘员呼出气体的原因，车内湿度会增大，如果车内空气的水露点高于玻璃的温度，那么玻璃上就会不可避免地结成雾气。

提示：因此在除霜档位时，内循环空气模式就自动关闭了。

（2）外循环模式

1）外循环模式的优点。

① 能够持续不断地保持车内空气的流通与新鲜。打开外循环模式，既能呼吸车外新鲜的空气，又能保持车内温度的适宜，同时还能把车内混浊的空气和不好的味道排出去。

② 汽车内部与外部不断交换空气，相对来说驾驶人不容易疲劳。

2）外循环模式的缺点。

① 车外的空气并非永远都是新鲜的，比如开车经过污染较大的路段时，开了外循环模式就容易把灰尘、花粉和尾气吸到车内，会造成车内空气污染。

② 车内的温度变化较大。假如车内外温差很大，开了外循环模式，那么车外高温或低

温的空气会不断进入车内，会导致车内的温度变化较大，这也是开了外循环总感觉汽车空调制冷和供热效果不好的原因之一。

③ 相对内循环模式来说更耗油。正因为外循环模式会让车内的温度变化较大，所以汽车发动机会持续不断地带动空调压缩机工作，压缩机完全没有休息的时间，一直工作就需要一直不断地燃烧汽油，也就更耗油了，根据研究，外循环模式的油耗比内循环模式高 5%~10%。

④ 对于小排量汽车来说，开了空调还会影响动力性，尤其是开外循环模式的时候，动力性明显减弱，油耗也更高。

暖风系统的检修

一、作业准备

1. 实训器材

汽修维修组合棘轮套筒扳手、卡箍钳、空调滤芯、气动吹尘枪、翼子板布、三件套等教学用具、常用维修工具和维修手册等。

2. 工作准备

1）将实训车辆停放在检测区域。

2）检查实训室通风系统设备工作是否正常。

3）准备套筒扳手、卡箍钳、空调滤芯、气动吹尘枪、车辆挡块、翼子板布、三件套等教学用具。

将实训车辆、实训工具、实训场地准备好，穿好工装劳保鞋。

二、操作步骤

1. 检查更换空调滤清器

1）拆下杂物箱，拿出空调滤芯。

2）检查空调滤清器。

① 清洁空调滤清器：使用压缩空气从底侧向滤清器方向吹气，使气枪与滤清器保持 5cm 距离，用 500kPa 的压缩空气吹 2min

提示：如果滤清器使用的里程数不足 3 万 km，并且滤清器表面有少量灰尘覆盖，可以考虑清洁空调滤清器。

② 更换空调滤清器：检查新空调滤清器的零件号是否正确，有无污染或破损

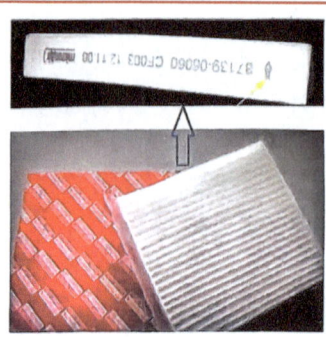

提示：如果滤清器使用的里程数超过 3 万 km 或者滤清器表面过脏，可以考虑清洁空调滤清器。

2. 安装空调滤清器

按照与拆卸相反的顺序安装。

根据实际情况，填写任务工单。

暖风系统的检修		任务工作单		班级：	
				姓名：	

1. 车辆信息记录

品牌		整车型号		生产日期	
发动机型号		发动机排量		行驶里程	
车辆识别代号					

2. 汽车空调暖风系统的就车检查

作业项目	检查结果与数据	判定
空调供热开启		正常□ 异常□
检测发动机冷却液温度		正常□ 异常□
检测出风口最高温度		正常□ 异常□

3. 暖风系统热交换器的拆卸

作业项目	记录		作业项目	记录	
拆卸驾驶人侧杂物箱	已执行□	未执行□	拆下安全气囊 ECU	已执行□	未执行□
拆卸仪表板	已执行□	未执行□	拆下散热器	已执行□	未执行□
拆下左侧风道及中央风道	已执行□	未执行□	松开冷却液管固定支架	已执行□	未执行□
松开两处胶管喉箍，拔下胶管	已执行□	未执行□	拆开罩盖，拿出热交换器	已执行□	未执行□

(续)

4. 暖风系统零件的检查

作业项目	记录	判定
热交换器胶管外观的检查		正常□　异常□
散热器外观的检查		正常□　异常□
空调滤芯的检查		正常□　异常□

5. 查阅维修手册

序号	部件名称	章节及页码	规格
1		第　章　页	
2		第　章　页	

任务评价

暖风系统的检修		实习日期：	
姓名：	班级：	学号：	
自评：□熟练　□不熟练	互评：□熟练　□不熟练	师评：□合格　□不合格	教师签字：
日期：	日期：	日期：	

【评分细则】							
序号	评分项	得分条件	分值	评分要求	自评	互评	师评
1	安全/7S/态度	□1. 能进行工位7S操作 □2. 能进行设备和工具安全检查 □3. 能进行车辆安全防护操作 □4. 能进行工具清洁、校准、存放操作 □5. 能进行三不落地操作	15	未完成1项扣3分，扣分不得超过15分	□熟练 □不熟练	□熟练 □不熟练	□合格 □不合格
2	专业技能能力	□1. 能正确回收和加注冷却液 □2. 能正确拆装暖风水管 □3. 能正确拆装暖风水阀 □4. 能正确测量暖风水阀电路 □5. 能正确拆装空调滤芯 □6. 能正确查询暖风水管拆装步骤 □7. 能正确查询暖风水阀拆装步骤 □8. 能正确查询暖风水阀电路图 □9. 能正确查询空调滤芯拆装步骤	50	未完成1项扣5分，扣分不得超过50分	□熟练 □不熟练	□熟练 □不熟练	□合格 □不合格

（续）

序号	评分项	得分条件	分值	评分要求	自评	互评	师评
3	工具及设备的使用能力	□1. 能正确使用维修工具 □2. 能正确使用多功能万用表 □3. 能正确使用量杯和温度计	10	未完成 1 项扣 5 分，扣分不得超过 10 分	□熟练 □不熟练	□熟练 □不熟练	□合格 □不合格
4	资料、信息查询能力	□1. 能正确使用维修手册查询资料 □2. 能在规定时间内查询所需资料 □3. 能正确记录查询资料的章节及页码 □4. 能正确记录所需维修信息	10	未完成 1 项扣 5 分，扣分不得超过 10 分	□熟练 □不熟练	□熟练 □不熟练	□合格 □不合格
5	数据判读和分析能力	□1. 能判读节温器是否正常 □2. 能判读冷却液温度传感器是否正常 □3. 能判读暖风水阀是否正常	10	未完成 1 项扣 5 分，扣分不得超过 10 分	□熟练 □不熟练	□熟练 □不熟练	□合格 □不合格
6	表单填写和报告撰写能力	□1. 字迹清晰 □2. 语句通顺 □3. 无错别字 □4. 无涂改 □5. 无抄袭	5	未完成 1 项扣 1 分，扣分不得超过 5 分	□熟练 □不熟练	□熟练 □不熟练	□合格 □不合格

总分：

1. 暖风系统是汽车空调的重要组成部分，其功能是将冷空气送入热交换器，吸收某种热源的热量，提高空气的温度后，再将热空气送入车内用于取暖及风窗除霜。
2. 根据所使用的热源不同，汽车空调暖风系统可分为余热式和独立燃烧式两种类型，其中，余热式暖风系统又包括水暖式和气暖式两种类型。
3. 汽车空调通风系统的作用是控制空气的流通与分配，通过通风管道使空气按照一定的方式送入车内，并将车内的污浊空气排出车外，从而保证车内空气的清洁度。同时，还可以防止风窗玻璃起雾。
4. 汽车空调通风类型有动压通风（自然通风）、强制通风和综合通风。
5. 汽车空调空气净化系统是采用空调滤芯过滤净化空气。
6. 空调系统的空气循环模式有内循环模式和外循环模式。

一、判断题

1. 加热器完全堵塞会导致汽车空调暖风系统不加热。　　　　　　　　　　（　　）
2. 汽车空调的暖风系统有两大类，分别是余热式和独立式。　　　　　　　（　　）
3. 汽车空调暖风系统的功能是将车外新鲜空气引入热交换器，吸收其中某种热源的热

量，从而提高空气的温度，并将热空气送入车内。（   ）
4. 空调暖风系统的加热软管发生扭曲或部分堵塞将会导致空调供热量不足。（   ）
5. 发现空调滤芯脏污时，可以进行清洗后再次使用。（   ）
6. 发动机余热式暖风系统普遍用在轿车、载货汽车和小型客车上。（   ）
7. 内外循环风门可以选择使用外部新鲜的空气进行循环，还可以使用驾驶室内的空气再循环。（   ）
8. 自然通风是利用汽车行驶时对车身外部所产生的风压动力，在适当的地方开设进风口和排风口，以实现车内的通风换气。（   ）
9. 在对空调系统性能进行检测时，空调进风应采用内循环模式。（   ）
10. 鼓风机的转速可以通过调速电阻或控制模块来控制。（   ）

二、选择题

1. 暖风系统的主要部件是（   ），两者组合成一体称为暖风机总成。
   A. 冷凝器和鼓风机　　　　　　　　B. 加热器和压缩机
   C. 加热器和鼓风机　　　　　　　　D. 蒸发器和鼓风机
2. 轿车需要的热量较少，通常采用的暖风系统类型是（   ）。
   A. 自然通风式　　　　　　　　　　B. 强制通风式
   C. 余热式　　　　　　　　　　　　D. 独立式
3. 以下汽车空调部件中，不属于热交换器组成部件的是（   ）。
   A. 散热器　　　B. 冷凝器　　　C. 蒸发器　　　D. 鼓风机
4. 汽车空调的布置，按（   ）方式可分为前送式、后送式和前后置式3种类型。
   A. 节流　　　B. 送风　　　C. 节温　　　D. 供暖
5. 小轿车采暖量的强度一般是通过调节（   ）进行调节的。
   A. 风量大小　　　B. 发动机冷却液温度　　　C. 热水阀　　　D. 真空膜盒
6. 汽车空调暖风系统的主要作用是（   ）。
   A. 与蒸发器共同将空气调节到使人感到舒适的温度
   B. 在寒冷的冬季向车内提供暖气，提高车内空气温度
   C. 当车窗结雾或结霜时，可通过暖风装置吹出热风来除雾或除霜
   D. 以上都对
7. 汽车空调通风类型一般有（   ）。
   A. 自然通风　　　　　　　　　　　B. 强制通风
   C. 自然通风和强制通风　　　　　　D. 行车通风
8. 空气的（   ），就会导致空调的潜热负荷加大。
   A. 温度升高　　　B. 湿度增大　　　C. 压力上升　　　D. 比容减少
9. 空调系统工作时出风口温度不够低，且关闭空调压缩机后出风口有热气，可能的原因为（   ）。
   A. 发动机过热　　　　　　　　　　B. 制冷剂过量
   C. 热水阀关闭不严　　　　　　　　D. 以上选项都正确
10. 空调系统（   ）模式可将车外环境空气直接引入车内。
    A. 内循环　　　B. 最大风量　　　C. 外循环　　　D. 除霜

任务三 空调控制系统检修

压缩机、冷却风扇、鼓风机等设备的控制电路是汽车空调控制系统的基本组成，是汽车空调实现制冷、供暖及风速调节功能的基础。随着汽车空调技术的发展，汽车空调的控制电路也日趋复杂，各个车型的控制方式也多种多样，这些都是对基本电路的衍变，是对基本控制功能的扩展和完善。但由于电路结构和控制功能的复杂化，汽车空调控制电路的故障率也在不断升高。设备机械故障比较容易检测出来，而当空调控制系统发生故障时，如果不了解各个电路的控制原理和电路结构，就无法快速、准确地找出故障原因并排除故障，甚至还会因错误的检测方式造成次生故障。

知识目标	技能目标	素养目标
1. 掌握空调控制系统的结构 2. 了解空调控制系统内各个传感器的作用 3. 了解手动空调和自动空调的结构及特点	1. 能操作空调操作机构 2. 能利用感觉器官对空调系统的基本性能进行初步判断 3. 能分析简单的空调电路	1. 能在工作过程中与小组其他成员合作、交流，养成团队合作意识，锻炼沟通能力 2. 养成7S工作习惯 3. 养成服从管理、规范作业的工作习惯 4. 培养观察能力

一、手动空调控制系统

空调控制系统用于处理监控装置的信号，并控制压缩机周期性接通和关闭以及鼓风机的转速，这样就可以使制冷回路中的压力始终保持在正常值。图 8-3-1 所示为手动空调控制电路。图 8-3-2 所示为手动空调控制调节系统的基本结构。汽车手动空调的温度和压力控制系统中的不少部件（如吸气节流阀、热水阀、各种温度门、鼓风机、节气门等）都是靠真空或绳索控制的。

1. 空调开关

空调开关（图 8-3-3）用于接通空调装置，对于手动空调来说，鼓风机应切换到 1 档。这个接通信号被传送给发动机电控单元，于是发动机怠速转速就提高了（用于补偿空调压缩机的负荷）。空调开关可以安装在车外温度开关的下游。这可以保证在温度低于 5℃ 时，空调装置不起动。

2. 过压安全阀

过压安全阀直接安装在压缩机或储液干燥器上，如图 8-3-4 所示。在堵塞压力达到约

3.8MPa时该阀打开，压力下降到3.0~3.5MPa时关闭。阀体内装有一个塑料盖，一旦该阀做出反应，这个塑料盖就会爆裂，在这种情况下，必须查明系统内压力过高的原因，只有当系统压力为零时，才可以更换爆裂式铅封。

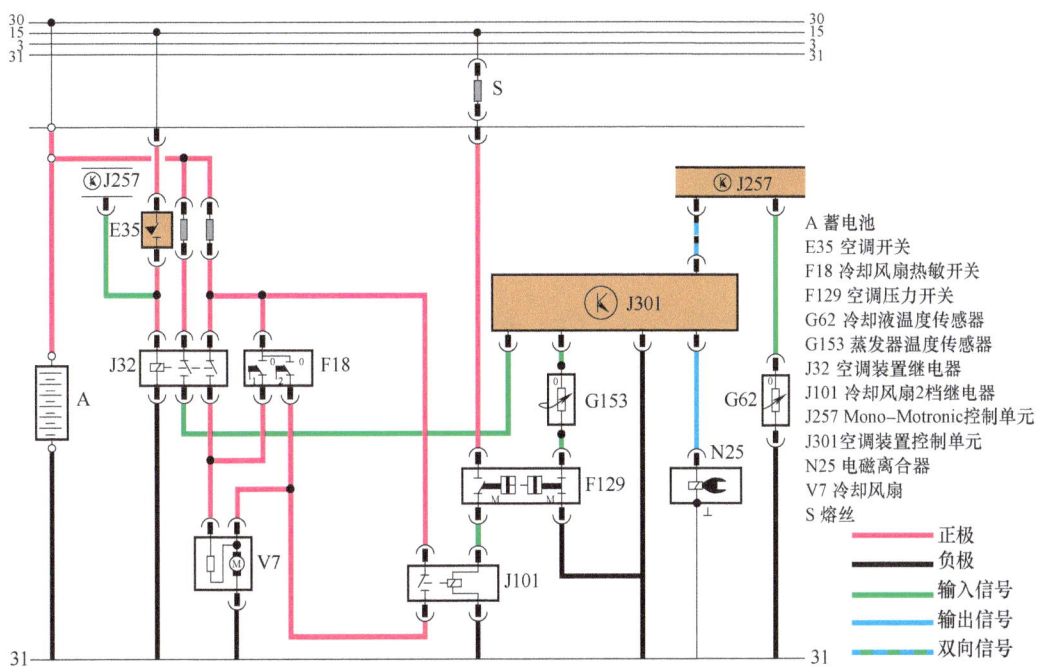

图 8-3-1 手动空调控制电路

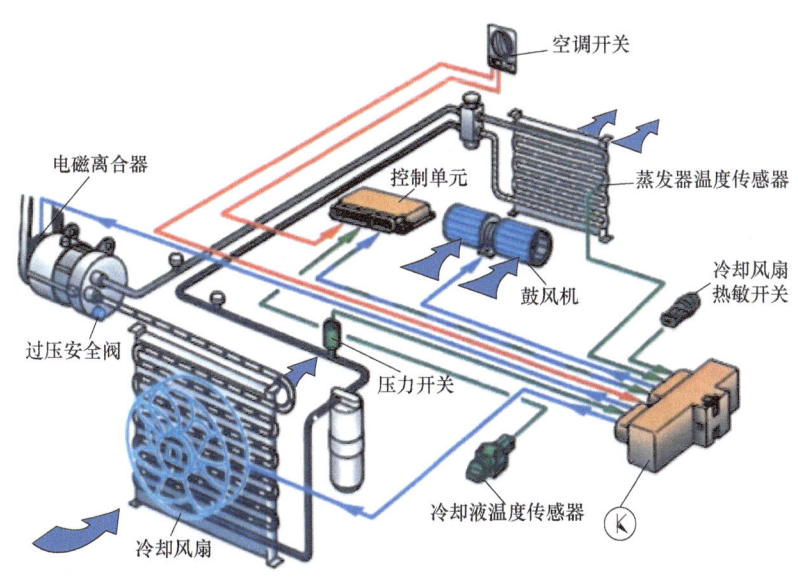

图 8-3-2 手动空调控制调节系统的基本结构

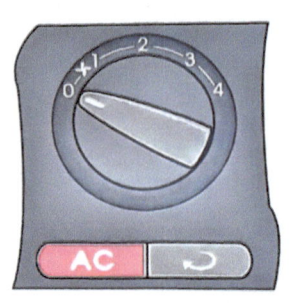
图 8-3-3 空调开关

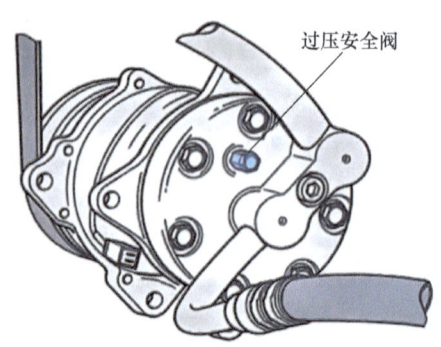
图 8-3-4 过压安全阀的安装位置

3. 蒸发器温度传感器

温度传感器用来测量蒸发器散热片之间的温度，其安装位置如图 8-3-5 所示。这个传感器信号被传送到空调电控单元上，如果蒸发器温度过低，空调压缩机就会被关闭。

空调压缩机在 -1~0℃ 时关闭，在 3℃ 时接通，这样可防止冷凝水结冰。在某些系统上不使用这个传感器，而是使用蒸发器温度开关，这个温度开关可以直接切断电磁离合器的供电。

4. 压力开关

为了能监控制冷剂封闭回路中的压力状况以及限制这个压力，在高压侧安装了一个高、低压开关。如果系统内的压力超过了允许值，那么就通过电磁离合器来关闭压缩机。通常，高压开关主要是保护压缩机本身，不使其在超过允许压差的情况下工作；低压开关则是防止系统的低压侧在负压下运行，以免外界的空气从可能的泄漏处进入系统中。

压力开关可以安装在管路或储液干燥器上，其安装位置如图 8-3-6 所示。压力开关是一个三通组合开关，用于保证冷却空气流量（冷却风扇切换档位）和保证压力状态。

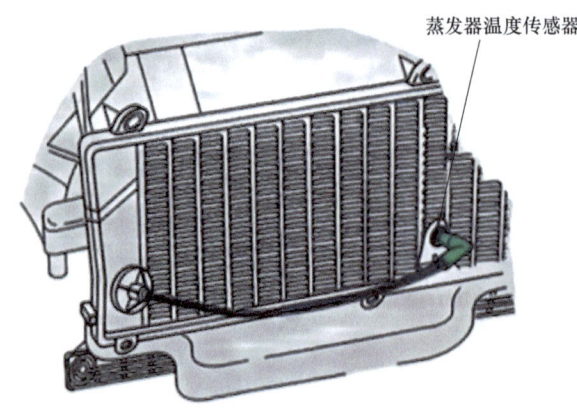
图 8-3-5 蒸发器温度传感器的安装位置

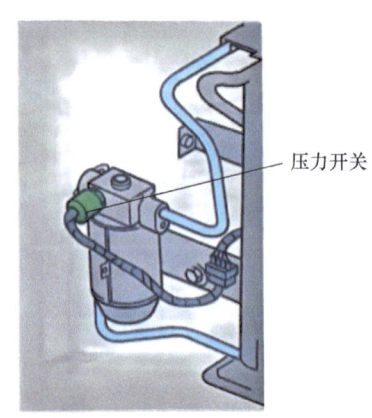
图 8-3-6 压力开关的安装位置

1）当压力达到 2.4~3.2MPa 时，压力开关通过空调电控单元来关闭电磁离合器（如冷凝器脏污就可能使压力达到这种状态)。

2) 当压力低于 0.2MPa, 压力开关通过空调电控单元来关闭电磁离合器, 制冷剂泄漏就可能导致压力过低。

3) 当压力达到 1.6MPa 时, 压力开关将冷却风扇切换到更高一档来工作, 以便达到更好的冷凝效果。

5. 高压传感器

高压传感器用于监控制冷剂回路, 这个高压传感器安装在高压管路上, 与压力开关一样。这个高压传感器用于监测制冷剂压力, 并将压力这个物理量转化成电子信号。与空调压力开关不同, 这个高压传感器不但会感知预定的压力极限值, 它还能监控整个工作循环中的制冷剂压力。通过这些信号可计算出空调装置对发动机所产生的负荷以及制冷剂回路的压力状态, 冷却风扇电控单元可以接通和关闭风扇的高一级运行档位和压缩机的电磁离合器。

6. 冷却风扇的电路

冷却风扇是空调制冷剂回路和发动机冷却液回路正常工作的基本条件, 如果没有这个冷却作用, 冷凝器的性能就会下降, 无法保证空调的正常工作。

在空调上经常还有第二个或第三个风扇, 这些风扇的作用是为散热器和冷凝器提供必需的新鲜空气流量, 冷却风扇电控单元用于控制这些风扇, 这个控制是根据冷却液温度和制冷剂回路内的压力来调节的, 冷却风扇控制系统结构如图 8-3-7 所示。

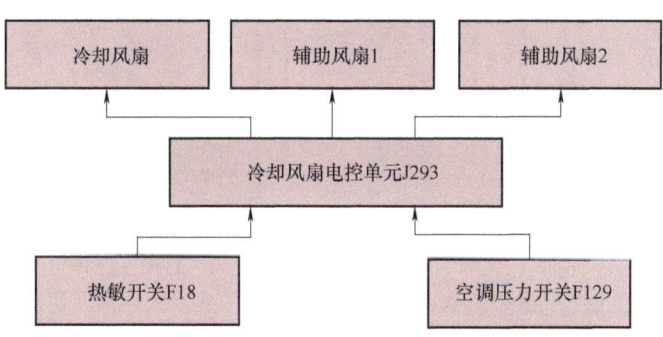

图 8-3-7　冷却风扇控制系统结构

二、自动空调控制系统

自动空调控制系统内可以包含更多的参数, 并可预先计算出所需要的制冷状态。系统包括电控单元、车外温度传感器 (一个或两个)、车内温度传感器、附加传感器 (如用于感知阳光照射强度的传感器)、暖风/空调的伺服电动机等。图 8-3-8 所示为自动空调控制系统各传感器的安装位置, 图 8-3-9 所示为自动空调控制系统部件。

1. 操纵和显示单元

空调电控单元与操纵和显示单元集成在一起, 这个操纵和显示单元是与相应的车辆相匹配的。另外, 在电控单元上还装有一个温度传感器, 该温度传感器用于测量车内的温度, 如图 8-3-10 所示。

该电控单元接收来自电气和电子部件 (传感器) 的信息, 按照内部已储存的规定值来处理这些信息,然后输出信号来操纵电气执行元件工作。

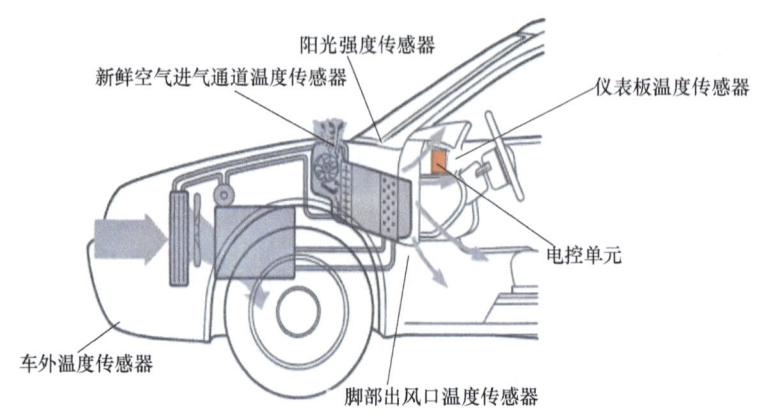

图 8-3-8　自动空调控制系统各传感器的安装位置

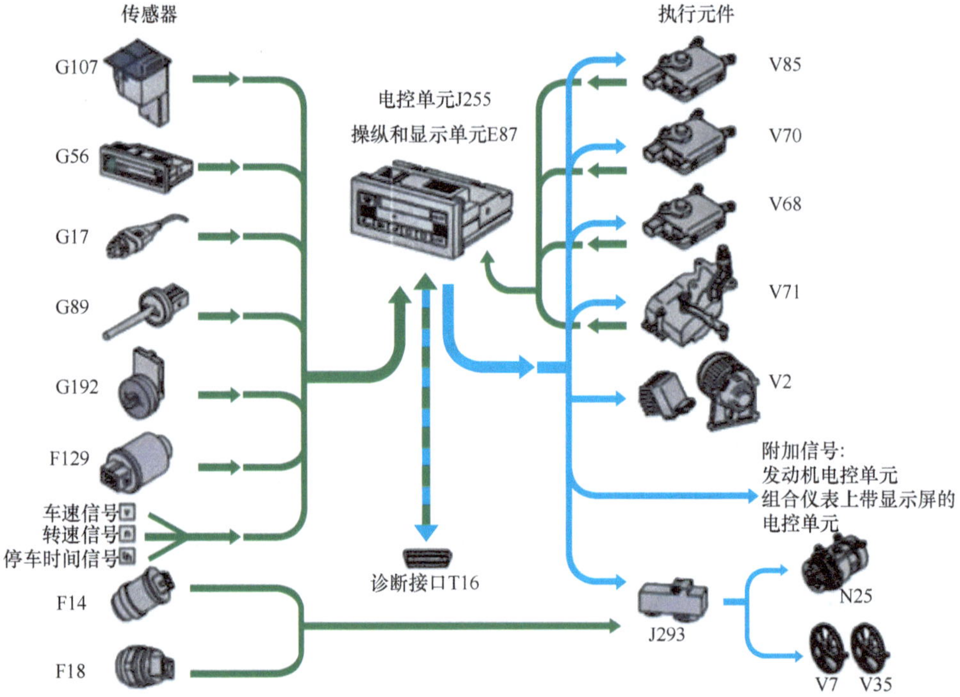

图 8-3-9　自动空调控制系统部件

G107　阳光照射强度光敏传感器
G56　仪表板温度传感器
G17　车外温度传感器
G89　新鲜空气进气温度传感器
G192　脚坑出风口温度传感器
F129　空调压力开关
F14　冷却液温度(过热)控制开关

F18　冷却风扇热敏开关
J255　控制单元
J293　冷却风扇电控单元
E87　空调操纵和显示单元
N25　电磁离合器

V85　脚坑/除霜翻板伺服电动机
V7　冷却风扇
V35　附加风扇
V70　中央翻板伺服电动机
V68　温度翻板伺服电动机
V71　空气流量翻板伺服电动机
V2　新鲜空气鼓风机

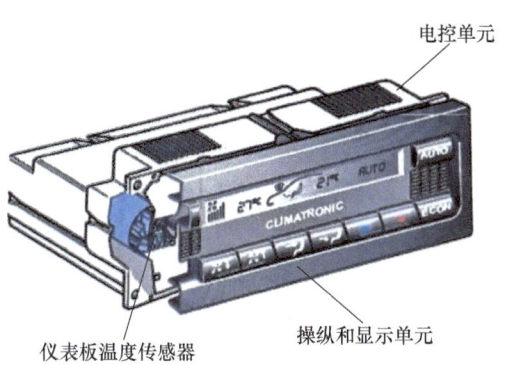

图 8-3-10　空调电控单元与操纵和显示单元

2. 执行元件和传感器

自动空调执行元件和传感器的安装位置如图 8-3-11 所示。每个气流分配翻板都配备了一个伺服电动机，空气流量翻板和循环空气翻板共同使用一个伺服电动机来驱动。这两个翻板通过一个驱动传动带轮（有两个导轨）来实现分别调节。在此结构中，新鲜空气鼓风机和新鲜空气鼓风机电控单元是单独的两个元件，这两个元件也可以合成一个元件。

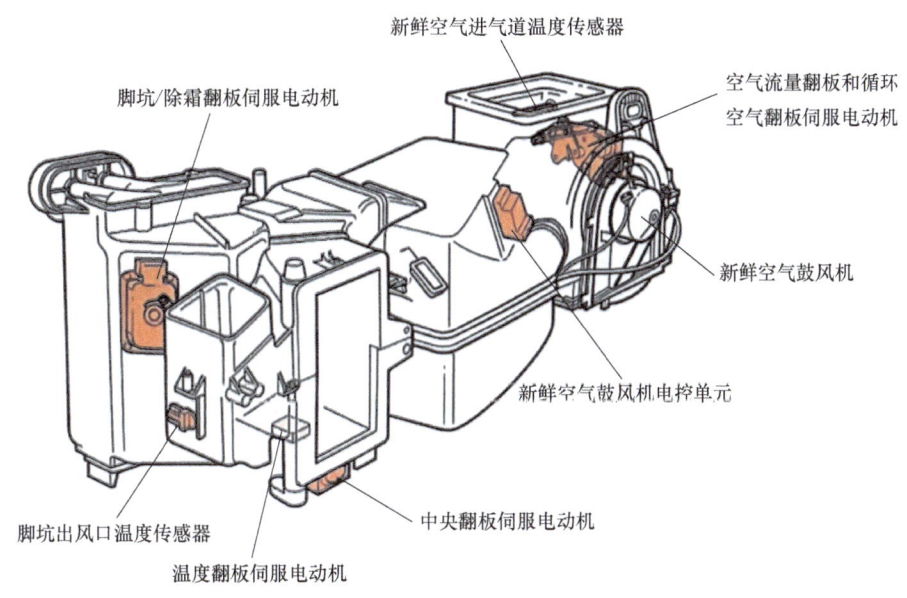

图 8-3-11　自动空调执行元件和传感器的安装位置

（1）车外温度传感器　车外温度传感器位于车身前部，如图 8-3-12 所示，用于判断实际的外部温度。电控单元按照这个温度信号来操纵温度翻板和新鲜空气鼓风机工作。如果这个温度信号失效，会使用另一个温度传感器（新鲜空气进气道温度传感器）的测量值来取代；如果后者也失效了，那么系统会用 10℃ 这个替代值继续工作。

（2）新鲜空气进气道温度传感器　新鲜空气进气道温度传感器就在新鲜空气进气道中，如图 8-3-13 所示，它是测量外部实际温度的第二个测量点。电控单元按照这个温度信号来操纵温度翻板和新鲜空气鼓风机工作。如果这个温度信号失效，会使用另一个温度传感器（车身前部的外部温度传感器）的信号。

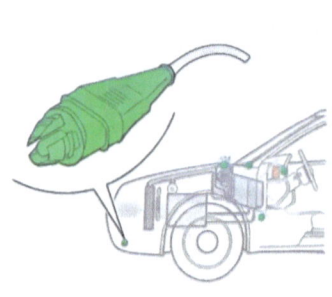

图 8-3-12　车外温度传感器

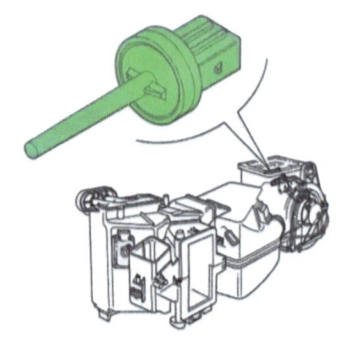

图 8-3-13　新鲜空气进气道温度传感器

（3）仪表板温度传感器（带有温度传感器鼓风机）　仪表板温度传感器一般都直接装在电控单元内，如图 8-3-14 所示，它将车内的实际温度值传给电控单元。该传感器中有一个鼓风机，用于抽取车内空气，这个鼓风机由操纵和显示单元来起动工作，它用于抽取车内空气，以避免测量错误。

仪表板温度传感器的测量值用于与规定值进行对比。温度翻板和新鲜空气鼓风机按此来进行相应的工作。如果信号失效了，那么系统用 24℃ 这个替代值，系统仍可以继续工作。

（4）脚部出风口温度传感器　脚部出风口温度传感器的安装位置如图 8-3-15 所示，它用来测量从空调中出来的空气（进入车内的空气）温度。这个温度值是通过一个根据温度来变化的电阻获取的，如果温度下降，这个电阻值就升高。

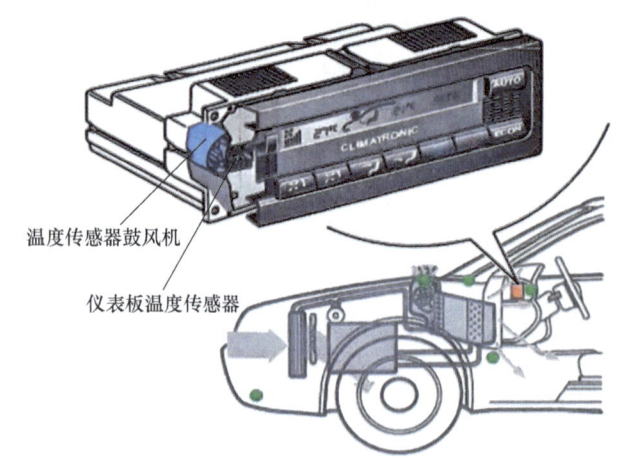

图 8-3-14　仪表板温度传感器

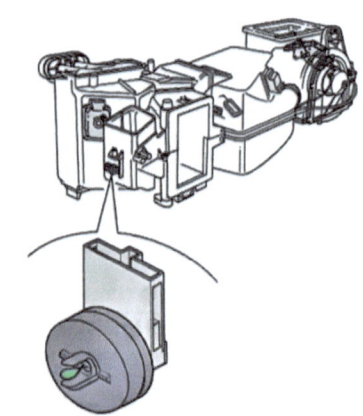

图 8-3-15　脚部出风口温度传感器的安装位置

电控单元对这个信号进行处理后，将其用于控制除霜/脚部的空气分配以及控制新鲜空气鼓风机的工作。如果信号失效了，电控单元采用 80℃ 这个替代值，系统仍可以继续工作。

3. 温度调节的附加信号

在温度调节过程中，附加信息可提高舒适性并用于系统控制，如停车时间、车速、发动机转速等。这些附加信号来自车上的其他电控单元，一并由空调电控单元进行处理，如图 8-3-16 所示。

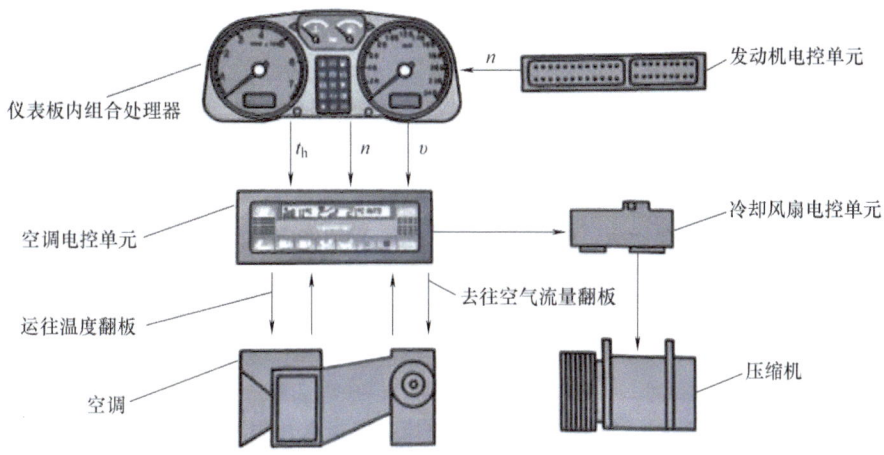

图 8-3-16　温度调节的附加信号

（1）停车时间　点火开关关闭到下一次起动发动机的停车时间，这个信号用于调节温度翻板。发动机起动后，电控单元处理发动机关闭前所储存的车外温度值。测量值的变化（例如因辐射热变化）不影响调节。这样可以很快调节到舒适温度，而避免了温度过低的情况。

（2）车速　该信号用于操纵空气流量翻板，该信号是车速表传感器产生的，并在电控单元内进行转化。当车速较高时，新鲜空气出口的横截面就会变小，这样就可使进入车内的空气量基本保持不变。

（3）发动机转速　该信号将发动机的运转信息传给空调电控单元，这个信号用于系统控制（切断电磁离合器），例如在没有发动机转速信号时就关闭压缩机。

4. 温度自动调节模式

根据车内外温度的差异，自动空调系统温度自动调节模式一般可分为 3 种，即暖风模式（图 8-3-17）、制冷模式（图 8-3-18）和混合模式（图 8-3-19）。

 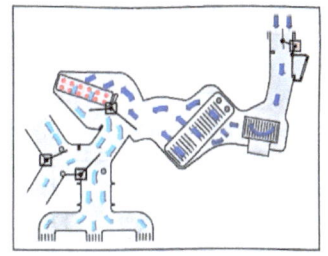

图 8-3-17　暖风模式

 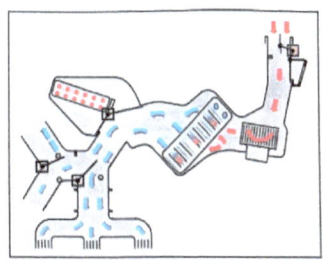

图 8-3-18　制冷模式

图 8-3-19　混合模式

空调控制系统的检修

一、作业准备

1. 实训器材

汽修维修组合棘轮套筒扳手、卡簧钳、万用表、歧管压力表、翼子板布、三件套等教学用具、常用维修工具和维修手册等。

2. 工作准备

1) 将实训车辆停放在检测区域。

2) 检查实训室通风系统设备工作是否正常。

3) 准备套筒扳手、卡簧钳、万用表、歧管压力表、车辆挡块、翼子板布、三件套等教学用具。

将实训车辆、实训工具、实训场地准备好，穿好工装劳保鞋。

二、操作步骤

1. 车内温度传感器的拆装

（1）车内温度传感器的拆卸

1) 从蓄电池负极端子断开电缆。

2) 拆卸仪表板底罩分总成。

3) 拆卸仪表板下装饰板分总成。

4) 拆卸转向盘装饰盖。

5) 拆卸转向盘总成。

6) 拆卸下转向柱罩，拆卸上转向柱罩。

7) 拆卸仪表板装饰板。

8) 拆卸开关孔座。

9) 拆卸车内温度传感器：断开插接器→脱开空气软管→脱开 2 个卡爪，并拆下车内温度传感器。

（2）车内温度传感器的检查　使用万用表电阻档测量传感器本身阻值，如果电阻不符合规定，更换车内温度传感器。

（3）车内温度传感器的安装　安装顺序与拆卸顺序相反，安装应注意更换卡扣等塑料件。

2. 环境温度传感器的拆装

（1）环境温度传感器的拆卸

1）拆卸散热器上空气导流板。

2）拆下散热器格栅防护罩。

3）拆卸前保险杠总成。

4）拆卸环境温度传感器：断开插接器→脱开卡爪和环境温度传感器。

（2）检查环境温度传感器

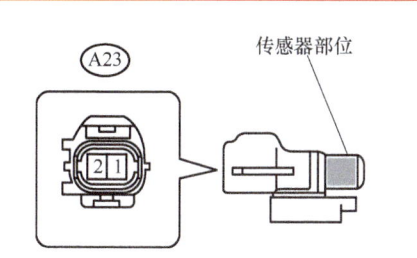

使用万用表电阻档测量传感器本身阻值，如果电阻不符合规定，更换环境温度传感器

（3）安装环境温度传感器　安装顺序与拆卸顺序相反，安装应注意更换卡扣等塑料件，并注意雾灯对光调整。

3. 空调压力传感器的检查

1）检查传感器电路：首先，需要检查空调压力传感器的电路是否正常。可以使用万用表或示波器等工具，检查传感器电路是否有断路、短路或接触不良等问题。

2）检查传感器电源：空调压力传感器通常需要电源供应才能正常工作。可以检查传感器的电源是否正常，包括电源电压是否稳定、电源线是否接触良好等。

3）检查传感器信号：使用万用表或示波器等工具，检查传感器的信号是否正常。可以检查传感器输出的电压、电流或频率等信号是否在规定的范围内。

4）检查传感器本体：如果以上步骤都没有发现问题，那么可能是传感器本体出现故障。可以检查传感器的外观是否有损坏、腐蚀或变形等问题。

根据实际情况，填写任务工单。

空调控制系统的检修		任务工单		班级：	
				姓名：	

1. 车辆信息的记录

品牌		整车型号		生产日期	
发动机型号		发动机排量		行驶里程	

(续)

车辆识别代号	

2. 汽车空调控制系统的就车检查

作业项目	检查结果与数据	判定
手动空调控制开启		正常☐ 异常☐
空调风量调节		正常☐ 异常☐
空调温度调节		正常☐ 异常☐
空调各出风口检查		正常☐ 异常☐

3. 正确在实车上操作空调操纵机构

作业项目	记录	作业项目	记录
中央出风	正确☐ 错误☐	内循环	正确☐ 错误☐
脚部出风	正确☐ 错误☐	外循环	正确☐ 错误☐
中央出风和脚部出风	正确☐ 错误☐	最 冷	正确☐ 错误☐
玻璃除霜	正确☐ 错误☐	最 热	正确☐ 错误☐

4. 传感器的检测

作业项目	记录	判定
车外温度传感器的检测	阻值_____ 信号电压_____	正常☐ 异常☐
新鲜空气进气道传感器的检测	阻值_____ 信号电压_____	正常☐ 异常☐
仪表板温度传感器的检测	阻值_____ 信号电压_____	正常☐ 异常☐
脚部出风口温度传感器的检测	阻值_____ 信号电压_____	正常☐ 异常☐
阳光温度传感器的检测	阻值_____ 信号电压_____	正常☐ 异常☐

5. 查阅维修手册

序号	部件名称	章节及页码	规格
1		第 章 页	
2		第 章 页	

任务评价

空调控制系统的检修				实训日期：			
姓名：		班级：		学号：			
自评：□熟练 □不熟练		互评：□熟练 □不熟练		师评：□合格 □不合格		教师签名：	
日期：		日期：		日期：			

【评分细则】

序号	评分项	得分条件	分值	评分要求	自评	互评	师评
1	安全/7S/态度	□1. 能进行工位 7S 操作 □2. 能进行设备和工具安全检查 □3. 能进行车辆安全防护操作 □4. 能进行工具清洁、校准、存放操作 □5. 能进行三不落地操作	15	未完成 1 项扣 3 分，扣分不得超过 15 分	□熟练 □不熟练	□熟练 □不熟练	□合格 □不合格
2	专业技能能力	作业 1 □1. 能正确读取清除自动空调故障码 □2. 能正确读取自动空调数据流 □3. 能正确执行空调系统动作测试 □4. 能正确检测自动空调控制模块 □5. 能正确检测室内温度传感器电路 □6. 能正确检测室外温度传感器电路 □7. 能正确检测空气质量传感器电路 □8. 能正确检测阳光传感器电路 □9. 能正确检测空调控制面板电路 作业 2 □1. 能正确查询故障码诊断程序 □2. 能正确查询电子元件端视图 □3. 能正确查询电子元件电路图 □4. 能正确查询电子元件位置图	50	未完成 1 项扣 5 分，扣分不得超过 50 分	□熟练 □不熟练	□熟练 □不熟练	□合格 □不合格
3	工具及设备的使用能力	□1. 能正确使用多功能万用表 □2. 能正确使用示波器 □3. 能正确使用维修工具 □4. 能正确使用故障诊断仪	10	未完成 1 项扣 5 分，扣分不得超过 10 分	□熟练 □不熟练	□熟练 □不熟练	□合格 □不合格
4	资料、信息查询能力	□1. 能正确使用维修手册查询资料 □2. 能在规定时间内查询所需资料 □3. 能正确记录所查询资料的章节及页码 □4. 能正确记录所需维修信息	10	未完成 1 项扣 5 分，扣分不得超过 10 分	□熟练 □不熟练	□熟练 □不熟练	□合格 □不合格

(续)

序号	评分项	得分条件	分值	评分要求	自评	互评	师评
5	数据判读和分析能力	□1. 能分析室内温度传感器是否正常 □2. 能分析室外温度传感器是否正常 □3. 能分析空气质量传感器是否正常 □4. 能分析阳光传感器是否正常 □5. 能分析空调控制面板是否正常 □6. 能分析空调控制模块是否正常 □7. 能分析数据流是否正常	10	未完成1项扣5分，扣分不得超过10分	□熟练 □不熟练	□熟练 □不熟练	□合格 □不合格
6	表单填写和报告撰写能力	□1. 字迹清晰 □2. 语句通顺 □3. 无错别字 □4. 无涂改 □5. 无抄袭	5	未完成1项扣1分，扣分不得超过5分	□熟练 □不熟练	□熟练 □不熟练	□合格 □不合格

总分：

知识总结

1. 汽车手动空调的温度和压力控制系统中的不少部件（如吸气节流阀、热水阀、各种温度门、鼓风机、节气门等）都是靠真空或绳索控制的。

2. 空调系统中通常设有一个或几个压力保护开关，分为高压开关和低压开关两种。

3. 通常，高压开关主要是保护压缩机本身，不使其在超过允许压差的情况下工作；低压开关则是防止系统的低压侧在负压下运行，以免外界的空气从可能的泄漏处进入系统中。

4. 冷却风扇是空调制冷剂回路和发动机冷却液回路正常工作的基本条件，如果没有这个冷却作用，冷凝器的性能就会下降，无法保证空调的正常工作。

5. 自动空调和手动空调的机械部分基本是一致的。

6. 自动空调系统在普通（手动）空调系统的基础上，采用各种传感器、程序装置、伺服电动机和控制模块等带动执行机构。驾驶人通过操作控制器总成上的键，来选择空调系统的工作模式和鼓风机转速。自动空调系统通过程序装置检测空气温度，调节气流混合门位置，来达到并保持驾驶人预先设置的舒适程序。

知识巩固

一、判断题

1. 汽车空调系统的转速控制电路是防止发动机熄火或过热的装置。　　　　　（　　）

2. 自动空调能自动调节气流混合门来控制车内温度。　　　　　　　　　　　（　　）

3. 空调系统检测时，不可在空调运行中打开压力表的高压阀。　　　　　　　（　　）

4. 电磁离合器根据发动机的温度自动控制冷却风扇转速。（   ）
5. 如果汽车空调系统膨胀阀的感温器暴露在空气中，那么将会使低压管路表面结霜。
（   ）
6. 低压开关的作用是在系统低压管路中压力过低时，切断压缩机电磁离合器的电路。
（   ）
7. 汽车空调系统中，压力保护开关可控制电磁离合器的分离或接合。（   ）
8. 当空调系统中的温度检测电路检测到蒸发器表面结霜时，电磁离合器将接合。
（   ）
9. 汽车空调是根据物质状态改变时吸收或释放热量这一基本热原理工作的。（   ）
10. 空调电磁离合器的功用是控制发动机和压缩机之间的动力联系。（   ）

二、选择题

1. 空调系统的低压压力一般为（   ）。
   A. 1.5~2MPa   B. 1.2~1.5MPa
   C. 0.15~0.25MPa   D. 0.1~0.3MPa
2. 如果低压开关断开，导致压缩机电磁离合器断电，原因可能是（   ）。
   A. 制冷剂过量   B. 制冷剂严重不足
   C. 鼓风机不转   D. 发动机过热
3. 如果压缩机电磁离合器不工作，可能的原因是（   ）。
   A. 环境温度过高   B. 膨胀阀结冰
   C. 制冷剂严重缺乏   D. 压缩机损坏
4. 空调系统鼓风机控制电路中电阻器的作用是（   ）。
   A. 使鼓风机无级变速   B. 为鼓风机提供几个档位的速度控制
   C. 保护鼓风机驱动电路   D. 增大鼓风机出风量
5. 汽车空调电控单元能在车内温度降至规定值时，自动切断压缩机电磁离合器，使之不能工作，压缩机电磁离合器工作受（   ）的影响。
   A. 蒸发器温度传感器   B. 双重压力开关
   C. 制冷剂流量   D. 温度调节开关
6. 鼓风机（   ）电阻是调节出风量的一个辅助元件。
   A. 调速   B. 升速
   C. 调压   D. 调流
7. 下列关于汽车空调的说法，正确的是（   ）。
   A. 车辆的空调采暖是使用蒸发器作为热交换器以加热空气
   B. 车辆的空调制冷是使用暖风系统散热器作为热交换器以冷却空气
   C. 长期使用的车辆，应定期地检查制冷剂量
   D. 以上选项都正确
8. 引起空调系统不出风的故障原因是（   ）。
   A. 鼓风机开关损坏   B. 压缩机不工作
   C. 电磁离合器不工作   D. 制冷剂不足
9. 发动机冷却液温度过高时，空调的控制电路可（   ）。

A. 自动接通冷却风扇电路
B. 自动切断压缩机电磁离合器电路
C. 自动切断鼓风机电路
D. 发动机自动熄火

任务四 热泵空调检修

任务引入

如今新能源汽车在市场占比越来越大，新能源汽车在空调结构上与传统内燃机有所区别，传统汽车是依靠冷却液的温度来制热，不会额外消耗能源，那如今的纯电动汽车没有了发动机，那么它制热时，热量来自哪里呢？制热效率又怎么样呢？

知识目标	技能目标	素养目标
1. 了解新能源汽车热泵空调系统的组成 2. 能够描述热泵空调系统的检修方法	1. 能够进行汽车空调制冷剂的加注 2. 能够进行热泵空调系统的基本检查	1. 能在工作过程中与小组其他成员合作、交流，养成团队合作意识，锻炼沟通能力 2. 养成7S工作习惯 3. 养成服从管理、规范作业的工作习惯 4. 培养观察能力

热泵是一种可以将低位热源的热能强制转移到高位热源的空调装置，类似可以将低处的水泵到高处的"水泵"。使用四通换向阀可以使热泵空调的蒸发器和冷凝器功能互相对换，改变热量转移方向，从而达到夏天制冷冬天制热的效果。热泵的理论基础来源于热力学逆卡诺循环，热泵型空调系统的制冷和供暖均采用专用的电动压缩机驱动制冷或制热循环，其中，冬季供暖时不再像现有电动空调这样只采用PTC制热，而是使用电动压缩机驱动实现制热，双向智能热泵空调系统如图8-4-1所示。

一、热泵空调的类型

目前，电动汽车热泵空调的研究主要分为以下3种类型。
1）基于现有制冷剂R134a的热泵系统。
2）制冷剂为CO_2的热泵技术。
3）太阳能热泵空调系统。根据热交换器的数目，这些系统又可分为单热交换器和双热交换器两种。

图 8-4-1 双向智能热泵空调系统

根据压缩机的不同，系统又分为滑片压缩机和涡旋压缩机两种不同类型。

按制冷剂划分，热泵空调系统主要有 R134a 型和 CO_2 型。虽然 CO_2 具有良好的热物理性能，并且 CO_2 使全球变暖的潜在能力（GWP）是 R134a 的千分之一，但由于目前各种汽车空调系统主要使用制冷剂 R134a，零部件设计、生产及售后服务及维护，均依据 R134a 制冷剂物理性能设计，因此 R134a 型热泵空调系统成为当前研发的主流技术。以 R134a 作为制冷剂，电动汽车热泵空调系统结构上通常有以下两种方案。

方案一：电动汽车热泵空调系统由电动空调压缩机、气液分离器、HVAC 总成（包括车内冷凝器、蒸发器、蒸发器鼓风机、辅助加热 PTC）、车外热交换器以及多个电磁阀组成。总体上是在现有电动汽车普遍使用的电动空调基础上，使用电动压缩机，车外热交换器为垂直"V"形翅片平行流热交换器形式，在 HVAC 总成内部增加车内冷凝器和辅助加热 PTC，在空调管路上增加多个电磁阀，通过控制多个电磁阀的开启和关闭，实现制冷剂流向控制。多个电磁阀的组合控制既可以切换制冷剂流向，也可以起到膨胀制冷剂的作用，如图 8-4-2 所示。

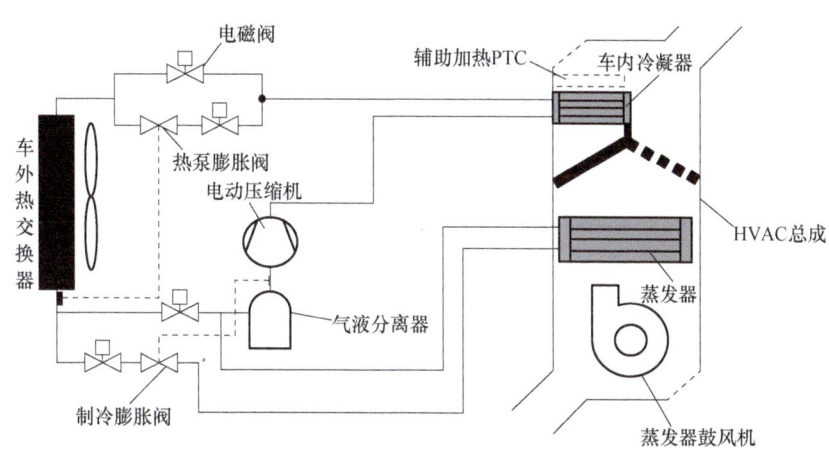

图 8-4-2 热泵空调系统方案一

方案二：使用电动压缩机，通过四通换向阀改变制冷剂的流向，采用电子膨胀阀可实现制冷剂的双向流动，车外使用垂直"V"形翅片平行流热交换器，增加辅助加热，如图 8-4-3 所示。

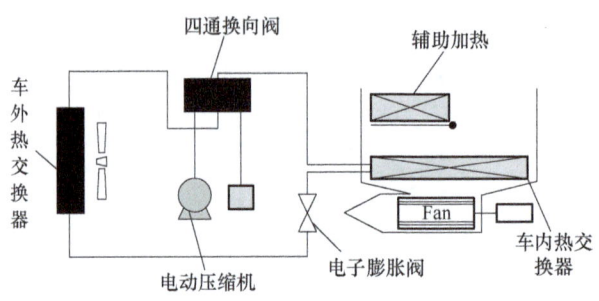

图 8-4-3　热泵空调系统方案二

以 R134a 作为制冷剂的热泵系统空调方案对比情况见表 8-4-1。

表 8-4-1　以 R134a 作为制冷剂的热泵系统空调方案对比情况

	相同点	不同点
方案一	采用电动空调压缩机、气液分离器、HVAC 总成（包括车内冷凝器、蒸发器、蒸发器鼓风机、辅助加热 PTC）、车外热交换器，在制冷和供热原理上是一致的。方案二现阶段开发标定费用较多，系统成本与方案一相当	零部件都较成熟可靠，实现制冷和供暖功能的难度较小。但系统零部件较多，管路空间布置困难，空调主机需重新设计。因方案涉及的阀体较多，管接头过多，制冷剂流动阻力较大，高效节能略显不足。控制精度方面，难以精确控制，总体上开发成本较高
方案二		系统架构简洁，涉及的零部件较少，核心是四通换向阀和电子膨胀阀，由于车内热交换器同时起到车内冷凝器和蒸发器的作用，因此空调主机可直接借用，管路复杂程度较低，需专用热泵空调控制器，可实现精确控制

二、典型的汽车热泵空调系统

1. 直接式热泵空调系统

直接式热泵空调系统最典型的例子就是 NISSAN Leaf，其空调箱内部布置一个热交换器，简称内部冷凝器，它通过四通换向阀来实现热泵模式。

2. 间接式热泵空调系统

间接式热泵空调系统将空调内部冷凝器去掉，将其布置在机舱内，称为外部板式热交换器。最典型的例子就是宝马 i3。

三、以 R134a 作为制冷剂的热泵空调系统架构类型

本系统为一次换采暖热泵空调系统（无 PTC 辅助加热），采用三热交换器系统架构，该系统能在制冷、供热和除霜/除雾模式下运行，在 HVAC 总成中有两个热交换器，在不同模式下成为功能不同的热交换器。本热泵空调系统要求工作温度范围为 -10~42℃，如图 8-4-4 所示。

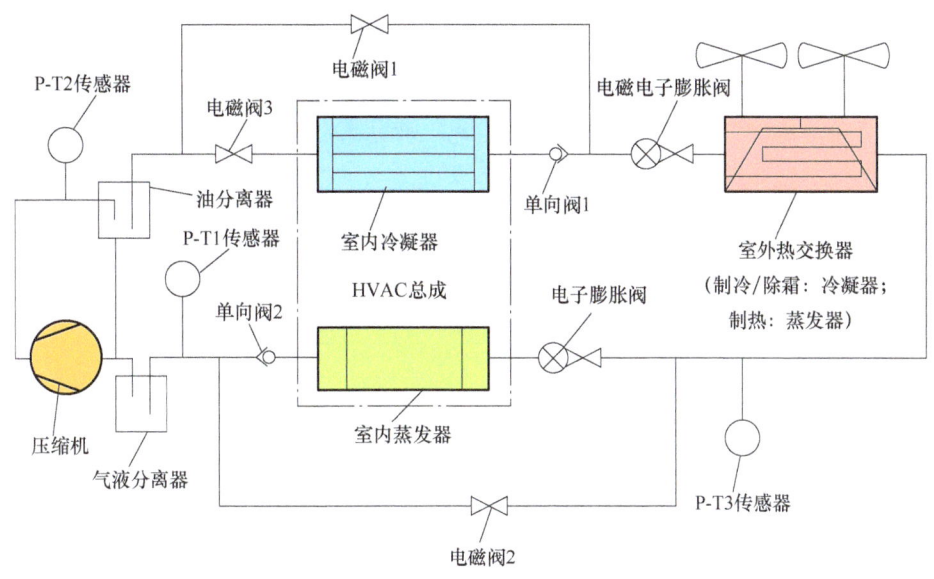

图 8-4-4　一次换采暖热泵空调系统原理

（1）制冷模式　当空调控制器调到单制冷模式时，电磁阀 1 打开，电磁阀 3 关闭，高压制冷剂气体经过电磁阀 1（电磁阀 5 全关，电磁阀 6 全关）、电磁电子膨胀阀 1 进入室外冷凝器放热发生相变为高压制冷剂液体，高压制冷剂液体经过电子膨胀阀 2 进入室内蒸发器相变为低压制冷剂液体，低压制冷剂液体吸热相变为低压制冷剂气体经单向阀 1 进入气液分离器进行分离后，返回压缩机，至此完成一个工作循环，制冷剂经过压缩机压缩后进行下一个工作循环，周而复始，完成空调单制冷模式，如图 8-4-5 所示。

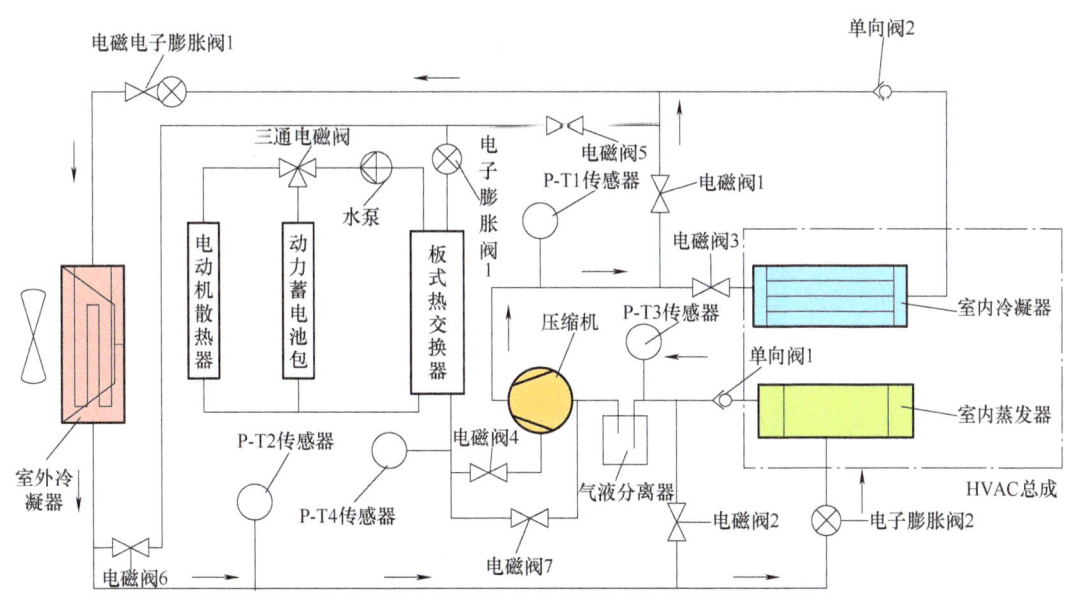

图 8-4-5　制冷工作模式原理

(2) 制热模式 当空调控制器调到单制热模式时，电磁阀1关闭，电磁阀3接通，电子膨胀阀2全关，高压制冷剂气体通过电磁阀3进入室内冷凝器放热相变为高压制冷剂液体，经过单向阀2及电磁电子膨胀阀1进入室外冷凝器吸收热量相变为低压制冷剂气体，此时电磁阀6全关，制冷剂气体通过电磁阀2进入气液分离器进行分离后，返回压缩机，至此完成一个工作循环，制冷剂经过压缩机压缩后进行下一个工作循环，周而复始，完成空调单制热模式，如图8-4-6所示。

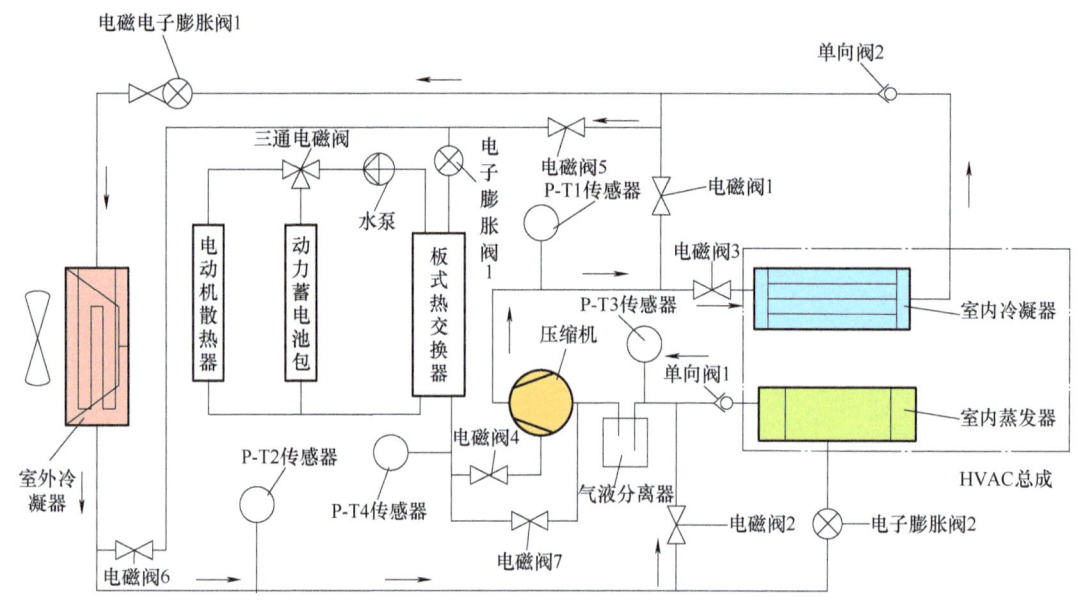

图 8-4-6 制热工作模式原理

(3) 动力蓄电池冷却模式 当空调控制器调到动力蓄电池冷却模式时，电磁阀1打开、电磁阀3关闭、电磁阀5全关、电磁阀2全关、电磁阀4全关、电磁阀7打开，电子膨胀阀2全关，高压制冷剂气体经过电磁阀1、电磁电子膨胀阀1进入室外冷凝器放热发生相变为高压制冷剂液体，其中一部分制冷剂液体通过电磁阀6及电子膨胀阀1，进入板式热交换器，通过板式热交换器蒸发变相为制冷剂气体，通过电磁阀7直接返回到压缩机，如图8-4-7所示。

(4) 制冷+动力蓄电池冷却模式 当空调控制器调到制冷+动力蓄电池冷却模式时，电磁阀1打开，电磁阀3关闭，高压制冷剂气体经过电磁阀1（同时关闭电磁阀5）、电磁电子膨胀阀1进入室外冷凝器放热发生相变为高压制冷剂液体，制冷剂液体通过电磁阀6、电子膨胀阀1，进入板式热交换器蒸发变相为制冷剂气体，通过三通电磁阀（全开）和水泵运转给动力蓄电池包和电动机进行降温；关闭电磁阀7，打开电磁阀4，制冷剂气体经过电磁阀4进入压缩机；电磁阀2全关，使高压制冷剂液体经过电子膨胀阀2进入室内蒸发器相变为低压制冷剂液体，低压制冷剂液体吸热相变为低压制冷剂气体经单向阀1进入气液分离器进行分离后，返回压缩机，至此完成一个工作循环，制冷剂经过压缩机压缩后进行下一个工作循环，周而复始，完成空调制冷+动力蓄电池冷却模式，如图8-4-8所示。

(5) 制热+动力蓄电池冷却模式 当空调控制器调到制热+动力蓄电池冷却模式时，电

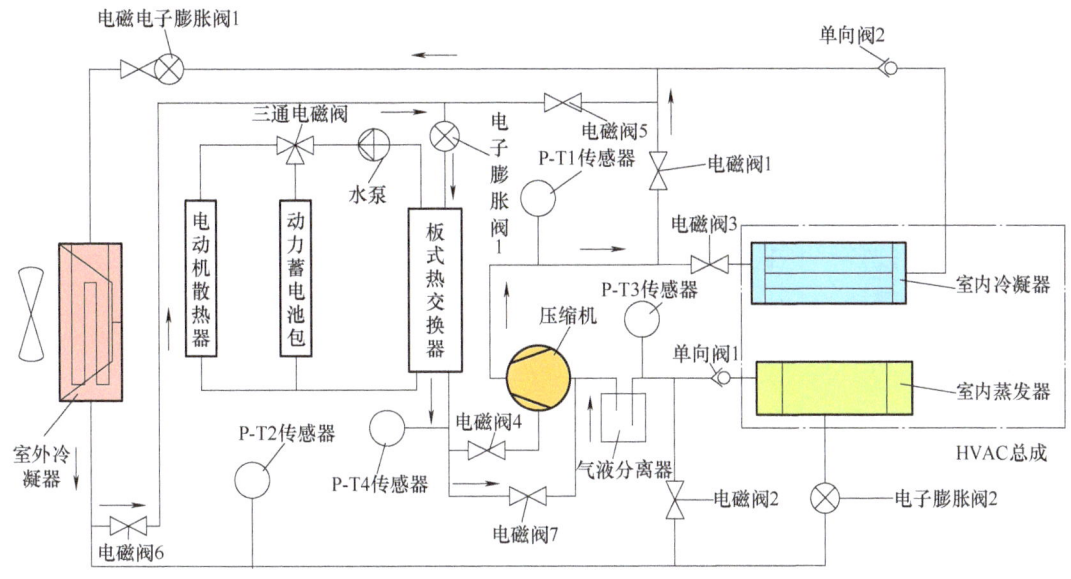

图 8-4-7 动力蓄电池冷却模式原理

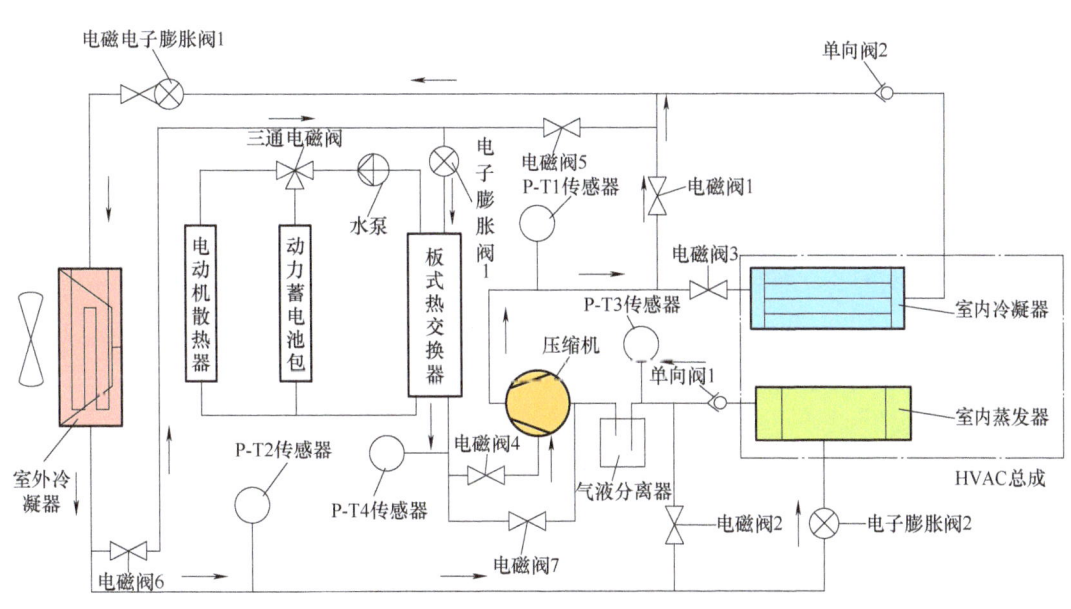

图 8-4-8 制冷+动力蓄电池冷却模式原理

磁阀1关闭，电磁阀3打开，高压制冷剂气体进入室内冷凝器放热相变为高压制冷剂液体，经过单向阀2，打开电磁阀5，关闭电磁阀6，制冷剂液体流经电子膨胀阀1进入板式热交换器蒸发变相为制冷剂气体，制冷剂气体通过三通电磁阀（全开）和水泵运转给动力蓄电池包和电动机进行降温，同时打开电磁阀4，关闭电磁阀7，制冷剂气体通过电磁阀4进入压缩机；室内冷凝器冷凝后的高压制冷剂液体经电磁电子膨胀阀1进入室外冷凝器吸收热量相变为低压制冷剂气体，关闭电子膨胀阀2，使制冷剂气体通过电磁阀2进入气液分离器进行分离后，返回压缩机，至此完成一个工作循环，制冷剂经过压缩机压缩后进行下一个工作循环，周而复始，完成空调制热+动力蓄电池冷却模式，如图8-4-9所示。

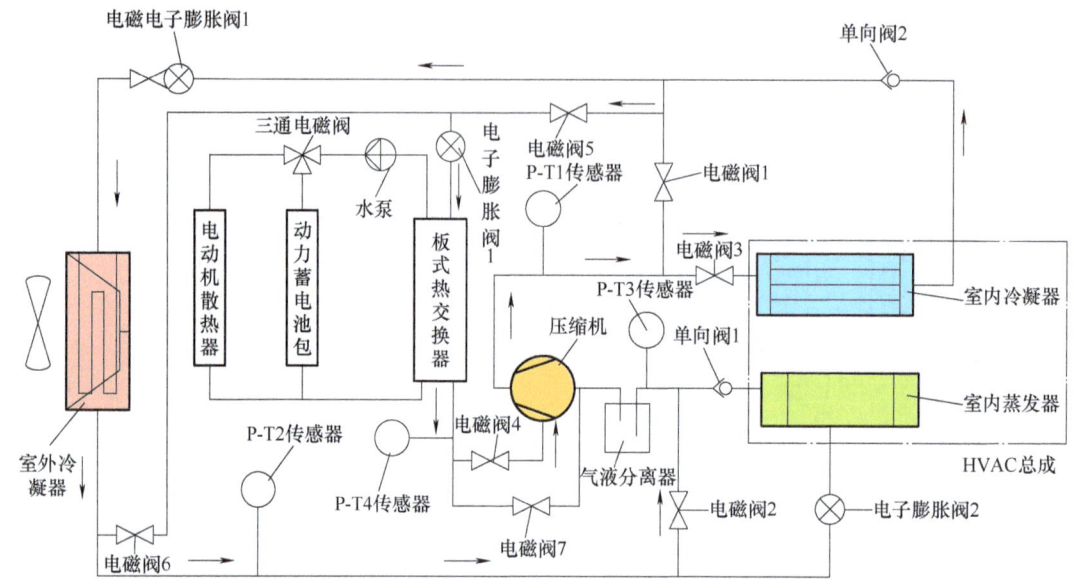

图8-4-9 制热+动力蓄电池冷却模式原理

汽车空调制冷剂的回收与加注

一、作业准备

1. 实训器材

AC350制冷剂加注机、护目镜、橡胶防护手套、气动吹尘枪、电子检漏仪、车辆挡块、翼子板布、三件套等教学用具、常用维修工具和维修手册等。

2. 工作准备

1) 将实训车辆停放在检测区域。

2) 检查实训室通风系统设备工作是否正常。

3) 准备AC350制冷剂加注机、护目镜、橡胶防护手套、气动吹尘枪、电子检漏仪、车辆挡块、翼子板布、三件套等教学用具。将实训车辆、实训工具、实训场地准备好，穿好工装劳保鞋。

二、操作步骤

1. 汽车空调制冷剂回收与加注

(1) AC350仪器检查与空调管路连接

① 检查仪器面板上仪表、显示屏、按键是否正常，有无破损。检查面板上高、低压阀门是否处于关闭位置。

② 检查罐内制冷剂压力是否在7bar（1bar＝100kPa）以上。

③ 检查高低压软管接头处是否连接正常，快速接头是否处于关闭位置。
④ 检查注油瓶内的冷冻机油是否清洁、充足，是否过满。

> 提示：要保证注油瓶内的油量充足，在接下来补充冷冻机油环节就不会把空气带入制冷管路。检查排油瓶油量过满时，要进行排油环保处理。

（2）打开 AC350 并进行管路排气

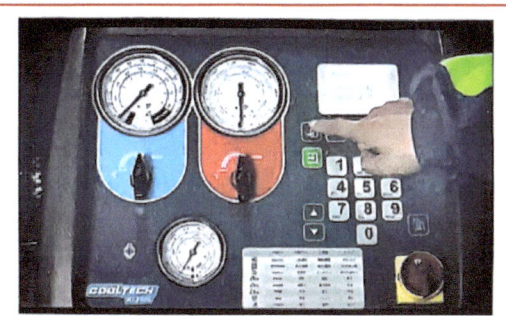

按下操作面板中的排气键，排除管路内气体，听到工作罐有排气的声音，说明排气成功

> 提示：排气键是手动压力过载保护装置，不能一直按着排气键不放，这样会把罐内的制冷剂排出过量，造成环境污染。

（3）连接仪器与空调制冷的管路
1）佩戴护目镜和橡胶防护手套。
2）分别用手逆时针拧下高低压阀盖，将高低压阀盖放在工具车上。
3）从回收加注机侧面取下低压快速接头并安装在空调制冷管路的低压阀口上，确认安装可靠。
4）顺时针慢慢拧开低压快速接头阀门，观察到低压表有压力指示时，继续拧阀门直到完全打开为止。
5）从回收加注机侧面取下高压快速接头并安装在空调制冷管路的高压阀口上。
6）顺时针慢慢拧开高压快速接头阀门，观察到高压表有压力指示时，继续拧阀门直到完全打开为止。

（4）记录罐内制冷剂量

2. 回收制冷剂

1）单击操作面板上的"回收"按钮。
2）打开面板上的低压阀和高压阀。
3）按下"开始/确认"键开始回收。
4）管路自清理 1min 自动进行。
5）管路清理完成后自动开始回收制冷剂。
6）回收的标准是低压表指针降到（负）-10psi（1psi = 6.895kPa）后等待 5~10s 按下"停止/取消"键停止回收。
7）关闭面板上的高低压阀开关。

> 提示：制冷剂回收没有到-10psi压力时，不能进行抽真空作业。

3. 系统抽真空

（1）排油　刚排出的冷冻机油带有气泡，所以要等待30s后记录，才是真实的排油量。记录排油量的正确方法是俯下身，使眼睛与排油瓶的液位平齐。

> 提示：排油量=排油后的瓶内油量-排油前的瓶内油量

（2）第一次抽真空

第一次抽真空时需要打开高、低压面板阀，真空时间为3min，完成后压力应显示为-90kPa

（3）加注冷冻机油

1）打开高压阀，关闭低压阀。

2）当操作界面出现"下一步，注油"时，按下绿色"开始/确认"键，开始注油

3）垂直观察冷冻机油的下降量。

4）按经验公式，设定注油量为排出量加20mL，按下绿色"开始/确认"键进行注油。

5）当注油瓶内的液位接近设定的注油量时，按下绿色"开始/确认"键停止注油。按下红色"取消"键，返回原始界面。

6）关闭仪器面板上的高、低压阀。

（4）第二次抽真空　第一次抽真空时需要关闭高压面板阀，打开低压面板阀，真空时间为5min，完成后压力应显示为-90kPa。

（5）保压　保压时间为1min，同时观察高、低压表，指针应无回升，表示系统无泄漏。

4. 充注制冷剂

（1）空调系统充注制冷剂

1）查看维修手册，查阅制冷剂的型号和充注量。

2）单击"充注"菜单键，用数字键设定充注量。

3）打开面板高压阀，关闭低压阀。

（2）管路清理　充注完成后，关闭管路上的高压手动阀。从管路上取下高、低压手动阀，打开高、低压面板阀，开始管路清理。2min 后，管路清理完成，关闭高、低压面板阀，此时，确认管路清理结果，高、低压表压力应显示为负压。

5. 检漏作业

选用电子检漏仪依次对高、低压维修阀口进行检漏作业，检测时电子检漏探头离阀口的距离应小于 30mm，且探头不要碰到接口。用吹气枪的压缩气体依次清洁高低压快速接口与保护盖，并用手拧紧到位

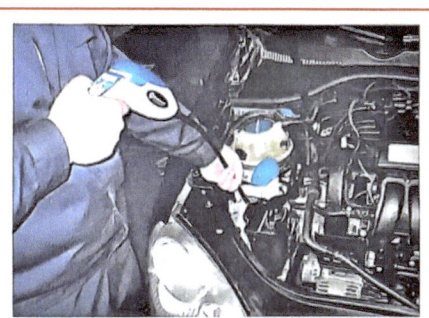

1）泄漏部位多集中在管路接头处。由于制冷剂密度大于空气，因此检漏时应将检漏仪置于管路头下方。另外，也可将浓肥皂水涂抹在管路接头处，若有气泡产生，证明该处泄漏。

2）管路泄漏故障排除后，空调制冷系统方可投入使用。

3）起动发动机，使空调制冷系统工作，通过歧管压力表的指示数值，判断制冷剂的加注量是否适当。

根据实际情况，填写任务工单。

汽车空调制冷剂的回收与加注		任务工作单		班级： 姓名：	

1. 车辆信息记录

品牌		整车型号		生产日期	
发动机型号		发动机排量		行驶里程	
制冷剂型号		冷冻机油型号		制冷剂加注量	
车辆识别代号					

2. 空调制冷剂的回收与加注

作业项目	记录	作业项目	记录
检查制冷剂回收加注机各部件	已执行□　未执行□	充注制冷剂	已执行□　未执行□
连接高低压阀，回收制冷剂	已执行□　未执行□	充注完成，管路清理	已执行□　未执行□
系统第一次抽真空，加注冷冻机油	已执行□　未执行□	检漏作业	已执行□　未执行□
系统第二次抽真空，保压 1min	已执行□　未执行□	通过歧管压力表检查加注量	已执行□　未执行□

(续)

3. 读取空调系统数据流

参数名称	不制冷工况	制冷工况	判定	
冷却液温度			正常☐	异常☐
车内温度			正常☐	异常☐
车外温度			正常☐	异常☐
蒸发器温度			正常☐	异常☐
车内出风口风速			正常☐	异常☐
车内出风口温度			正常☐	异常☐

4. 检测系统压力并分析

检测项目	不制冷工况	制冷工况	判定	
低压管压力			正常☐	异常☐
高压管压力			正常☐	异常☐

5. 检查制冷剂泄漏

泄漏位置	有泄漏	无泄漏

6. 查询维修手册，记录以下信息

检查项目	记录	检查项目	记录
制冷剂加注量		制冷剂类型	

任务评价

汽车空调制冷剂的回收与加注		实训日期：	
姓名：	班级：	学号：	
自评：☐熟练 ☐不熟练	互评：☐熟练 ☐不熟练	师评：☐合格 ☐不合格	教师签名：
日期：	日期：	日期：	

【评分细则】

序号	评分项	得分条件	分值	评分要求	自评	互评	师评
1	安全/7S/态度	☐1. 能进行工位7S操作 ☐2. 能进行设备和工具安全检查 ☐3. 能进行车辆安全防护操作 ☐4. 能进行工具清洁、校准、存放操作 ☐5. 能进行三不落地操作	15	未完成1项扣3分，扣分不得超过15分	☐熟练 ☐不熟练	☐熟练 ☐不熟练	☐合格 ☐不合格

（续）

序号	评分项	得分条件	分值	评分要求	自评	互评	师评
2	专业技能能力	作业1 □1. 能正确检测不同工况制冷管路压力 □2. 能正确测量制冷系统出风口温度和湿度 □3. 能正确检测制冷系统泄漏点 □4. 能正确回收和加注制冷剂 □5. 能正确更换空调冷冻机油 □6. 能正确检测空调控制面板电路 作业2 □1. 能正确查询制冷管路压力规格 □2. 能正确查询压缩机拆装步骤 □3. 能正确查询制冷剂回收步骤 □4. 能正确查询控制面板拆装步骤	50	未完成1项扣5分，扣分不得超过50分	□熟练 □不熟练	□熟练 □不熟练	□合格 □不合格
3	工具及设备的使用能力	□1. 能正确使用空调压力表 □2. 能正确使用多功能万用表 □3. 能正确使用制冷剂泄漏检测仪 □4. 能正确使用温度计和湿度计	10	未完成1项扣5分，扣分不得超过10分	□熟练 □不熟练	□熟练 □不熟练	□合格 □不合格
4	资料、信息查询能力	□1. 能正确使用维修手册查询资料 □2. 能在规定时间内查询所需资料 □3. 能正确记录所查询资料的章节及页码 □4. 能正确记录所需维修信息	10	未完成1项扣5分，扣分不得超过10分	□熟练 □不熟练	□熟练 □不熟练	□合格 □不合格
5	数据判读和分析能力	□1. 能分析制冷管路压力是否正常 □2. 能分析温度、湿度是否正常 □3. 能判读制冷系统泄漏位置 □4. 能分析空调系统工作是否正常 □5. 能分析控制面板工作是否正常	10	未完成1项扣5分，扣分不得超过10分	□熟练 □不熟练	□熟练 □不熟练	□合格 □不合格

序号	评分项	得分条件	分值	评分要求	自评	互评	师评
6	表单填写和报告撰写能力	□1. 字迹清晰 □2. 语句通顺 □3. 无错别字 □4. 无涂改 □5. 无抄袭	5	未完成 1 项扣 1 分，扣分不得超过 5 分	□熟练 □不熟练	□熟练 □不熟练	□合格 □不合格

知识总结

1. 热泵是一种可以将低位热源的热能强制转移到高位热源的空调装置。
2. 根据压缩机的不同，系统又分为滑片压缩机和涡旋压缩机两种不同类型。
3. 按制冷剂划分，热泵空调系统主要有 R134a 型和 CO_2 型。
4. 目前，典型的汽车热泵空调系统分为直接式热泵空调系统和间接式热泵空调系统。

知识巩固

一、判断题

1. 热泵是一种可以将高位热源的热能强制转移到低位热源的空调装置。（   ）
2. 新能源汽车冬季供暖时只采用 PTC 制热。（   ）
3. CO_2 具有良好的热物理性能，现阶段 CO_2 型热泵空调系统成为当前研发的主流技术。（   ）
4. 新能源汽车空调系统的压缩机是电动压缩机。（   ）
5. 新能源汽车中的制冷剂能够给动力蓄电池进行加热。（   ）
6. 热泵空调和普通空调在工作原理上是相同的。（   ）
7. 热泵空调和 PTC 空调消耗的是电能，热泵空调耗电量更低。燃油车上的空调动力来源于发动机，消耗汽油。（   ）
8. 热泵空调主要是通过逆循环方式让热量由低温物体向高温物体流动，可减少工作过程中能量消耗。（   ）
9. 热泵空调采用四通换向阀使蒸发器与冷凝器功能互相对换，改变热量的转移方向，从而达到夏天制冷和冬天制热的效果。（   ）
10. 热泵空调成本相对于普通空调成本更低，因此广泛使用。（   ）

二、选择题

1. 能够把被冷却物体或空间内的热量连续不断地转移到环境中的工作物质称为（   ）。
   A. 空调 B. 制冷剂 C. 压缩机 D. 冷凝器
2. 以 R134a 作为制冷剂的热泵空调系统架构类型可以实现（   ）。
   A. 制热模式 B. 动力蓄电池冷却模式
   C. 制冷+动力蓄电池冷却模式 D. 以上都是
3. 热泵空调使用四通换向阀可以将（   ）的功能相互对换。

A. 蒸发器和冷凝器 B. 散热器和冷凝器
C. 蒸发器和膨胀阀 D. 储液干燥器和冷凝器
4.（   ）热泵空调系统是当前研发的主流技术。
A. CO_2 型   B. R12 型   C. R134a 型   D. 太阳能型
5. 热泵空调制热原理是通过四通换向阀，改变制冷剂在制冷系统的（   ）来实现。
A. 流量   B. 流向   C. 质量   D. 流速

参 考 文 献

［1］毛峰. 汽车电器设备与维修［M］. 4版. 北京：机械工业出版社，2023.
［2］周建平，悦中原. 汽车电气设备构造与维修［M］. 4版. 北京：人民交通出版社股份有限公司，2020.